대륙에 서다

대륙에 서다

2010년 3월 5일(초판 1쇄)
2011년 6월 13일(초판 4쇄)

지은이 최진열
펴낸곳 도서 출판 미지북스
        서울 마포구 서교동 332-20 402호(우편 번호 121-836)
        전화 070-7533-1848   전송 02-713-1848
        mizibooks@naver.com
        출판 등록 2008년 2월 13일 제313-2008-000029호
책임 편집 김형규
마케팅 이지열
출력 스크린출력센터
인쇄 제본 영신사

ⓒ 최진열, 2010

ISBN 978-89-94142-01-2 03900
값 15,000원

대륙에 서다

2천 년 중국 역사 속으로 뛰어든 한국인들

| 최진열 지음 |

미지북스

차례

지도 차례

흔히 우리 선조들은 고구려와 발해가 망한 뒤로 드넓은 만주 대륙에서 물러나 좁은 한반도에 웅크린 채 폐쇄적인 삶을 살아왔다고 생각하는 사람들이 많다. 그러나 이는 절반만 맞고 절반은 틀린 이야기다.

우리나라의 역사서에서는 찾기 어렵지만, 중국의 여러 역사서들을 꼼꼼히 들여다보면 우리 선조들 가운데 중국에 건너가 활약했던 사람들이 적지 않았음을 확인할 수 있다. 이들 중에서 당나라의 장군으로 활동한 고선지, 불교의 최신 교리를 공부하기 위해 중국과 인도를 오간 혜초, 당나라의 군인이었다가 조국에 돌아와 동아시아의 해상권을 장악한 장보고는 가장 널리 알려진 사람들이다. 물론 고려 시대의 홍복원 일가처럼 외세를 등에 업고 동족들을 괴롭힌 '매국노'들도 있었다.

그런데 옛 기록 속에서 이러한 선조들의 행적을 추적하다보면 가슴 뿌듯한 자부심보다는 그들의 고단한 삶에 대한 숙연한 마음이 더 강하게 저미어온다. 전쟁에 패하거나 나라가 망한 탓에 포로와 인질로 끌려간 사람들이 적지 않기 때문이다. 이들의 이야기는 오랜 시간 동안 한국사와 중국사 모두에서 변방의 역사로 취급되어 외면당해

9

왔다. 다만 근래 중국 정부의 이른바 동북공정으로 촉발된 '역사 전쟁'의 한복판에서 다수의 관련 논문들이 발표되는 등 이들의 존재가 다시 주목받기 시작하고 있는 듯하다.

그러한 와중에서 한국사의 범위를 한반도 바깥에서 활동한 우리 민족 모두에게까지 확장시켜야 한다는 주장이나, 국민 국가를 넘어 지역사 또는 세계사의 시각에서 역사를 조망하고 서술해야 한다는 주장도 제기되고 있다. 이 책이 미진하나마 그러한 흐름에 발맞추는 것일 수도 있겠지만, 사실 그보다는 과거 우리 선조들의 삶에 비추어 오늘 우리의 현실을 되돌아보려는 소박한 목적으로 출발했을 뿐이다. 어떤 역사학자가 말했듯이 "역사란 과거와 현재의 대화"이기 때문이다.

한반도의 바깥, 특히 중국에서 활동한 선조들의 이야기를 다루기 위해서는 반드시 짚고 넘어가야 할 문제가 하나 있다. 우리 민족의 범위가 어디까지인지를 정해 중국인들과 구별해야만 하는 것이다. 하지만 우리 민족의 원류를 찾는 일은 마치 양파 껍질처럼 벗겨도 벗겨도 쉽게 답이 나오지 않는다. 따라서 여기서는 책의 서술을 위해 필요불가결한 몇 가지 질문에 대해서만 답해보도록 하자.

첫째, 오늘날 중국인들은 발해를 자신들의 역사의 일부라고 주장하고 있는데, 그렇다면 발해인들은 우리의 선조가 아닌 것일까? 사실 발해의 '국적' 문제는 우리나라와 중국의 역사 논쟁 및 정치적 이해관계의 정점에 놓여 있는 터라 객관적인 결론을 내리기가 무척 어렵다. 게다가 발해인들이 스스로 남긴 글이라고는 공주 두 명의 묘지명이 전부이기 때문에 그들 자신의 정체성과 귀속 의식을 연구할 만한 자료도 턱없이 부족하다. 물론 우리나라 역사학계는 발해가 우리 민족의 역사라는 데 거의 동의하고 있다. 필자 또한 발해라는 국호가 고구려와 관련된 이름이며, 발해를 세운 사람들이 고구려인이었음을 당시의 중국인들이 암묵적으로 받아들이고 있었다는 것을 밝히는 논문을 집필해 곧 발표할 예정이다. 하지만 중국의 학자들은 비록 발해의 소수 지배층이 고구려인이었을지라도 다수의 피지배층은 말갈인이었기에 고구려의 계승 국가로 볼 수 없다고 반박하고 있다. 그러나 그들의 주장이 일면 타당할 수 있다 해도, 이 책에서 살펴볼 대부분의 발해인들은 고구려인의 후손임이 거의 확실한 사람들이다. 즉 고구려 왕족의 후손인 고씨高氏와 원래는 고씨였으나 족내혼을 숨기기 위해 성을 바꾼 장씨張氏 일가가 주인공들이기 때문이다.

둘째, 일부 재야사학자들은 우리 민족을 '동이東夷'와 연결시키곤 하는데, 과연 동이로 불린 사람들 모두를 우리의 선조로 볼 수 있는 것일까? 중국의 저명한 역사학자 부사년傅斯年은 '이하동서설夷夏東西說'을 통해 중국 최초의 왕조인 은殷 또는 상商나라, 나아가 전설상의 순舜 임금까지도 동이에 속한다고 주장한 바 있다. 정작 중국에서는 이 학설이 그다지 인정받지 못하고 있지만, 우리나라에서는 이에 고무된 일부의 사람들이 황하 유역의 동이와 한반도의 동이를 동일시하며 우리의 선조가 은나라를 세웠다는 파격적인 주장까지 내놓고 있다. 그러나 역사적으로 동이는 중국의 영토 확장과 더불어 그 이름이 가리키는 지역적 범위가 계속해서 변화해왔다. 따라서 동이로 불린 사람들을 모두 우리 민족으로 볼 수는 없는 것이다. 만약 일부 재야사학자들의 논리를 받아들였다면 이 책에는 순임금과 은나라 사람들의 이야기가 가장 앞에 놓였을 것이다.

셋째, 일부 재야사학자들은 여진인과 만주인도 우리 역사의 방계로 포괄해야 한다고 주장한다. 이는 사실상 청나라를 세운 만주인들의 역사를 기록한 『만주원류고』를 재탕한 것이다. 『만주원류고』에는 금나라를 세운 완안부의 시조 함보가 고려 또는 신라에서 건너온 인물이라는 기록이 실려 있기 때문이다. 또한 이들은 현재 만주 길림성의 길림吉林이 신라의 다른 이름인 계림鷄林에서 온 것이라고도 주장하는데, 실제로 양자의 현재 중국어 발음이 동일한 것은 사실이다. 물론 이러한 주장들의 타당성 여부는 앞으로 더욱 꼼꼼히 따져봐야 하겠지만, 조선 시대 병자호란의 치욕을 경험한 '우리 민족' 가운데 이러한 '궤변'에 쉽게 동의할 수 있는 사람은 많지 않을 것이다.

마지막으로 부여와 동일한 혈통과 문화를 갖고 있던 두막루豆莫婁라는 집단도 살펴볼 필요가 있다. 『북사』는 중국의 남북조 시대에 북만주에 존재했던 두막루국이 옛 북부여의 후예라고 기록했다. 군장의 명칭이 여섯 가축의 이름을 따서 붙여졌다는 점도 부여의 마가馬加, 우가牛加, 저가豬加 등을 연상시킨다. 다만 고구려 등과 정치적, 외교적인 관계를 맺었다는 기록은 남아 있지 않다. 우리나라 고대사 학계에서 아직은 많은 관심을 기울이지 않는 것 같은데, 진부하지만 불가피한 핑계인 자료의 부족 때문이다. 따라서 부여의 잔존 집단이 북만주 일대에서 살고 있었다는 소식만을 소략히 전할 뿐이다.

이 책의 중요한 특징을 하나 들자면, 중국에서 활동한 고구려와 백제의 유민, 신라인, 고려인뿐만 아니라 발해의 유민들까지도 다루었다는 점이다. 또한 이 책에는 장군과 군인을 비롯해 황제, 황후와 후궁, 외척, 유학생, 유학승, 역관, 표류자, 인질로 끌려간 세자 등 다양한 신분과 직업의 인물들의 이야기가 두루 실려 있다. 이들의 삶의 행적을 뒤쫓으며 가슴으로 이해하려 노력했지만 무미건조한 문체로 인해 독자들에게 잘 전달되었을지 걱정이 앞선다.

치기어린 생각으로 시작했던 원고가 한 권의 책으로 출판되기까지 우여곡절도 많았다. 특히 갓 박사 학위를 딴 연구자로서 다소 대중적인 한중 관계사 책을 쓰는 일에 망설임이 적지 않았다. 그러나 일단 책이 세상에 나온 이상, 더 많은 독자들에게 다가갈 수 있기를 기대해본다. 이렇게 딱딱한 주제의 책의 출판을 감행하는 '용기'를 발휘해주신 미지북스 여러분, 특히 번거로운 지도 작업으로 고생하신 박선미 편집팀장과 학과 동기이자 오랜 친구인 책임 편집자 김형규에게 감사의 말을 전한다.

1부

삼국 시대 그리고 위진남북조 시대

1 부는 우리나라의 삼국 시대에 해당하는 시기를 다룰 것이다. 삼국 시대는 고구려, 백제, 신라가 건국한 기원전 1세기부터 백제와 고구려가 차례로 멸망한 7세기 중반까지 7백여 년 동안 지속되었다. 그 사이에 중국에서는 전한前漢, 신新, 후한後漢으로 이어진 통일 왕조가 무너지고, 위진남북조魏晉南北朝라는 긴 분열의 시기를 거친 뒤에 수隋나라와 당唐나라라는 통일 왕조가 재등장했다. 이 중에서 우리가 살펴볼 인물 및 사건들은 대개 위진남북조 시대에 해당한다.

위진남북조는 위魏나라와 진晉나라, 남조南朝와 북조北朝라는 서로 다른 왕조들을 뭉뚱그려 가리키는 용어다. 특히 위나라 시기는 소설 『삼국지』로 널리 알려진 중국의 삼국 시대이기도 하다. 중국인들은 위나라, 촉蜀나라, 오吳나라 가운데 당시 중국의 정치, 경제, 군사적 중심지인 황하 유역을 지배했던 위나라를 정통으로 여겼기에, 이 시대를 대표하는 나라로 위나라를 꼽은 것이다.

진나라는 조조와 조비 부자의 신하였던 사마의의 손자 사마염이 위나라 황제를 쫓아내고 새롭게 세운 나라였다. 하지만 오래지 않아 진나라는 황족끼리 서로 다투다가 이민족 흉노에게 멸망하고 만다.

이때 진나라의 일부 지배층이 양자강 이남으로 내려가 피난 정권을 세웠으니 이전의 진나라를 서진西晉, 이후의 진나라를 동진東晉이라고 한다. 동진이 망한 뒤에 양자강 이남에 차례로 들어선 송宋, 제齊, 양梁, 진陳의 네 나라가 바로 남조(남쪽의 왕조)다. 한편 황하 유역에서는 진나라가 남쪽으로 쫓겨나자 흉노, 선비 등 다섯 이민족이 각각 나라를 세웠으니, 이것이 오호십육국五胡十六國이다. 오호십육국의 혼란을 수습하고 439년 북중국을 통일한 나라는 북위北魏였는데, 뒤이은 동위東魏, 북제北齊, 서위西魏, 북주北周와 합쳐 북조(북쪽의 왕조)라고 부른다.

이러한 격동의 시대에, 우리나라 사람들 가운데 특히 고구려와 부여인들은 여러 가지 이유로 중국에 건너가 살게 되었다. 그리고 그들 중 일부는 중국의 역사서에 독립된 열전列傳을 남길 만큼 크게 활약했다.

01 고구려와 백제는 과연 중국을 지배했을까?

일부 재야사학자들은 고구려와 백제가 한때 중국 영토의 상당 부분을 지배했다고 주장하고 있다. 특히 1980년대 중반의 베스트셀러 『한단고기桓檀古記』의 옮긴이는 그 책의 역자 후기에서 다양한 근거를 내세우며 백제가 중국에 식민지를 건설했었다고 강력히 주장한 바 있다. 이러한 가설은 일반인들 사이에서도 상당한 호응을 얻고 있는 것 같다. 과연 믿을 만한 이야기인지, 조목조목 따져보자.

고구려 모본왕은 현재의 중국 산서성 및 하북성 북부를 공격한 적이 있다?

『후한서後漢書』「광무제기」 건무 25년(49년) 조條에는 1월에 맥인貊人들이 우북평, 어양, 상곡, 태원의 4개 군郡을 공격했다는 기록이 실려 있다. 또한 『후한서』「고구려전」은 "음력 정월에 구려句驪가 우북평, 어양, 상곡, 태원을 침입했는데, 요동태수 제동祭彤이 은덕과 신의로 달래자 다시 화친을 맺었다."라고 기록하고 있다.* 두 기록을 비교해보면 맥과 구려가 모두 고구려를 지칭한다는 것을 알 수 있다.**

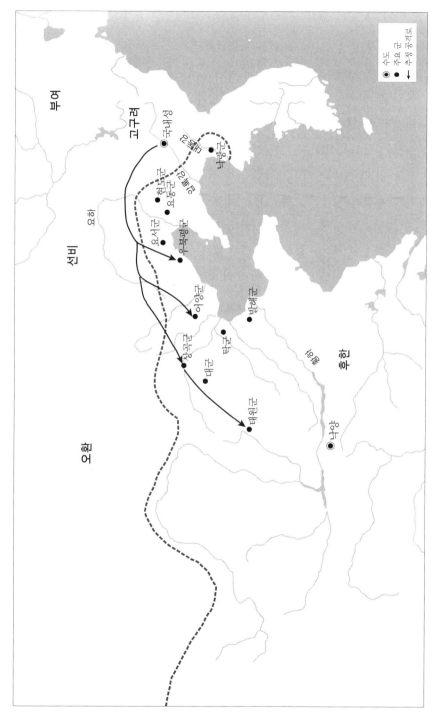

지도 1 고구려 모본왕의 후한 공격

우북평, 어양, 상곡, 태원은 오늘날 중국의 산서성 및 하북성 북부 지역이다. 어떤 재야사학자는 이러한 기록들을 근거로 고구려가 모본왕 때 산서성과 하북성 일대를 지배하고 있었다고까지 주장한다. 하지만 역사학계에서는 동명성왕부터 모본왕까지의 역사 기록을 사실로 인정하지 않는다. 고구려의 '진짜' 건국자를 태조왕으로 보는 것도 이 때문이다. 게다가 고구려가 산서성과 하북성 일대를 공격하려면 후한의 영역인 요동, 현도, 요서 등의 군들을 지나가야만 했는데, 고구려는 아직 요동조차 장악하지 못한 상황이었다.

물론 요동, 현도, 요서를 지나지 않더라도 방법이 전혀 없었던 것은 아니다. 현재의 내몽골 지역을 거쳐 북쪽으로 우회하는 길이 있었기 때문이다. 내몽골은 당시 선비鮮卑*의 영역이었다. 『삼국사기三國史記』「고구려본기」 유리왕 11년(기원전 9년) 조에 따르면, 고구려는 명장 부분노扶芬奴의 활약으로 선비의 침략을 물리치고 항복을 받아 속국으로 삼았다. 따라서 고구려가 선비의 영역을 거쳐 우북평 등 4개 군을 공격했을 가능성도 충분하다.

하지만 그렇다 하더라도 고구려는 그 지역들을 공격했을 뿐 점령하거나 지배했던 것은 아니다. 위에서 언급한 『후한서』「고구려전」은

---

* (앞쪽) 『삼국사기』「고구려본기」 모본왕 2년 조에도 같은 내용이 실려 있다.
** (앞쪽) 중국의 역사서들은 종종 고구려를 구려 또는 고려高麗로 표기했다. 그런데 『후한서』「고구려전」에서 구려의 '려'를 '麗'가 아닌 '驪'로 쓴 데서 중국인들의 독특한 표기법을 살펴볼 수 있다. 중국인들은 자신들만이 온전한 사람이며 다른 이민족들은 미개인, 심지어 짐승에 불과한 존재로 깔보았기 때문에, 나라나 민족의 이름에 '馬', '犭', '虫'처럼 동물이 포함된 글자를 사용했던 것이다.
* 선비는 동호東胡의 후예로, 동호가 멸망한 뒤 선비산 일대에서 유목 생활을 하던 사람들을 부르는 이름이었다.

요동태수 제동의 은덕과 신의 때문에 고구려가 물러났다고 했지만, 『후한서』「제동전」에 따르면 진짜 이유는 '물자' 때문이었다. 제동은 앞서 흉노匈奴, 선비, 적산오환赤山烏桓에게 항복만 한다면 원하는 물자를 충분히 제공하겠다고 설득했고, 후한 조정도 약속한 바를 지켰다. 이를 지켜본 고구려도 화친의 뜻을 전하니 후한의 광무제는 물자의 양을 두 배로 늘려주었다. 고구려가 우북평 등 4개 군을 공격했다면, 그 이유는 영토의 확장이 아니라 물자의 획득을 위해서였던 것이다.

역사학계의 통설과는 약간의 차이가 있지만, 고구려의 초기 지배층은 유목민이거나 유목민의 풍습을 지닌 사람들이었을 가능성이 크다. 고구려를 세운 주몽은 활쏘기에 능했다고 전해지며, 그의 이름도 부여말로 활을 잘 쏘는 사람이라는 뜻이었다. 주몽은 부여에서 말을 키우는 일을 했었는데 이 또한 유목민의 일상사였다. 남의 물건을 훔치면 10배 혹은 12배를 배상한다는 고구려의 법률은 부여, 백제, 실위室韋, 돌궐突厥, 여진女眞 등의 배상법倍償法과 흡사했다. 배상법은 훔친 물건의 배수, 즉 3배, 5배, 10배, 12배 등을 배상하도록 하는 처벌법이었다. 고구려의 취수제 혹은 형사취수제兄死娶嫂制도 아버지나 형이 죽으면 아들이나 동생이 자신의 생모를 제외한 처첩을 상속받는 수계혼제收繼婚制와 비슷한 제도였다. 수계혼제는 유목민 사회의 보편적인 결혼 풍습이었다.

이처럼 초기 고구려는 북아시아의 유목민들과 매우 유사한 풍습을 갖고 있었다. 모본왕이 영토 확장이 아니라 물자를 획득하기 위해 후한의 변경 지역을 공격했던 것은 흉노, 선비 등의 약탈 행위와 같은 맥락에서 살펴볼 수 있는 것이다.

광개토대왕이 현재의 북경 지역을 지배했다?

광개토대왕이라는 이름이 영토를 크게 넓힌 업적에서 나왔다고는 하지만, 중국의 정사正史와 우리나라의 『삼국사기』에서 이를 입증할 만한 기록을 찾기는 힘들다. 그렇다면 광개토대왕 때 고구려가 북경 지역을 지배했다는 주장의 근거는 무엇일까?

1976년 북한 남포시의 덕흥리에서 관개수로 공사를 하던 중에 무덤 하나가 발견되었다. 이 무덤의 발견은 고고학만이 아니라 역사학에도 매우 중요했다. 무덤 속에 당시 사람들의 생활 풍습을 보여주는 벽화와 더불어 무덤 주인의 약력이 기록된 묘지명墓誌銘*이 들어 있었기 때문이다.

먼저 이 묘지명의 앞부분을 살펴보자.

○○군 신도현 도향 ○감리 출신이며 석가문불의 제자인 ○○씨 진鎭은 벼슬해서 건위장군建威將軍, 국소대형國小大兄, 좌장군左將軍, 용양장군龍驤將軍, 요동태수遼東太守, 사지절使持節, 동이교위東夷校尉, 유주자사幽州刺史를 역임했다. 진은 77세의 나이에 죽었고, 영락永樂 18년인 무신년(409년) 12월 25일에 무덤을 완성해 영구를 옮겼다.

---

* 중국인들은 북조 시대 이래로 무덤 속에 죽은 사람의 이름, 본적, 가족 관계, 약력 등을 적은 비석을 넣어두었는데, 이를 묘지명이라고 한다. 무덤 앞에 비석을 세워두었으면서도 굳이 묘지명을 따로 묻은 이유는 아직까지 학자들도 정확히 알지 못한다. 여러 가지 추측이 난무하지만, 바깥의 비석은 훼손되기 쉽기 때문에 죽은 사람의 신원을 적은 기록을 무덤 속에 보관하면 훗날 이장하는 데 편리했을 것이다.

이 기록은 많은 정보와 의문을 동시에 가져다주었다. 무엇보다 진이라는 무덤 주인의 국적 혹은 본적을 두고 논란이 일었다. 무덤이 위치한 덕흥리가 고구려의 수도 평양에서 가까웠기 때문에, 무덤의 주인은 당연히 고구려 사람이었을 것으로 짐작하기 쉽다. 그러나 당시 고구려에는 군郡, 현縣, 향鄕과 같은 행정 구역이 없었다. 북한의 일부 학자들은 고구려에도 이미 군, 현, 향이 설치되어 있었다고 주장하지만, 다른 사료와 금석문들을 살펴보았을 때 그러했을 가능성은 극히 희박하다.

필자는 판독이 되지 않는 묘지명 첫머리의 두 글자가 '장락長樂' 이었을 것으로 생각한다. 대부분의 학자들은 『진서晉書』 「지리지地理志」에 근거해 신도현이 안평국의 속현이었다고 주장하지만, 신도현은 후연後燕 때부터 북위 시대까지 기주와 장락군의 관청 소재지였기 때문이다.

장락군 신도현 출신의 명문 가문으로는 풍씨馮氏가 있다. 북연北燕을 세운 풍발馮跋이 바로 장락군 신도현 출신이다. 오호십육국과 북조 시대의 역사서와 묘지명에서 풍씨와 유씨劉氏 이외에는 장락군 신도현 출신의 사람을 거의 찾을 수 없다. 하지만 '풍' 또한 한 글자의 성姓이기 때문에 무덤 주인의 성으로 맞지 않는다. 그래서 일부 학자들은 이 사람의 성이 중국인의 두 글자 성인 황보皇甫, 사마司馬, 영호令狐 가운데 하나였을 것이라고 추정하지만, 이들 성의 본관은 각각 안정군, 하내군, 돈황군이기 때문에 적합하지 않다. 후연의 모용진慕容鎭이었을 것으로 생각하는 학자들도 있지만, 모용씨는 창려, 도하 또는 요동 출신이다. 그 외의 두 글자 성은 대개 흉노와 선비 등 유목민의 성들이다. 결국 아직 무덤 주인의 성을 정확히 밝혀내지는 못한 상황이다.

어쨌든 진이 중국 장락군 신도현 출신의 중국인이었을 가능성은 매우 크다. 다만 국소대형이라는 고구려 관직을 가지고 있었고 광개토대왕의 연호 '영락'을 사용했다는 점에서, 고구려로 망명해 벼슬한 귀화 중국인으로 추정된다.

그런데 무덤 주인의 국적보다 더 큰 흥분을 불러일으킨 것은 유주자사라는 관직명이었다. 유주는 특정한 지역의 이름이고, 자사는 그 지역을 다스리는 지방 장관을 뜻한다. 그렇다면 유주는 어디에 있었을까? 시대에 따라 유주의 위치는 차이가 있다. 무덤의 벽화에는 당시 유주의 영역을 시사하는 글이 적혀 있었다.

무덤의 서쪽 벽에는 유주자사에게 인사하는 13개 군의 태수와 내사들의 모습이 그려져 있다. 연군태수, 범양내사, 어양태수, 상곡태수, 광령태수, 대군내사, 북평태수, 요서태수, 창려태수, 요동태수, 현도태수, 낙랑태수의 12명과, 대방태수로 추정되는 1명이다. 태수와 내사는 모두 군을 다스리는 지방 장관의 명칭이었다. 그런데 유주자사에게 말을 전하는 통사리와 첫 번째 태수의 사이에는 "유주에는 13개 군과 75개 현이 있다. 주의 관청 소재지는 광계현이었으나 지금은 연국인데, 낙양에서 2,300리 떨어진 곳이다."라는 구절이 적혀 있다.

언급된 13개 군의 위치를 지도에서 확인해보면, 유주는 서쪽으로는 현재의 북경에서 동쪽으로는 요령성에 이르는 지역이었음을 알 수 있다. 따라서 이 기록을 그대로 믿는다면 광개토대왕의 신하가 현재의 북경 지역을 다스리는 지방관이었다는 논리가 성립한다. 이를 근거로 일부 학자들과 재야사학자들은 광개토대왕 때의 고구려가 중국의 북부를 지배한 제국이었다고 주장하는 것이다.

이렇게 볼 근거가 전혀 없지는 않다. 『자치통감資治通鑑』에는 영락

12년(402년) 광개토대왕이 오늘날의 요서 지방에 해당하는 후연의 숙군성을 공격하자 평주자사 모용귀慕容歸가 성을 버리고 달아났다는 기록이 등장한다. 자사가 머물고 있었던 것으로 보아 숙군성이 평주의 관청 소재지였다고 한다면, 광개토대왕이 평주, 즉 요서 지방을 점령했다고 볼 수 있는 것이다.*

그러나 유주의 영역 변화를 보여주는 지도 2를 살펴보면, 덕흥리 무덤의 묘지명 및 벽화에 등장하는 유주의 영역은 광개토대왕 때보다 더 넓은 전한이나 후한 시대의 영역에 가깝다. 평주가 이미 오래전인 279년에 유주로부터 분할되었기 때문에, 유주자사 진이 다스렸다는 유주의 영역은 당시의 실제 행정 구역과 일치하지 않았던 것이다. 따라서 고구려가 요서 지방이라면 몰라도 오늘날의 북경에서 요령성에 이르는 지역 전체를 지배했을 가능성은 크지 않다.

위진남북조 시대는 수백 년에 걸친 전란의 시대였기에, 많은 이민족들이 중국의 내지로 마구 밀려들어왔고 중국인들 또한 대륙의 곳곳으로 뿔뿔이 흩어졌다. 새로운 지역으로 이주한 중국인들은 자신의 본적지나 고향의 이름을 그 지역에 가져다 붙였다. 그래서 멀리 떨어진 여러 지역이 같은 지명을 갖게 되는 현상이 발생했는데, 이렇게 해서 만들어진 것이 바로 교주군현僑州郡縣이다. '교僑'는 "다른 지역에 빌붙어 살다."라는 의미를 가지고 있으므로, 풀이하면 원래의 행정 구역과 무관한 지역에 새로 만들어진 이름뿐인 행정 구역이라는 뜻이 된다. 우리나라 고려 시대의 비지飛地와 유사한 개념이다.

---

* 20세기 초 중국의 역사학자 여사면呂思勉도 고구려가 당나라 초기까지 요서 지방을 지배했다고 기술했다. 요서의 정확한 지리적 범위가 모호하기는 하지만 최소한 요하의 서쪽 평야 지역 중 일부를 고구려가 지배했다는 사실은 인정할 수 있을 것이다.

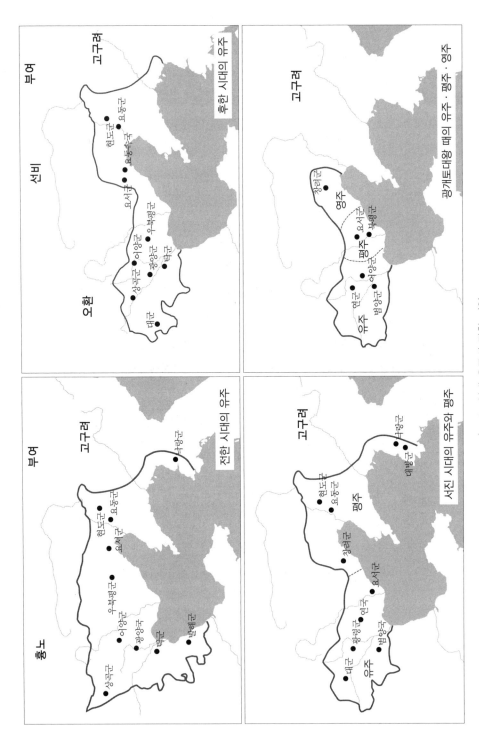

지도 2 역대 유주의 관할 지역

부여

고구려

선비

오환

현도군
요동군
요동속국
요서군
북평군
상곡군
어양군
광양군
탁군
대군

후한 시대의 유주

고구려

부여

흉노

현도군
요동군
요서군
우북평군
상곡군
어양군
광양군
탁군
창해군
대방군

전한 시대의 유주

고구려

창려군

영주

요서군
북평군
어양군
유주 평주
영주 광평군
역군

광개토대왕 매의 유주 · 평주 · 영주

고구려

현도군
요동군
평주
창려군
요서군
유주 연군
대군 광평군
범양군
대방군
낙랑군

서진 시대의 유주와 평주

또한 무덤이 발견된 덕흥리를 포함해 평안남도와 황해도 지역에 중국인 유민들이 많이 살고 있었다는 고고학적 증거가 꽤 남아 있다. 그렇다면 진은 중국의 유주에서 고구려로 도망쳐온 유민들을 관장하는 '교주군현 유주'의 관리였을 가능성이 크다. 오늘날 우리나라에서도 이른바 이북 5도청을 설치해, 평안남도지사나 해주시장처럼 대한민국이 실제로 지배하지 않는 휴전선 이북 지역의 도지사, 시장 등을 임명하고 있다. 물론 명예직이다. 기록 속의 유주자사도 비슷한 사례일 수 있는 것이다.

물론 이러한 해석은 지금까지 발견된 사료와 금석문을 토대로 내릴 수 있는 잠정적인 결론일 뿐이다. 만약 언젠가 고구려에도 주, 군, 현과 같은 중국식 행정 구역이 존재했다는 증거가 발견되거나, 북경과 요령성 사이의 지역에서 고구려인들의 금석문 혹은 유물이 발견된다면 이러한 결론은 뒤집어질 수 있다.

백제가 현재의 요서 지방과 산동반도 등을 지배했다?

백제의 요서 영유설은 앞서 다룬 고구려의 유주 지배설보다 더 널리 알려져 있다. 조선 시대의 실학자 신경준申景濬과 19세기 말의 중국 학자 임수도任壽圖도 인정했다니 말이다. 또한 국사편찬위원회에서 펴낸『한국사』백제편도 '설'이라는 단서를 달긴 했지만 '요서영유(설)'이라는 항목을 따로 할애하고 있다.

『삼국사기』「최치원전」에 실려 있는 「상태사시중장上太師侍中狀」은 최치원이 당나라의 재상에게 보낸 편지다. 그런데 이 편지에는 고구려와 백제의 전성기 병력이 백민 명이었으며, 연, 유주, 제로, 오월 등의 지방을 침략해 소란스럽게 했다는 언급이 있다. 연과 유주는 오늘날의 북경과 하북성 북부이고, 제로는 산동성, 오월은 강소성과 절강성에 해당한다. 따라서 이 구절만 떼어놓고 보면 고구려와 백제가 중국의 동해안 일대를 지배했던 것처럼 보인다.

그런데 최치원은 바로 다음 구절에서 이처럼 강력했던 고구려와 백제를 멸망시키고 당나라와 힘을 합쳐 발해를 협공하는 등, 신라의 태종무열왕이 커다란 공을 세웠음을 상기시킨다. 그리고 이어서 당나라에 도착할 신라 사신들에게 여행의 편의를 제공해줄 것을 부탁한다. 결국 글 전체의 요지는 신라가 당나라에 큰 도움을 주었으니 신라의 사신들에게 작은 성의를 베풀어달라고 청탁하는 것이기에, 앞의 구절은 역사적인 사실이라기보다 고구려와 백제의 국력을 실제보다 부풀린 과장된 수사라고 해석할 수도 있다. 강조점을 어디에 두느냐에 따라 그 해석이 달라지는 것이다.

그러나 중국의 역사서에도 백제의 대륙 진출을 뒷받침하는 기록이 남아 있다. 예컨대 『송서宋書』, 『양서梁書』, 『남사南史』, 『통전通典』, 『양직공도梁職貢圖』 등을 살펴보면, 진晉나라 때 백제가 요서를 점령해서 진평군 진평현을 설치했다거나 요서군과 진평군을 점령해 백제군을 설치했다는 기록이 등장한다. 심지어 『통전』에는 백제가 점령했던 영역이 당나라 때의 유성과 북평 사이, 즉 현재의 북경, 하북성 북부, 요령성 서부에 해당한다는 주석까지 친절하게 달려 있다.

백제와 북위의 전쟁에 관한 기록도 요서 영유설을 지지한다. 『삼국사기』의 동성왕 10년 조와 『남제서南齊書』 「백제전」, 『자치통감』 등의 기록을 종합하면, 488년 북위 군대 수십만이 백제를 침략해오자 동성왕은 사법명沙法名, 찬수류贊首流, 해례곤解禮昆, 목간나木干那를 보내 이를 무찔렀다고 한다.

그런데 당시 백제는 북위와 국경을 맞대고 있지 않았다. 따라서

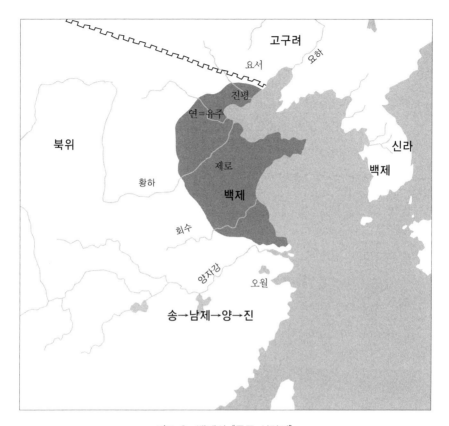

지도 3 백제의 "중국 식민지"

북위가 백제를 침략하려면 바다를 건너든지 혹은 고구려를 경유해야
했다. 하지만 북위의 군대는 기병 중심의 육군이었으므로 바다를 건
너지는 않았을 것이고, 고구려가 적군이 자기 영토를 지나가는 것을
묵과했을 리도 없다. 결국 백제가 요서를 점령하고 있었기에 북위와
직접 싸울 수 있었다는 해석이 설득력을 지닐 수 있다.

또한 『남제서』 「백제전」에는 동성왕이 남제南齊의 무제武帝에게
자신의 신하들을 장군과 태수로 임명해달라고 요청했던 표문이 실려

있다. 그런데 이 표문에 등장하는 군들 가운데 청하군, 광양군, 광릉군, 성양군은 중국의 내지에 위치해 있었다. 일부 학자들은 백제의 신하가 중국 내지의 태수로 임명된 것으로 보아 백제가 이 지역을 지배했음이 틀림없다고 주장한다.

571년 북제가 백제의 위덕왕을 사지절 도독동청주제군사都督東靑州諸軍事 동청주자사東靑州刺史에 임명했다는 기록도 있다. 도독○○○제군사는 ○○○ 지역의 군사령관이고 자사는 주州의 지방 장관이므로, 결국 위덕왕이 동청주의 군사권과 행정권을 함께 관할했다는 뜻이다. 동청주는 현재의 산동성 지역으로 추정되기에, 이러한 관직명은 백제가 산동성의 일부를 지배했다는 근거가 될 수 있다.

그러나 여전히 대부분의 학자들은 백제의 대륙 진출에 대해 회의적이거나 부정적인 견해를 갖고 있다. 중국의 남북조 시대이자 우리나라 삼국 시대의 국제 정세를 고려하면 상식적으로 납득하기가 어렵기 때문이다. 이를 테면 한반도 서남부 지역을 겨우 지배하고 있던 백제가 북중국을 지배하고 있던 북위와 육지에서 전쟁을 벌였다는 것은 어불성설이라는 것이다. 그래서 우리나라와 중국의 학자들은 백제와 북위가 아니라 사실은 백제와 고구려가 서로 싸운 것이라는 취지의 논문을 발표했고, 양국 학계 전반에서 받아들여지고 있다.

학자들은 동성왕의 신하들이 중국 내지의 태수로 임명된 것도 실제로는 백제로 귀화한 중국인들을 이름뿐인 본적지의 태수로 임명한 것에 불과하다고 설명한다. 원래 중국에서는 자신의 출신 지역의 지방관으로 부임하는 것을 금지하는 본적지 회피제라는 제도가 존재했다. 그런데 분열과 혼란의 위진남북조 시대에는 중앙의 힘이 약해지고 지방 세력들이 발호하면서 해당 지역 출신의 사람이 자사, 태수, 현령 등에 임명되는 일이 흔해졌다. 동성왕이 임명을 요청했던 태수

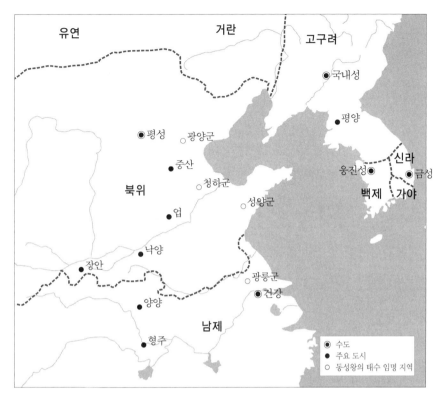

지도 4 백제 동성왕 시기의 동아시아

들의 성姓과 이름을 살펴보면 백제인이 아니라 백제로 귀화한 중국인으로 추정되는데, 동성왕이 당시 중국의 관행에 따라 이들의 본적지 이름을 딴 명목상의 태수 관직을 요청했다는 것이다. 이는 현재의 조건에서 도출할 수 있는 가장 합리적인 추론이다.

이러한 태수 임명이 백제에만 있었던 독특한 사례인지 아니면 다른 나라에서도 일반적인 일이었는지를 확인해보면 위의 추론을 좀 더 객관적으로 따져볼 수 있을 것이다. 이를 위해 필자가 『남제서』에 실린 다른 나라들의 열전을 전체적으로 검토해보니, 『남제서』를 편찬한 소자현蕭子顯은 다른 나라들의 주장을 비교적 여과 없이 열전에 기록하고 있었다.

먼저 백제의 경우를 살펴보자. 중국 황제의 입장에서는 중국 군현의 명칭을 지닌 태수를 임명해달라는 동성왕의 요구를 승낙하기가 어려웠을 것이다. 게다가 동성왕은 490년과 495년에도 자신의 신하들에게 줄 관직과 작위를 요청했는데, 그 중에는 면중왕面中王, 도한왕都漢王, 아착왕阿錯王, 매라왕邁羅王과 같은 '왕'의 작위가 포함되어 있었다. 동성왕의 신하가 왕이라면 동성왕은 황제라는 말인가?

또한 왕의 작위를 받은 사람들 가운데는 사법명, 찬수류, 해례곤, 목간나처럼 중국의 황족도 백제의 왕족도 아닌 이성異姓 신하들이 포함되어 있었다. 예로부터 중국에서는 황족이 아닌 신하들에게 왕의 작위를 내리는 경우가 극히 드물었다. 조조 부자나 사마의 부자처럼 사실상 최고 권력을 장악한 자들이 황제가 되기 직전에 왕의 작위를 받거나, 안사의 난 이후 당나라 조정의 힘이 약해지자 지방의 절도사節度使들이 왕을 칭한 사례가 있기는 했지만 모두 예외적인 경우였다.

비록 남제가 북위에게 회수 이북의 영토를 빼앗길 정도로 힘이 약해진 상황이었지만, 관료제와 지방 행정은 별다른 문제없이 돌아가고 있었다. 따라서 소자현은 동성왕의 요구가 관례를 벗어난 무례한 것임을 잘 알면서도 그가 요구한 바를 있는 그대로 『남제서』에 기록한 것이다.

당시 몽골 고원을 지배하고 있던 유연柔然에 대한 기록인 「예예로전芮芮虜傳」에서도 비슷한 사례를 찾을 수 있다. 예예로는 남조의 중국인들이 유연을 낮추어 부르던 이름이다.* 480년과 그 이듬해에 유연의 카간**은 남제에 사신을 파견해 친서를 전달했는데, 남제의 입장에서 보면 이 친서에는 외교적인 결례가 적지 않았다. 무엇보다 유연의 카간은 남제의 황제를 '조카'라고 부르고 자신을 '나ợ'로 칭했기 때문이다.

중국인들의 세계관 속에서 황제는 하늘의 아들이며 하늘로부터 전 세계를 통치할 권한을 위임받은 인물이었다. 그러하기 때문에 황제는 다른 모든 나라와 민족의 군주들을 자신의 신하로 간주해왔다. 그런데 한낱 오랑캐일 뿐인 유연의 카간이 감히 중국의 황제를 손아랫사람으로 불렀으니, 남제의 황제 소도성蕭道成에게는 엄청난 치욕이었을 것이다. 뿐만 아니라 유연의 사신이 공물로 가져온 바지는 사자 가죽으로 만든 것이라고 했지만, 알고보니 그보다 질이 떨어지는 부발이라는 짐승의 가죽으로 만든 것이었다.*

백제와 유연 이외의 민족들의 열전에도 이와 유사한 기록들이 자주 등장한다. 소자현은 왜 황제와 중국인들에게 수치스러운 사실들까지 그대로 기록했던 것일까? 자신에게 불리한 기록은 남기지 않는 것이 인지상정이며, 중국인들은 더더욱 이에 투철했다. 그럼에도 이

---

* (앞쪽) '쪽발이', '되놈' 처럼 다른 민족을 비하하는 인종차별적인 용어이다.
** (앞쪽) 북아시아 유목 국가의 군주를 일컫는 칭호.
* 유연은 소도성의 아들 무제에게는 비단 짜는 기술자, 의사, 지남거, 물시계 등을 보내달라고 요구했다. 흔히 유목민들은 농경민에 대한 약탈과 파괴만을 일삼는 야만인들이었다고 생각하기가 쉽다. 그러나 역사적으로 살펴보면 대개의 유목민들은 국제 무역에도 깊이 관여했다. 일찍이 흉노는 한나라로부터 공물로 받은 막대한 양의 비단을 중앙아시아를 통해 로마와 페르시아로 수출했으며, 돌궐과 위구르도 비단의 중개 무역으로 짭짤한 수익을 얻었다. 유연이 비단 짜는 기술자를 요구한 것은 비단을 중국에서 수입하는 대신 직접 생산해서 서방에 팔아보려는 계획 때문이었다. 이러한 속셈을 간파한 남제의 조정은 비단 짜는 기술자들이 모두 여성이어서 먼 길을 가기 어렵다는 이유로 정중히 서절했다.

러한 사실들을 굳이 기록한 이유는, 중국의 황제에게 무례한 요구를 하는 이민족 군주들의 무식함을 드러내어 '야만인'의 증거로 남기고 싶어 했기 때문이었을 것이다.

『남제서』「백제전」을 이러한 맥락에서 다시 읽어보면, 남제의 황제는 동성왕의 요구를 어이없어하면서도 자신의 영토나 이익을 실질적으로 침해하지는 않기에 그대로 들어주었다고 추측할 수 있다. 동성왕이 임명을 요구한 태수의 관할 지역들이 남제의 실제 영토가 아니라면 충직한 '조공국'인 백제왕의 요구를 들어주지 않을 이유가 없지 않았을까? 이러한 사고방식을 이해한다면 『남제서』「백제전」의 기록이 일종의 '립 서비스'에 불과하다는 사실을 알 수 있다. 즉 백제의 주장을 그대로 적어두었을 뿐이라는 것이다.

하지만 사마광司馬光이 쓴 『자치통감』의 기록과 호삼성胡三省이 붙인 주석을 살펴보면 백제의 요서 영유설을 터무니없는 허구라고 단정할 수만은 없을 것 같다. 『자치통감』은 송宋나라 때 사마광이 기존의 역사서들을 시간 순서대로 재배열해 풀어쓴 편년체 역사서다. 그런데 사마광은 단지 재배열만 한 것이 아니라 당시의 자료와 연구 성과를 바탕으로 엄격한 고증을 거쳐 내용을 첨삭했다.

예를 들어 사마광은 남북조 시대의 역사를 서술하며 남조를 정통성 있는 왕조로 설정했지만, 남조가 편찬한 역사서의 내용을 그대로 발췌하지는 않았다. 『송서』「삭로전索虜傳」은 정평사변, 즉 북위의 황제 태무제太武帝와 태자 탁발황拓跋晃 사이에서 벌어진 정쟁을 노골적으로 묘사했지만, 사마광은 이를 유언비어로 여겨 삭제했다. 북조의 야만성을 드러내어 남조의 정통성을 설파하는 데 크게 도움이 될 만한 일화였음에도, 자신이 역사적 사실로서 인정할 수 없었기 때문이었다. 그런데 이처럼 엄격한 고증을 거친 기록들만을 모은 『자치통감』에 백제와 북위의 전쟁 기록이 실려 있다.

호삼성이 붙인 주석 또한 이러한 기록에 신뢰를 더한다. 호삼성은 사마광의 기사 아래에 백제가 요서군과 진평군을 영유했다는 주석을 달아두었다. 그는 본래 남송南宋의 관리였으나 남송이 몽골에 멸망한 뒤 '오랑캐의 신하'가 되는 것을 거부하고 칩거하면서 『자치통감』의 주석을 달았다. 이를 호삼성주胡三省注 혹은 줄여서 호주胡註라고 하는데, 단지 글자와 단어의 발음과 뜻만이 아니라 인물, 지명, 관명, 사건 등에 관련된 다른 역사서들의 기록을 발췌해서 옮겨놓았다. 한마디로 『자치통감』을 읽기 위한 참고서를 쓴 셈이다. 따라서 호삼성이 그러한 주석을 달았다는 것은 백제가 중국 대륙의 일부를 점유했음을 그가 인정했다는 것으로 해석할 수밖에 없다.

사마광과 호삼성은 백제와 북위의 전쟁을 역사적인 사실로서 믿고 있었던 것이다. 다만 타임머신을 타고 과거로 돌아가 직접 물어보지 않는 한, 그들이 어떠한 자료를 근거로 그러한 결론에 이르렀는지는 알 수가 없다.

어찌됐든 백제의 요서 영유설을 두고 여전히 찬반양론이 계속되고 있다. 지지자들은 우리나라가 아닌 중국의 역사서에 버젓이 기록이 남아있기 때문에 더욱 신뢰할 수 있다고 주장한다. 자국의 역사 기록만을 근거로 억지를 부리는 일본 역사학계의 임나일본부설任那日本府說과는 달리, 중국인들 스스로 기록한 내용을 믿지 못할 이유가 없다는 것이다. 그러나 고구려의 유주 지배설과 마찬가지로, 백제의 요서 영유설 역시 백제인들이 중국에서 활동했음을 입증하는 유물이나 유적이 발견되지 않는 한 당분간 회의적인 견해가 정설로 유지될 것 같다.

왜 고구려와 백제의 대륙 지배설이 설득력을 얻을까?

고구려나 백제의 대륙 지배설은 요즈음까지도 특히 인터넷상에서 꾸준히 인기를 얻고 있는 것 같다. 그러나 정작 옛 문헌들을 파헤치며 전문적으로 역사를 연구하는 학자들은 대부분 부정적인 반응을 보이고 있다. 덕흥리 무덤이나 중국의 역사서에서 몇몇 단서가 보이기는 하지만 아직까지 확실한 증거가 발견되지 않았기 때문이다.

역사학자들은 언제나 명백한 근거를 가지고 주장을 펼쳐야 한다. 애국심과 민족주의에 편승한 결론은 중국인 또는 제삼자가 보기에도 엉터리로 비춰질 수 있기에 더더욱 신중해야 하는 것이다. 최근 중국 정부의 '동북공정東北工程'과 맞물려 고대사에 대한 대중적 관심이 커진 것은 고무적인 일이지만, 중국과의 역사 전쟁에서 이기려면 우리만이 아니라 상대방과 제삼자까지도 설득할 수 있는 증거가 필요하다.

근래 우리나라의 한 젊은이가 자비를 들여 『뉴욕타임스』에 광고 형식으로 고구려 지도를 실은 일이 있었다. 젊은이의 애국심은 높이 평가할 만하지만, 현재의 북경까지 고구려의 영역이었다는 주장은 아직 학계의 공인을 얻지 못했다. 중국인들이 고구려와 발해를 자신들의 역사라고 우기는 것과 비슷한 억지가 될 수도 있는 것이다. 100퍼센트 옳다고 확신할 수 없다면 일단은 술자리의 안주거리 정도로 생각하는 것이 좋다. 하지만 이를 『뉴욕타임스』에 게재하고 공론화한다면 중국인들은 이 지도의 신뢰성에 대해 역공을 가할 것이고, 국제적으로 한국인들의 주장은 허구라는 인상을 심어줄 가능성이 크다.

그런데 역사적인 진위와 별개로 고구려와 백제의 대륙 지배설이 대중에게 호소력을 갖는 이유는 무엇일까? 이를 지지하는 사람들은 크게 두 부류로 나눌 수 있다. 먼저 떠오르는 사람들은 신채호, 박은식, 정인보 등과 같은 민족사학자들이다. 이들의 민족주의 역사학은 독립운동을 위해 민중의 애국심을 고취하려는 목적을 갖고 있었다. 다른 부류의 사람들은 1970년대 이후 이른바 '대륙사관'을 제창했던 재야사학자들이다. 이들이 저술한 책 가운데 『한단고기』는 1980년대 중반 베스트셀러가 되어 사회에 큰 영향을 끼쳤다. 사실 『한단고기』 「태백일사太白一史」의 고구려와 백제 관련 부분은 위에서 언급한 중국 역사서의 내용에 약간의 허구를 덧붙였을 뿐이다. 그래서 이 책의 본문보다는 오히려 역자 후기의 지도와 해설이 대중들에게 더 큰 호소력을 지녔던 것 같다.

그러나 사실 여부를 떠나 이러한 주장이 정치적으로 악용될 소지가 있다는 측면은 부인하기 어렵다. 군대를 다녀온 남성이라면 부대에서 『한단고기』의 유사한 관점의 『대쥬신제국사』라는 책을 대량 비치하고 사병들의 독서를 유도했던 기억을 갖고 있을 것이다. 또한 한 시사주간지의 보도에 따르면, IMF 구제 금융 사태가 발생하기 이전 무렵 기무사 관계자들이 노동조합 간부들을 초청해 한국 고대사 특강을 듣도록 한 적이 있다고 한다. 특강의 강사는 우리나라가 고조선, 고구려, 백제의 옛 영광을 재현하고 선진국으로 진입하기 위해서는 무엇보다 경제 발전을 위해 노사 분규를 줄여야 한다고 주장했다. 이러한 논리가 설득력이 있었는지, 특강을 들은 뒤 꽤나 강성의 노동조합들도 사측에 대한 태도가 어느 정도 부드러워졌다고 한다.

물론 국가의 발전을 위해 현재의 불만을 참고 단결하자는 주장이 아주 틀린 말은 아니지만, 과거 독재 정권이 자신들의 권력을 유지하기 위해 빈번히 활용했던 논리이기도 하다. 또한 1997년 IMF 사태

이전까지 우리나라의 경제는 '한강의 기적'이라 불릴 만큼 눈부시게 발전하고 있었다. 우리나라가 선진국으로 발돋움할 것이라는 낙관적인 전망이 대세를 이루던 상황에서, 우리가 그저 나약한 평화 민족이 아니라 한때나마 대륙을 호령한 민족이었다는 주장은 커다란 반향을 불러일으켰을 것이다.

역사에는 분명히 진실이 존재하지만 사회 구성원들이 진실이라고 믿고 싶어 하는 사실도 존재하는 법이다. 이를 테면 일본 천황은 신神의 후손이자 살아있는 신이라든지, 일본이 한때 백제와 신라를 지배했다든지, 독도가 일본의 영토라든지 하는 것들이다. 그러나 이러한 주장들은 일본 사회 안에서만 통용될 수 있을 뿐, 역사적 진실과는 거리가 멀다. 마찬가지로 우리 민족이 순수한 단일 민족이라거나 다른 나라를 한 번도 침략한 적이 없는 평화 민족이라는 우리나라 역사 교과서의 주장도 진실이 아닐 가능성이 크다.

고구려와 백제가 대륙을 호령했다는 주장이 우리나라 사람들에게 호소력을 지닌다면, 이는 우리나라 사람들이 그것을 진실로 믿고 싶어 하는 심리를 가지고 있기 때문이다. 국내에서만 통용된다면 별다른 문제가 없겠지만, 그릇되거나 검증되지 않은 주장을 마치 진실인 것처럼 외국에까지 선전하는 것은 바람직하지 않다. 상대방이나 제삼자를 설득하려 한다면 좀 더 객관적인 논리와 확실한 증거로 무장해야 하지 않을까? 준비가 되지 않았다면 차라리 침묵하는 편이 오히려 나라를 위한 일일 수 있다.

아래는 최치원이 쓴 「상태사시중장」의 내용이다.

동해 바깥에 마한, 변한, 진한의 세 나라가 있었으니, 마한은 고구려, 변한은 백제, 진한은 신라입니다. 고구려와 백제는 전성기에 강병强兵이 백만 명이었으며, 남쪽으로 오월을 침범하고 북쪽으로 유주와 연燕, 제齊, 노魯를 어지럽혀 중국의 커다란 근심이 되었습니다. 수나라의 황제가 통치 능력을 잃은 것도 요동 정벌의 실패 때문이었습니다.

정관 연간*에는 당나라 태종太宗이 친히 육군六軍을 이끌고 바다를 건너 천벌을 내리려 하니, 고구려는 그 위세에 겁먹어 화친을 청했습니다. 태종이 고구려의 항복을 받고 군사를 돌릴 즈음, 저희 신라의 무열대왕은 견마犬馬의 충성을 바치는 마음으로 당나라 어느 지방에서 일어난 난의 평정을 돕겠다고 청했습니다. 당나라의 조정에 입조하여 알현하게 된 것이 이때부터였습니다.

그 후 고구려와 백제가 여러 차례에 걸쳐 신라에 나쁜 짓을 저지르니, 무열대왕은 당나라에 입조해 향도嚮導가 되기를 청했습니다. 당나라 고종高宗은 현경 5년(660년) 소정방蘇定方에게 10도道**의 강병과 만 척의 전선을 지휘하도록 하여, 백제를 대파하고 부여도독부를 설치한 뒤 당나라 관리를 파견해 백제 유민들을 다스리도록 했습니다. 그러나 당나라와 백제의 풍습이 서로 같지 않

---

* 정확하게는 정관 18년(644년)이다.
** 도는 당나라의 감찰 구역으로, 10도는 흔히 당나라 전체를 뜻했다.

아 반란이 빈번하게 일어나자 결국 유민들을 하남 지방으로 이주시켰습니다. 총장 원년(668년)에는 영공英公 이적李勣을 보내 고구려를 격파하고 안동도독부를 설치했으며, 의봉 3년(678년)에는 고구려 유민들을 하남과 농우 지방으로 이주시켰습니다.

고구려의 남은 세력들은 북쪽으로 옮겨가 태백산 자락에 나라를 세우고 국호를 발해라고 했습니다. 발해의 무왕은 당나라에 원한을 품고 개원 20년(732년) 등주를 기습해 자사 위준韋俊을 살해했습니다. 이에 당나라 현종玄宗은 크게 노하여 내사 고품高品과 하행성何行成, 태복경太僕卿 김사란金思蘭에게 군사를 모아 바다를 건너 발해를 공격하게 하고, 우리 신라의 성덕왕을 정태위正太尉 지절持節 영해군사寧海軍使 계림주대도독鷄林州大都督에 임명했습니다. 하지만 늦겨울에 눈이 깊게 쌓이고 군사들이 추위에 고생하므로, 현종은 칙명을 내려 물러나도록 했습니다. 그 후 3백여 년 동안 한 지방이 무사하고 창해滄海*가 평안한 것은 우리 무열대왕의 공적입니다.

이제껏 저는 유문儒門의 말학末學이자 해외의 범재凡才로서 그릇되게 표장表章**을 받들고 당나라 조정에 입조하여 선비들과 교류했습니다. 정성껏 말씀드리건대, 원화 12년(817년) 우리나라의 왕자 김장렴金張廉이 풍랑을 만나 명주의 바닷가에 이르렀을 때 절동 지방의 한 관리가 왕자를 장안까지 전송해주었습니다. 중화 2년(882년)에는 입조사入朝使 김직량金直諒이 반신叛臣의 난 때문에 길이 막혀 초주로부터 간신히 양주楊洲에 도착한 뒤 황제의 어가가 촉으로 옮겼다는 사실을 알았습니다. 이때 고태위高太尉가

---

* 현재의 황해.
** 신하가 황제에게 올리는 문서.

도두都頭 장검張儉을 보내 입조사 일행을 황제가 계신 서천*으로 호송해주었습니다.

이처럼 당나라 조정이 신라의 사신을 우대한 선례가 분명하니, 바라옵건대 태사太師 시중侍中께서는 이들 일행에게 은혜를 베풀어 육로와 수로를 왕래할 수 있는 통행증을 특별히 하사하시고, 사신이 지나는 지역의 관청에 선박과 식량, 말과 말먹이를 제공하도록 지시해주십시오. 아울러 군장들을 보내 황제가 계신 곳까지 안전하게 호송해주십시오.

앞서 언급한 것처럼 이 글의 어떤 측면을 강조하느냐에 따라 고구려와 백제의 대륙 지배설의 근거가 될 수도 있고, 그렇지 않을 수도 있다. 나무를 볼 것이냐, 숲을 볼 것이냐에 따라 해석상의 차이가 생기는 것이다.

널리 알려져 있는 광개토대왕비의 신묘년 기사도 부분을 보느냐, 전체의 논리 구조를 살피느냐에 따라 상이한 해석이 가능하다. 신묘년 기사에는 왜倭가 백제와 신라를 지배했다는 기록이 있는데, 일본은 이를 임나일본부설, 즉 고대에 일본이 한반도 남부를 지배했다는 주장의 근거로 삼아왔다.

그러나 최근의 연구에 따르면 광개토대왕비의 비문은 고구려인들의 세계관을 바탕으로 기록되었기에 그 내용 속에 사실과 정치적 명분이 뒤섞여 있다고 한다. 즉 고구려의 지배를 받아 마땅한 집단들이 이를 거스르자 정의로운 군대를 동원해 정복했다는 것이 비문의 주요한 논리 구조이며, 따라서 왜가 백제와 신라를 지배했다는 기록은

* 촉蜀 혹은 서촉西蜀이라고도 하며 현재의 사천성을 가리킨다.

고구려가 백제 혹은 왜를 공격하기 위한 명분에 불과하다는 이야기다. 나무가 아닌 숲을 보자면 충분히 설득력이 있다.

물론 어느 쪽을 지지할지는 궁극적으로 독자들의 몫이다. 학문의 영역에서는 다수의 의견이라고 해서 항상 옳은 것은 아니기 때문이다. 다수설이 언제나 진리라면 학문의 발전이란 있을 수 없는 일일 테니까.

02 북위를 움직인 고구려인 황후와 외척들
고조용, 고영, 고조

우리나라 사람 가운데 최초로 황후가 된 사람은 누구일까? 대부분의 사람들은 구한말 고종 황제의 아내였던 명성황후 민씨閔氏를 떠올릴 것이다. 한편 일부 한국사 연구자들은 고구려, 발해, 고려의 왕들이 공식적으로 황제를 칭하지는 않았지만 이른바 '황제국 체제'를 지향했다고 주장한다. 제帝나 황제皇帝라는 글자가 들어간 시호를 사용하지는 않았지만, 황제만이 쓸 수 있는 '황상', '태자', '태후' 등의 용어를 사용한 사례가 보이므로 간접적으로 황제를 칭한 것과 다름없다는 논리다.*

그런데 이보다 훨씬 오래전에 우리나라가 아닌 중국의 왕조에서 황후가 된 우리나라 여성들이 있다. 가장 이른 사례는 북위 6대 효문제孝文帝의 후궁이자 7대 선무제宣武帝의 생모였던 고조용高照容, 그리고 선무제의 황후였던 고영高英이다. 고조용은 죽은 뒤 그녀의 아들이 황제가 되어 황후로 추존되었으므로 사실상 고영이 한국인 최

---

* 최근 한 일간지의 보도에 따르면 중국 길림성에서 발해 효의황후孝懿皇后와 순목황후順穆皇后의 묘지墓誌가 발굴되었다고 한다. 이제까지 발해의 군주가 황제를 자칭했는지의 여부는 확인되지 않았었는데, '황후'라는 용어를 사용했던 것으로 보아 발해의 군주가 황제와 동격이었음을 알 수 있다.

초의 황후였다고도 볼 수 있다.

고조용과 고영의 생애

고조용은 고구려에서 태어났지만, 아버지 고양高颺이 마을 사람들을 이끌고 북위의 용성으로 이주하면서 고구려를 떠났다. 그 후 고조용은 궁녀가 되어 황궁에 들어갔는데, 당시 수렴청정의 형식으로 사실상 북위를 통치하고 있던 문명태후文明太后 풍씨馮氏의 눈에 들어 13세의 어린 나이에 효문제의 후궁으로 발탁되었다. 그녀는 효문제와의 사이에서 2남 1녀를, 즉 훗날의 선무제와 광평왕廣平王 원회元懷, 장락공주長樂公主를 낳았다.

그런데 효문제가 북위의 수도를 평성에서 낙양으로 옮기는 과정에서, 고조용은 급군 공현이란 지역을 지나다 "갑자기 죽었다(폭홍暴薨)." "갑자기 죽었다."는 표현은 암살을 의미하는 당시의 관용어였다. 『위서魏書』는 풍소의馮昭儀가 선무제를 직접 기르기 위해 고조용을 암살했다는 풍문을 기록하고 있다. 이 기록의 진위는 뒤에서 다시 살펴보도록 하자.

고조용은 아들 선무제가 즉위한 후 효문소황후孝文昭皇后로 추존되고 종묘에 배향되었다. 그리고 손자 효명제孝明帝에 의해 태황태후太皇太后로 추존되고 효문제의 황릉 바로 옆 자리로 이장되었다.

고영은 고조용의 남동생 고언高偃의 딸로, 고모의 아들이자 자신과 사촌지간인 선무제의 후궁이 되어 아들과 딸을 한 명씩 낳았으며, 황후 우씨于氏가 죽은 뒤에는 황후의 자리에까지 올랐다. 그러나 선무제가 죽고 효명제가 어린 나이에 황제로 즉위하면서 그 생모인 호씨胡氏가 수렴청정으로 권력을 쥐게 된다. 호씨는 고영에게 황태후

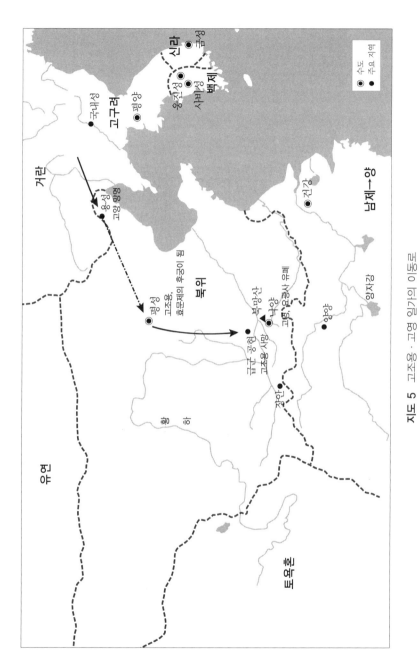

지도 5 고조용 · 고영 일가의 이동로

의 칭호를 바쳤지만, 곧 요광사라는 절에 유폐시켰다가 살해했다. 결국 고영의 장례는 황태후가 아닌 비구니의 예로 치러졌으며, 고모 고조용과 달리 시호조차 받지 못했다.

풍소의는 왜 고조용을 암살했을까?

결론부터 말하자면 고조용은 '자귀모사子貴母死'라는 관행의 희생자였다. 자귀모사는 "아들이 귀해지면 어머니는 죽는다."라는 뜻으로 해석할 수 있는데, 배경 지식이 없으면 무슨 말인지 이해하기가 어렵다. 좀 더 풀어보면 "황후나 후궁의 아들이 태자로 낙점되면, 훗날 황제의 친어머니가 어린 황제를 대신해 정치에 개입하는 것을 막기 위해 그녀를 미리 살해한다."는 뜻이다. 이는 한나라 무제武帝가 어린 아들 불릉弗陵을 차기 황제로 결정한 후, 수렴청정을 막기 위해 불릉의 친어머니를 사사賜死한 데서 유래했다고 한다. 하지만 정작 역대 중국 왕조에서는 이 사건 이후 태자의 친어머니를 살해한 사례가 거의 없었다.

그러나 북방의 유목 민족 선비가 세운 북위에서는 도무제道武帝 때부터 제위를 이을 태자의 친어머니를 미리 죽이는 것이 관행처럼 굳어졌다. 역시 친어머니와 외척들이 정치에 개입하는 것을 막기 위한 조치였는데, 실제로 도무제 이후 황제의 친어머니가 막후에서 수렴청정 하는 일은 확실히 근절되었다고 한다.*

다만 친어머니 대신 다른 여성들이 정치에 개입하게 되었다. 누구일까? 텔레비전의 사극을 제법 본 사람들은 "대비마마"라고 답할 것이다. 조선 시대에 선왕의 왕비가 대비의 자격으로 수렴청정 하는 경우는 흔했다. 중국에서는 황태후에 해당한다. 설령 황후가 태자를 낳지 못하더라도 나중에 황태후가 되면 수렴청정을 통해 정치에 간여할 수 있었다. 한족漢族이 세운 역대 왕조에서 흔히 보이는 사례다.

하지만 북위에서는 황태후가 아니라 황제를 길러준 유모나 보모들이 정치에 간여했다. 낳은 정보다는 기른 정이 더 강해서인지 모르겠지만, 북위의 황제들은 자신의 유모나 보모에게 친어머니와 같은 감정을 느꼈던 것 같다. 황제들은 유모나 보모들을 극진히 예우하고 그 가족에게 높은 벼슬을 내렸으며 그녀들이 정치에도 간여할 수 있도록 배려했다. 그녀들은 처음에 보태후保太后라는 칭호를 얻었지만, 후대로 가면서 점차 황태후로 불리게 되었다. 전 황제의 황후나 현 황제의 생모가 아닌 여성이 황태후로 불리는 일은 다른 왕조에서 찾아보기 어려운 북위만의 특수한 현상이었다.

화제를 고조용에게 되돌려보자. 『위서』에는 그녀가 죽은 해가 기록되어 있지 않지만, 묘지명에는 496년에 죽은 것으로 적혀 있다. 496년은 어떤 해인가? 효문제가 양자강 유역의 남제南齊를 멸망시키겠다는 명분을 내걸고 수도를 낙양으로 옮긴 직후다. 그 와중에 북위에서는 많은 일들이 일어났다. 효문제는 수도를 옮긴 뒤 체제 정비를 위한 조치들을 연이어 발표했는데, 특히 북위의 지배층인 유목민들에게 전통적인 언어, 성姓, 복식 등을 버리고 한족의 문화를 따를 것

---

* (앞쪽) 위진남북조 시대 특히 북조에서는 여성들의 사회적 혹은 정치적인 활약이 두드러졌다. 안지추顔之推가 쓴 『안씨가훈顔氏家訓』에 따르면 남조의 여성들은 결혼한 뒤에 조용히 집안에만 머물렀지만, 북조의 여성들은 집안일을 자기 멋대로 결정할 뿐만 아니라 집밖으로도 자유롭게 돌아다녔다고 한다. 심지어는 남편이나 자녀의 승진을 위해 관청과 세도가에 드나들며 청탁을 일삼고 재판에 관여하기도 했다. 북조에 속한 북위에서도 여성들이 사회 활동이나 정치에 간여하는 경우가 매우 많았으며, 북위를 세운 선비족의 한 분파인 탁발부는 여성들이 정치를 좌우한다는 이유로 '여국女國'으로 불리기도 했다.

을 요구했다. 2008년 대통령직 인수위원회가 세계화를 위해 중고등학교의 수업을 영어로 진행하자고 주장했던 것보다 더 혁명적인 조치였다. 이를 효문제의 '한화漢化 정책'이라고 부른다. '한화'는 중국화, 즉 중국인들의 언어와 풍습을 본받아 동화한다는 뜻이다. 당연하게도 자신들의 언어와 문화를 버리고 중국인들의 것을 따르라는 지시에 반대하는 움직임이 일어났다.

그런데 그 와중에 효문제의 아들이자 황태자였던 원순元恂이 낙양을 탈출해 옛 수도인 평성으로 도망가다가 붙잡히는 사건이 일어났다. 원순은 뚱뚱하고 땀을 많이 흘리는 체질이라서 덥고 습한 낙양의 풍토에 적응하지 못했다고 한다. 일부 학자들은 원순이 낙양 천도만이 아니라 아버지 효문제가 추진하던 한화 정책에까지 반대했던 것으로 보고 있다. 아버지의 금지에도 아랑곳하지 않고 호복胡服과 유목민의 머리 모양인 변발을 유지했다는 『남제서』 「위로전魏虜傳」의 기록이 그 근거다. 결국 격분한 효문제는 자신의 정책을 계승할 것이라고 기대를 걸었던 큰 아들을 태자의 자리에서 내쫓고 감옥에 가두었으며, 끝내 독살하고 만다. 이러한 비극이 일어났던 해가 바로 496년이다.

이쯤에서 독자들도 풍소의가 고조용을 살해한 이유를 눈치챘을 것이다. 원순이 쫓겨나자 고조용의 아들인 둘째 원각元恪이 새로운 태자가 될 가능성이 커진 것이다. 실제로 효문제는 원각의 말과 행동을 총명하다고 여겨 새로운 태자로 점찍고 있었다. 원각이 태자가 되어 훗날 황제에 오를 것이라면, 그의 친어머니는 자귀모사의 관행에 따라 죽어야 했다.

물론 중국 문화를 동경하던 효문제는 야만적인 자귀모사의 관행을 없애고 싶어 했을지도 모른다. 그러했다면 고조용은 목숨을 건졌을 뿐만 아니라 다음 황제의 생모로서 부귀영화를 누릴 수도 있었을 것이다. 하지만 효문제의 황후나 다른 후궁들의 입장은 달랐다. 만약 그녀들이 고조용을 죽인 뒤 어린 원각을 직접 기른다면, 훗날 보태후나 황태후가 되어 수렴청정을 통해 권력을 차지할 수 있을 것이었다. 풍소의의 살해 동기는 바로 이것이었다.

실제로 풍소의는 원각을 손수 키워 친모자지간이나 다름없는 관계가 되었고, 효문제의 첫 번째 황후이자 자신의 언니였던 풍황후馮皇后가 자리에서 쫓겨난 뒤 새로운 황후가 되었다. 풍소의가 고조용을 살해한 것은 자식을 낳지 못한 여성의 모성 때문이 아니라 권력욕 때문이었던 것이다. 만약 효문제가 전쟁에 나갔을 때 독수공방을 참지 못해 외간 남자를 끌어들여 재미를 보지만 않았더라도, 풍소의는 황제의 어머니 즉 황태후가 되어 나라를 쥐락펴락 했을 것이다. 그러나 효문제는 풍소의의 혼외정사 사실을 듣고 화가 치솟아 그녀를 폐위시켜버렸다.

이처럼 고조용이라는 여성의 죽음은 단순한 살인이 아니라 누가 다음 황제가 되느냐를 두고 벌어진 권력 투쟁의 산물이었다. 고조용

북위 황실과 풍씨 일가의 통혼도(— 와 | 은 계승 관계, ‖ 은 통혼 관계)

은 암살되었지만, 훗날 황제가 된 아들 원각(선무제) 덕분에 죽은 뒤에나마 황후의 대접을 받았다.

황후 고영은 왜 비구니로 쫓겨났을까?

고조용의 조카 고영은 자신의 고종사촌이기도 한 선무제의 후궁으로 있다가 황후에 올랐다. 하지만 선무제의 아들 효명제가 황제로 즉위하자 절로 쫓겨나 비구니가 되었고, 죽은 뒤 장례식도 황후가 아닌 비구니의 예로 치러졌다. 한때 황후였던 여성으로서는 매우 비참한 최후가 아닐 수 없다.

고영이 비참한 최후를 맞게 된 이유를 살피기 전에, 고조용의 가문이 그 사이에 어떤 일들을 겪었는지를 먼저 알아보자.

황제가 된 선무제는 죽은 어머니의 친척들을 우대해 벼슬과 재물을 내리고, 어머니의 형제들을 낙양 북쪽의 화림도정으로 불러 직접 대면하기도 했다. 고조용의 가족 중에는 동생 고조高肇가 가장 출세했다. 고조는 오늘날의 부총리에 해당하는 상서좌복야尙書左僕射가 되어 인사권을 장악했으며, 이어서 총리에 해당하는 상서령尙書令에 올랐다. 그는 선무제의 고모 고평공주高平公主와 결혼했다. 고조용의 다른 동생 고현高顯은 황제의 최측근인 시중이라는 요직에 올랐고, 조카 고맹高猛은 선무제의 누이 장락공주長樂公主와 결혼해 부마도위駙馬都尉가 되었으며, 3품 중서령中書令을 역임했다. 마지막으로 또 다른 동생 고언高偃의 딸은 선무제의 황후가 되었으니, 그녀가 바로 선무황후宣武皇后 고영이다.

북위 황실과 고씨 일가의 혼인 관계를 살펴보면 재미있는 현상을 발견할 수 있다.

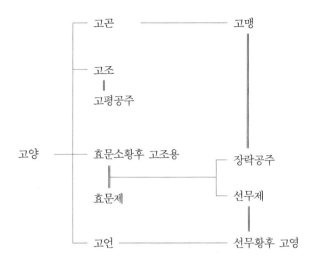

북위 황실과 고씨 일가의 통혼도(━와 ┃은 계승 관계, ‖은 통혼 관계)

통혼도에서 보듯 북위 황실과 고씨 가문은 복잡한 겹사돈 관계를 맺고 있었다. 고조용의 동생 고조는 그녀의 시누이 고평공주와 결혼했고, 고조용의 조카 고맹은 그녀의 딸 장락공주와 결혼했다. 또한 고조용의 또 다른 조카 고영은 그녀의 아들 선무제의 황후가 되었다. 고맹과 장락공주, 선무제와 고영은 사촌의 근친혼 관계인 셈이다.

오늘날 이와 같은 겹사돈과 근친혼은 우리나라와 중국에서 모두 금기시되고 있다. 그러나 어느 시대에나 그랬던 것은 아니다. 외척 가문이 권력을 유지하기 위해 황제나 왕에게 자신의 가문에서만 황후를 간택할 것을 강요하는 경우가 종종 있었기 때문이다. 물론 이는 외척의 힘이 매우 강했던 시기에만 국한된다. 황실이나 왕실의 입장에서 특정한 가문과 연이어 결혼하는 것은 그 가문의 힘을 지나치게 키워주는 결과를 낳기 때문이다.

그러나 북위 황실은 지속적으로 여러 가문과 겹사돈을 맺었다. 예를 들어 북위 황실의 부마 가문이었던 선비계 유목민 목씨穆氏는 11명의 남성이 공주와 결혼했다. 죽은 사람끼리 결혼시키는 명혼冥婚까지 포함하면 12명이 된다. 이밖에도 만씨萬氏, 육씨陸氏, 을씨乙氏, 혜씨嵆氏, 사마씨司馬氏 등이 여러 세대에 걸쳐 북위 황실의 부마가 되었다. 북위 황실은 일정한 세력을 가진 가문들을 부마 가문으로 삼아 권력과 지위를 나누어줌으로써 황실의 든든한 지지 기반으로 만들었던 것이다.

더불어 북위 황실은 황후나 후궁을 배출한 외척 가문의 남성들을 공주와 결혼시켰다. 외척 가문이 곧 부마 가문이기도 했던 것이다. 다만 북위 황실은 이러한 가문들에 특혜를 제공함과 동시에, 그들의 힘이 지나치게 커지는 것을 막기 위한 견제도 소홀히 하지 않았다. 고조용 가문 역시 고관을 배출하는 등 우대를 받았지만, 독자적인 정치 세력으로 성장하지 못하고 오직 혼인 관계를 맺은 황제가 살아있는 동안에만 권력을 유지할 수 있었다. 이러한 상황은 다른 외척 가문들도 마찬가지였다.

선무제는 형 원순이 아버지에게 반기를 드는 바람에 어부지리로 황제가 된 터라 자신만의 권력 기반이 취약했다. 아들의 이러한 형편을 걱정한 아버지 효문제는 죽기 전에 함양왕咸陽王 원희元禧, 북해왕北海王 원상元詳, 광양왕廣陽王 원가元嘉, 임성왕任城王 원징元澄의 황족들과 왕숙王肅, 송변宋弁의 한족 관리들에게 선무제를 잘 보필하라는 유언을 남겼다. 아버지는 친척들과 원로대신들이 아들을 도와주리라 기대했던 것이다. 그러나 선무제는 이를 통제와 감시, 견제와 위협으로 받아들였고, 실제로 삼촌 원희는 권력에 대한 야망이 매우 강했다. 결국 선무제는 친위 쿠데타를 일으켜 보정대신輔政大臣들로부터 권력을 환수하고 친정親政에 나섰다.

이후 선무제는 친위대 영군부領軍府를 권력의 한 축으로 삼고, 외삼촌 고조를 권력의 다른 한 축으로 삼아 자신의 지지 기반을 마련했다. 고조는 고구려인이었기 때문에 북위 지배층 내부에서 비교적 이해관계가 적었다. 고조는 실권을 장악한 뒤 선무제의 권력에 위협이 될 만한 황실의 남성들을 역모로 몰아 제거하는 데 앞장섰다. 선무제는 고씨 가문을 자신의 확실한 지지 세력으로 묶어두기 위해 겹사돈을 맺어 두 가문을 밀착시켰다.

물론 고씨 가문 사람들이 정치 실세로 부상한 것은 일차적으로 고조의 누나 고조용이 선무제의 생모였기 때문이다. 하지만 달리 보면 고씨 가문은 선무제의 권력을 지탱하기 위한 수족에 불과했다고도 말할 수 있다. 과거에 학계에서는 고조가 독자적인 권력을 장악해 황실에 위협적인 존재로까지 성장했다고 보았지만, 최근의 연구들은 고조가 정1품 사도司徒와 대장군大將軍 같은 고위직에 오르기는 했지만 독자적인 권력 기반을 확보하지는 못했음을 밝히고 있다.

고조의 권력이 사상누각에 불과했다는 것은 선무제가 죽을 무렵의 상황에서도 잘 드러난다. 고조는 연창 4년(515년)에 양梁나라의 서쪽 변경을 공격하는 원정대의 총사령관에 임명되었지만, 선무제의 사망 소식을 듣자마자 즉시 낙양으로 회군했다. 군대를 끌고 와서 쿠데타를 일으키려는 목적에서가 아니라 선무제 사후의 권력 투쟁에 신속하게 가담하기 위해서였다.

고조의 조카 고영이 황후였기 때문에 선무제의 아들 효명제가 즉위하면 고씨 가문이 권력을 장악할 가능성이 컸다. 고영은 아들과 딸을 하나씩 낳았는데 아들은 일찍 죽었다. 하지만 그녀 개인적으로는 불행보다는 다행에 가까운 일이었다. 만약 아들이 성장해 태자가 되었더라면 그녀 자신은 자귀모사의 관행에 따라 살해되었을 것이기 때문이다. 물론 자귀모사 관행이 폐지된다면 죽지 않을 수도 있었다. 고영은 다른 후궁이나 궁녀들이 선무제의 총애를 받아 자녀를 낳는 것을 무척 경계했고, 그 때문에 선무제는 많은 자녀를 갖지 못했다. 이러한 점으로 미루어보건대 고영은 자신이 아들을 낳더라도 죽지 않고 황태후가 될 수 있다는 확신을 가졌던 것 같다.

하지만 기대하던 둘째 아들은 태어나지 않았고, 한족 호씨胡氏가 낳은 아들만 살아 있는 상황에서 선무제는 젊은 나이에 세상을 떠났다. 황제의 외아들이 제위를 잇는 것은 너무나 당연한 일이었기에, 이제 세간의 관심은 과연 누가 다섯 살 먹은 효명제를 대신해 권력을 차지하느냐에 쏠리게 되었다.

다시 말하지만 가장 유리한 쪽은 고씨 가문이었다. 효명제의 친어머니 호씨가 살아 있었지만, 자귀모사 관행을 내세워 그녀를 죽인 뒤 황태후 고영이 수렴청정을 한다면 자연스럽게 고조가 권력을 장악할 수 있었다. 게다가 선무제는 효명제를 친어머니 호씨와 격리시키고 궁녀들에게 맡겨 키웠기 때문에 모자 관계도 썩 살가운 편은 아니었다. 고영은 측근의 환관을 통해 고조를 재상으로 삼고, 고현과 고맹을 시중으로 임명하라는 명령을 내렸다. 또한 호씨를 살해할 계획을 세웠다.

그러나 당시 친위대의 부사령관 우충于忠은 고조의 정적이었다. 그는 병력을 동원해 고조를 살해하는 한편 한족 관리 최광崔光의 건의를 받아들여 호씨를 살려두었다. 황태후가 된 호씨, 즉 호태후는 훗날 우충을 제거하고 직접 수렴청정을 행한다. 호태후는 북위 역사상 아들이 황제로 즉위하는 광경을 두 눈으로 지켜본 최초의 친어머니였다.

결과적으로 보자면 자귀모사의 관행은 지켜지는 편이 좋았을 것이다. 권력욕에 광분한 호태후는 효명제가 성인이 된 이후에도 권력을 넘겨주지 않았고, 결국 어머니와 아들 사이에 갈등이 깊어지자 비정하게도 아들을 살해했다. 북위를 멸망으로 몰아간 중요한 책임이 호태후에게 있음은 부인할 수 없는 사실이다.

효명제가 즉위하고 호태후가 권력을 장악하면서 고씨 가문은 숙청되었다. 황태후였던 고영도 요광사라는 절로 쫓겨나 강제로 비구니가 되었고, 얼마 후 호태후의 지시로 살해된다. 그녀는 죽어서도 황후나 황태후의 예를 받을 수 없었다. 장례식이 비구니의 격식으로 치러진 것은 황후에서 하층민으로 추락한 그녀의 처지를 잘 보여준다.

고조용과 고영은 황후의 자리에 올랐지만 결코 평탄한 삶을 살지 못했다. 고조용은 오늘날의 관점에서 보자면 악습이라 할 수 있는 자귀모사 관행의 희생자였다. 반면 고영은 자귀모사 관행을 이용해 권력을 장악하려다 실패한 뒤 비구니로 전락해 비참하게 생을 마감했다. 고씨 가문은 출신과 본적을 숨기고 중국인인 것처럼 처신했기에 오늘날 우리 민족의 입장에서 보면 야속하게 여겨질 수 있지만, 어쩌면 그들의 태도야말로 외국에서 이방인으로 살아남기 위한 지혜일 수도 있다.

비운의 황제 고운

"우리나라 사람 가운데 최초의 황제는 누구였을까?"라는 질문을 던진다면 "우리나라에도 황제가 있었어?"라는 되물음이 돌아올지도 모르겠다. 우리나라의 왕들은 황제라는 칭호를 사용하지 않았다고 배웠기 때문이다. 굳이 찾아본다면 대한제국의 황제를 자칭했던 고종을 떠올릴 수도 있겠다. 그러나 '우리나라 사람 가운데' 최초의 황제는 고종이 아니라 407년 후연 모용희慕容熙의 뒤를 이어 제위에 오른 고구려인 고운高雲이다. 고운은 어떻게 후연의 황제가 될 수 있었을까?

고운의 가문은 자발적으로 고구려를 떠난 것이 아니었다. 『진서』「모용운재기慕容雲載記」에 따르면 고운의 할아버지 고화高和는 모용씨 일족에 의해 중국으로 끌려갔다. 정확한 시기는 알 수 없지만 아마도 342년 모용황慕容皝이 고구려의 수도 국내성을 점령한 때였을 것이다.

고운은 황제가 될 만큼 비범한 인물이기는커녕 오히려 주변 사람들로부터 멍청하다는 이야기를 들었다. 하지만 바로 이러한 점 때문에 꼭두각시 황제가 될 수 있었을 것이다. 고운은 무술만은 남달리 뛰어나 후연의 태자 모용보慕容寶의 동궁에서 근무했는데, 훗날 모용보가 황제가 된 뒤 아들 모용회慕容會와 골육상쟁을 벌일 때부터 두각을 드러내기 시작했다.

모용보는 397년 탁발부의 군대가 후연의 수도 중산성을 공격해오는 바람에 위기에 처했다. 이때 아들 모용회가 지원군을 이끌고 달려왔지만, 모용보는 아들보다 동생 모용농慕容農을 더 신뢰하던 터라 아들의 군사를 빼앗아 동생에게 지휘를 맡겼다. 일찍이 아버지가 자

지도 6 최초의 황제 고운 시기의 중국

신을 태자로 삼지 않은 데 불만을 품고 있던 모용회는 더욱 서운한 감정을 갖게 되었다. 게다가 삼촌들인 모용농과 모용륭慕容隆이 자신을 모함해 죽이려 하자 그의 분노는 폭발해버렸다.

　모용회는 군사를 일으켜 모용륭을 살해하고 모용농에게는 부상을 입혔지만, 곧 용성으로 몸을 피해 있던 아버지 모용보를 찾아가 용서를 구했다. 그러나 아버지는 겉으로는 용서하는 척하면서도 몰래 부하를 시켜 아들을 죽이려 했다. 모용회는 간신히 달아나 목숨을 부지한 뒤 다시 군사를 일으켜 아버지를 공격해왔다. 궁지에 몰린 모용보는 성 안으로 급히 도망쳤는데, 바로 이때 고운이 결사대 백 명을 이끌고 성 밖으로 나가 모용회를 격파하는 공을 세운 것이다. 감격한 모용보는 고운을 자신의 양자로 삼았다.

얼마 지나지 않아 모용보는 살해되고 모용성慕容盛과 모용희가 차례로 제위에 올랐다. 그런데 모용희가 전횡과 학정을 일삼았기에 풍발과 장흥張興의 무리가 반란을 도모했다. 이들은 고운을 자신들의 우두머리로 추대하고 상방尙方*에서 5천여 명을 동원해 쿠데타를 일으켰다. 소식을 들은 모용희는 급히 군대를 이끌고 와서 성을 공격했지만 패한 뒤 달아나다가 붙잡혀 죽었다. 그리하여 고운은 천왕天王에 즉위했고 국호는 대연大燕, 연호는 정시正始로 정했다. 아내 이씨李氏는 천왕후天王后, 아들 고팽高彭은 태자에 올랐다.

앞에서 고운이 우리나라 사람 가운데 최초의 황제였다고 소개했지만, 실제로 그가 오른 자리의 이름은 천왕이었다. 그러나 천왕은 황제라는 칭호가 사용되기 전까지 주周나라의 왕을 이르던 말로, 훗날의 황제와 같은 의미를 지니고 있었다. 오호십육국 시대에도 천왕은 독자적인 연호를 사용하고 후계자를 태자로 부르는 등 모든 점에서 황제와 다름없었다. 사후에도 '○○제帝'라는 시호를 받았다. 고운도 생전에 황제를 칭하지는 않았지만 사후에 혜의황제惠懿皇帝로 추증되었다. 일본의 한 학자는 당시의 이민족 군주들이 천왕의 칭호를 사용한 이유는 절대적인 권력을 가지고 있던 중국의 황제와 달리 종실과 권력을 분점하고 있었기 때문이라고 해석했다.

고운은 폼 나는 황제 자리에 올랐지만 실권은 모두 풍발이 가지고 있었기에 허수아비 신세에 지나지 않았다. 물론 고운도 자신의 권력이 얼마나 취약한지를 누구보다 잘 알고 있었기 때문에 힘센 장사들

* 궁중에서 사용하는 각종 기물을 만드는 관청.

을 심복으로 삼아 스스로를 지키려 했다. 그는 이반離班, 도인桃仁 등에게 친위대를 이끌게 하고, 황제와 같은 옷과 음식 그리고 매달 수천만 전에 이르는 재물을 주었다. 하지만 믿는 도끼에 발등 찍힌다고 했던가? 결국 고운을 살해한 것이 바로 이 두 사람이었다.

이반과 도인은 어느 날 아뢸 것이 있다며 검을 찬 채 동당東堂에 있던 고운을 찾아왔다. 이반이 먼저 검을 빼어 내리치자 고운은 지팡이를 들어 막았지만, 곧이어 곁에 있던 도인이 다가와 그를 시해했다. 『진서』「풍발재기」에 따르면 이때 풍발은 홍광문 위에 올라 사태의 추이를 지켜보다 부하들을 시켜 이반과 도인을 제거했다고 한다. 그 후 풍발은 스스로 천왕에 즉위했다.

고운의 암살과 풍발의 즉위 과정은 우리나라 현대사의 한 장면을 연상시킨다. 고운의 자리에 박정희 전 대통령을, 풍발의 자리에 전두환 당시 보안사령관을 놓으면 꼭 맞아 떨어지지 않는가? 하지만 전후 사정을 헤아려보건대, 풍발이 고운을 살해하고 그 책임을 고운의 총신인 이반과 도인에게 뒤집어씌웠을 가능성이 더 크다. 아니면 이반과 도인에게 고운을 시해하도록 사주한 다음, 이들마저 죽여서 자신이 배후였다는 사실을 숨기려 했을 것이다.

반만년의 역사에 황제는 고작 둘이었다. 하지만 최근의 연구에 따르면 고구려, 발해, 고려의 왕들도 독자적인 연호와 황상, 태후, 태자 등 황제만이 사용할 수 있는 용어들을 사용했다고 한다. 예컨대 사후에 '국강상광개토경평안호태왕國岡上廣開土境平安好太王'이라는 긴 시호를 받은 광개토대왕도 공식적으로 황제를 칭하지는 않았지만 영락이라는 연호를 만들어 사용했다. 일부 학자들은 한발 더 나아가 '외왕내제外王內帝'라는 개념을 제시하기도 한다. 대외적으로 중국 및 주변 나라들에게는 왕을 칭했지만, 국내적으로는 황제나 다름없었다는 뜻이다. 물론 이러한 주장 역시 외국 학계에서 내세우기 어려운 '국내용'이긴 하다.

어찌됐든 두 명의 황제는 기묘한 공통점을 가지고 있다. 모두 망국 직전에 황제가 되었고, 허수아비에 불과했으며, 암살되었다는 의혹이 있다. 고종도 일제에 의해 독살되었다는 주장이 제기된 바 있으니 말이다. 아차! 존재감 없는 한 사람을 빼먹었다. 일제에게 국권을 넘겨주기 위해 옹립된 순종도 황제로 불리기는 했다. 어찌됐든, 우리나라에 황제는 어울리지 않나 보다.

2부

남북국 시대 그리고 당나라 시대

2부에서 다룰 시대는 우리나라의 남북국南北國 시대다. 남북국 시대에는 만주 및 한반도 북부의 발해와 한반도 중남부의 신라가 병립하고 있었다. 중국에서는 당나라와 오대십국五代十國 시대에 해당한다. 오대십국은 정통으로 인정받는 황하 유역의 다섯 왕조와 정통으로 인정받지 못하는 열 개 나라(산서성의 북한北漢과 양자강 유역 및 이남의 아홉 나라)를 합쳐 부르는 이름이다.

이때는 고구려, 백제 유민들과 신라인들이 중국에 건너가 매우 활발하게 활동했다. '차이나 드림'에 휩쓸려 우르르 중국으로 향하고 있는 오늘날을 제외하면, 가장 많은 수의 우리나라 사람이 중국에서 활동한 시기였다고 할 수 있다. 당시의 선조들 가운데는 중국을 넘어 세계사에 이름을 남긴 사람들도 있었다. 동서 교역로 비단길을 장악한 고선지 장군, 인도와 중앙아시아를 여행하고 여행기를 남긴 승려 혜초, 서해와 남해, 동중국해를 지배한 해상왕 장보고가 대표적인 인물이다.

우리 선조들이 특히 당나라 때 가장 활발히 활동했던 것은 이민족에게 개방적이고 관대한 사회적 분위기 덕분이었다. 당나라의 수도

장안은 중국인만이 아니라 고구려와 백제 유민, 신라인, 일본인, 중앙아시아의 소그드 상인, 페르시아와 아랍 상인, 심지어 유대인까지 몰려드는 국제 도시였다. 또한 이민족 출신이더라도 실력을 인정받으면 당나라의 관리나 장군이 될 수 있었다. 계필하력과 가서한(돌궐), 고선지(고구려), 안록산(중앙아시아인와 돌궐의 혼혈), 이광필(거란) 등이 당시에 이름을 떨친 이민족 출신들이었다.

01 당나라 전성기에 활약한 명장들

백제와 고구려는 각각 660년과 668년에 멸망했다. 그러나 사람은 죽어서 이름을 남긴다고 했던가? 나라가 망한 뒤에도 고구려와 백제의 유민들은 대륙의 곳곳에서 활약하며 역사에 또렷한 발자취를 남겼다. 당나라의 명장 흑치상지黑齒常之와 고선지高仙芝는 국사 교과서에 등장해서 일반인들에게도 친숙한 이름이다. 그런데 이들이 당나라에서 활동한 것은 고구려와 백제가 멸망한 뒤에 강제로 끌려왔기 때문이었다.

고구려 유민의 강제 이주와 활동

668년 고구려가 멸망한 뒤 그 유민 가운데 일부는 요동 지방에 잔류했지만, 다른 일부는 신라나 발해로 이주하거나 일본, 돌궐 등으로 망명했다. 그리고 또 다른 일부는 그들의 의사와 무관하게 당나라로 끌려갔다.

고구려가 망하기 전에도 당나라 군대의 포로로 끌려간 고구려인들이 있었다. 당나라는 645년 안시성 전투에서 패해 돌아가면서, 점령했던 요동성, 개모성 등지의 고구려인 7만여 명을 데려갔다. 이들

중에서 고연수高延壽를 비롯한 3천여 명은 당나라의 내지로 이주되었다. 이들은 융질戎秩 즉 무인의 직책을 받은 것으로 보아 아마도 당나라 군대에 복무하게 된 것 같다. 당나라의 장교와 병사들에게 상으로 하사된 포로들도 있었는데, 대략 1만 4천 명 정도였다고 한다. 그밖에 기록에 포함되지 않은 사람들도 매우 많았을 것이다.

한편 고구려 연개소문淵蓋蘇文의 아들 남생男生은 동생 남건男建의 쿠데타로 권력을 빼앗기자, 당나라로 망명해 조국의 기밀을 모두 누설하고 적군의 선봉에 서서 고구려의 멸망에 결정적으로 공헌했다. 고자高慈처럼 고구려의 멸망을 예상하고 당나라에 항복해서 일신의 영달을 꾀한 자들도 있었다.

당나라는 고구려가 망한 뒤에도 유민들의 반란이 끊이지 않자, 669년 고구려인 28,200호戶를 강회, 산남도, 병주, 양주涼州 등 인구가 희박한 지역으로 강제 이주시켰다. 강회는 현재의 강소성과 안휘성의 양자강 이북 지역이며, 산남도는 현재의 호북성과 중경시에 해당한다. 병주는 현재의 산서성 성도省都(중국의 성省 정부가 있는 도시)인 태원시 일대이고, 양주는 현재의 감숙성 무위시이다. 당시 강회와 산남도는 상대적으로 낙후된 지역이었으며, 병주와 양주는 북쪽의 변방 지대였다.

중국 각지로 옮겨졌던 고구려인들은 677년 다시 요동으로 귀환한다. 고구려인들의 반란에 골머리를 썩이던 당나라는 포로로 잡아두었던 보장왕에게 요동주도독遼東州都督이라는 관직과 조선군왕朝鮮郡王이라는 작위를 주어 유민들을 대리 통치하려 했던 것이다.

그러나 당나라의 기대와는 달리 요동으로 돌아온 보장왕은 말갈靺鞨과 몰래 손을 잡고 고구려의 독립을 시도했다. 안타깝게도 이 계획은 사전에 발각되어 보장왕은 현재의 사천성에 위치한 공주로

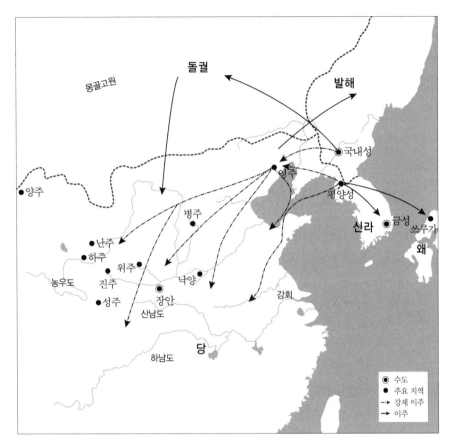

지도 7 고구려 유민의 이동로

유배되었고, 고구려인들 또한 하남도와 농우도의 여러 주로 다시 이주되었다. 안동도호부安東都護府가 있던 신성 부근의 고구려인들은 강제 이주를 면했지만, 곧 신라, 말갈, 돌궐 등지로 흩어졌다.

『구당서舊唐書』와 『당육전唐六典』에는 "진주, 성주, 민주, 위주, 하주, 난주에 고려*와 강羌의 병사들이 있었다."는 기록이 있는데, 이들 여섯 주는 모두 농우도에 속했다. 따라서 농우도로 이주한 고구려인들이 군인으로 충당되었음을 알 수 있다. 또한 일부 묘지명에 따르면 고족유高足酉, 고현高玄 등의 고구려인이 낙양 일대에 살고 있었는데, 특히 고현이 689년 낙양을 비롯한 여러 주들에서 고구려인 병사를 징집했던 것으로 보아 하남도 일대에도 꽤 많은 고구려인이 살고 있었음을 확인할 수 있다.

당나라의 공식적인 이민 정책과 무관하게, 일부 고구려인들은 요동과 가까운 영주營州로 이주하기도 했다. 당시 영주는 고구려인만이 아니라 거란契丹, 해奚, 말갈 등의 유목민들이 한족들과 섞여 살던 지역이었다. 이곳의 고구려인들은 696년 거란의 이진충李盡忠과 손만영孫萬榮이 당나라에 반기를 든 틈을 타서 대조영大祚榮 부자를 중심으로 결집해 영주에서 탈출했다. 그들은 추격하는 당나라군을 천문령에서 격파한 뒤 고구려의 옛 땅에 새로운 나라를 세웠다. 이 나라가 바로 발해로 알려진 고구려의 계승 국가다. 이때 대조영과 함께 고향으로 돌아가지 못한 사람들은 계속 영주에 머물며 당나라의 군인으로 복무했다. 안사의 난 때 활약한 왕사례王思禮와 당나라 후기에 산동반도의 군벌로 부상한 이정기李正己 등이 대표적인 인물이다.

그런데 당나라는 왜 고구려 유민들을 중국의 각지로 이주시켰을까? 우선 고구려인들이 한데 뭉쳐 독립을 시도하는 것을 막기 위해서였을 것이다. 사람이나 동물 모두 낯선 곳에 놓이면 두려움 때문에 온순해진다고 한다. 그래서 사민徙民, 즉 강제 이주는 당나라를 포함해 중국의 역대 왕조가 정복한 이민족을 통제하기 위해 흔히 사용하던 정책이었다. 대조영 집단을 제외하면 강제 이주된 고구려인들이

---

* (앞쪽) 당시에는 고구려를 '고려'라고 표기했다.

반란을 일으킨 기록이 보이지 않는 것으로 미루어 이 정책은 꽤 효과적이었던 것 같다.

또 다른 이유는 고구려 유민들이 이주한 지역과 그들의 활동에서 유추할 수 있다. 앞서 언급한 것처럼 농우도와 하남도로 간 사람들 가운데 적지 않은 수가 군인이 되었다. 당나라의 여러 제도를 기록한 『당육전』에는 전쟁과 변방의 수비에 차출된 고구려인과 백제인들에게 모든 세금과 요역을 면제한다는 구절이 등장한다. 또한 고현이 고구려인들을 징집하는 일을 맡았던 데서도 이들이 당나라의 주요한 병력원으로 활용되었음을 알 수 있다. 이는 돌궐, 철륵鐵勒, 돌기시突騎施, 거란, 말갈 등 당나라에 복속된 다른 이민족들도 대개 마찬가지였다.

당나라 군제의 근간은 원래 부병제府兵制였다. 이는 농민들이 평소에는 농사를 짓다가 농한기에 군사 훈련을 받고 유사시에 전쟁에 동원되는 병농일치兵農一致의 징병 제도였다. 부병제는 수나라와 당나라가 중국을 통일하는 데 크게 기여했지만, 유목민들의 기마 전술에 맞서기에는 부족했다. 그래서 당나라 태종은 돌궐을 평정한 뒤 돌궐을 비롯한 유목 민족들을 군대로 편성하고 그 우두머리를 장군으로 삼아 변방의 수비를 맡겼는데, 이를 각각 번병蕃兵과 번장蕃將이라고 한다. 당나라가 토욕혼吐谷渾, 고창高昌, 설연타薛延陀, 고구려, 서역 등의 이민족을 정복하는 데는 이들의 공이 컸다.

초기부터 당나라는 현재의 티베트 고원에 살던 이민족 토번吐蕃 때문에 꽤나 고생이 심했다. 당나라 조정은 토번과의 국경에서 가까운 수도 장안의 방어를 위해 대규모 군대를 배치해야 했는데, 농사일에 바빠 훈련할 시간이 부족한 부병府兵보다는 일 년 내내 전쟁에 대비할 수 있는 상비군을 주둔시키는 편이 전투력 측면에서 더 나았다.

경제적인 측면에서도 농사일에 서툴고 경제적 기여가 적은 유목 민족들에게 수비를 맡기는 것이 농업 생산력 보존에 더 유리했다. 결국 당나라는 변경의 방어를 이민족에게 일임하게 되었다.

고구려인들이 유목 생활을 했는지는 확실하지 않지만, 말타기나 활쏘기 등 무예에 능했던 것은 분명하며 성城을 방어하는 수비전에도 강했다고 한다. 『구당서』와 『신당서新唐書』에 열전이 실리거나 현재 묘지명을 확인할 수 있는 고구려인들은 대개 여러 차례 전쟁에 참전해 공을 세운 무장들이었다. 어떤 중국 학자는 당나라 중기까지 두드러진 전공을 세운 번장 11명을 열거했는데, 그 중에 두 명이 고구려인(고선지와 왕사례)이었고, 한 명이 백제인(흑치상지)이었다.

백제 유민과 명장 흑치상지

660년 백제가 멸망한 뒤 의자왕을 비롯해 1만여 명의 유민들이 당나라로 끌려갔다. 이들 가운데 옛 지배층은 장안과 낙양에 거주하게 되었고, 나머지 대부분은 현재의 강소성 북부인 서주과 산동성 서부인 연주 등지로 옮겨졌다. 그리고 옛 백제 땅에 설치되었던 웅진도독부熊津都督府가 677년에 요동의 건안성으로 옮겨갈 때, 이미 내지로 옮겨졌던 유민들도 모두 이곳으로 모아졌다. 백제 유민에 대한 기록은 고구려 유민에 비해 상대적으로 적은 편이지만 흑치상지의 사례를 살펴보면 백제 유민들도 당나라의 군인이 되어 수도와 변경을 지키는 데 동원되었을 것으로 여겨진다.

흑치상지는 629년에 백제 땅에서 태어났다. 흑치상지의 가문은 할아버지 때부터 백제 16관등의 두 번째 관등인 달솔達率이라는 벼슬을 지낸 귀족 가문이었고, 그 역시 성장한 뒤 달솔이 되었다. 그러

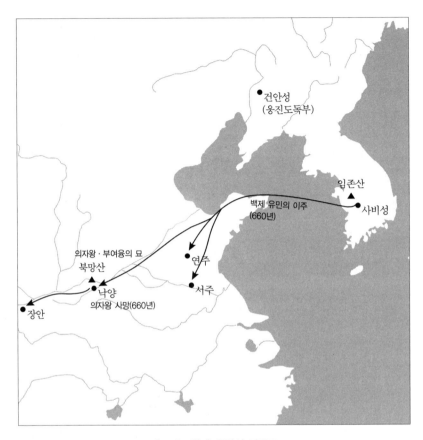

지도 8 백제 유민의 이동로

나 얼마 지나지 않아 그의 조국 백제는 멸망해버렸다.

　백제가 멸망한 뒤 의자왕의 사촌 복신福信은 주유성을 거점으로 백제 부흥운동을 일으켰다. 복신은 왜倭에 있던 부여풍扶餘豊을 왕으로 세워 부흥운동의 정통성을 확보했으며, 많은 백제인이 이에 결합했다. 흑치상지도 예외가 아니었다. 임존산에 피신해 있던 흑치상지는 몰려든 백제인을 규합해 당나라군을 격파하고 2백여 성을 수복했다. 당나라군의 사령관 소정방蘇定方도 흑치상지의 기세를 꺾을 수

흑치문 ——— 흑치덕 ——— 흑치사차 ——— 흑치상지 ——— 흑치준
(달솔)　　　　(달솔)　　　　(달솔)　　　(달솔/당나라 장군)　(당나라 장수)

흑치상지의 가계도

없었다. 멸망할 당시 백제의 성이 2백여 개였으므로 사실상 전 국토
를 회복했다고 볼 수 있었다. 그러나 수세에 몰린 당나라군에게 예상
치 못한 전세 역전의 계기가 찾아왔다. 부흥운동 내부에서 분열이 일
어나 부여풍이 복신을 살해한 것이다.

　부흥운동의 지도층이 분열하자 당나라는 회유책을 쓰기 시작했
다. 흑치상지는 이를 받아들여 부하 사타상여沙吒相如와 함께 당나라
장군 유인궤劉仁軌에게 항복하고 만다. 663년, 그의 나이 34세였다.
유인궤는 흑치상지의 변절이 진심인지를 시험하기 위해 부흥운동의
마지막 보루인 임존성을 공격하라는 지시를 내렸다. 흑치상지는 이
시험을 성공적으로 통과했고, 이로써 백제 부흥운동은 사실상의 종
말을 맞았다. 물론 흑치상지도 할 말은 많을 것이다. 조국의 원수 편
에 서서 동지들을 배신했다는 죄책감과 함께……

　당나라는 옛 백제의 땅에 웅진도독부 등 5개의 도독부와 7개의
주, 52개의 현을 설치해서 자신들의 영토로 편입시키려 했다. 도독부
와 주, 현은 원래 중국 내지에 설치되었던 행정구역이지만, 당나라는
정복한 이민족들의 땅에도 이러한 행정구역을 만들고 이민족의 우두
머리를 도독부와 주의 장관으로 삼았다. 현지 지배층을 매개로 한 일
종의 간접 지배였던 셈이다. 이러한 지배 방식을 당나라에서는 기미
지배羈縻支配라고 하고, 그 행정구역을 기미부羈縻府 또는 기미주羈
縻州라고 불렀다. 신라인들은 멸망한 백제의 땅을 자신들이 차지할

것이라고 믿었지만 허황된 기대일 뿐이었다.

흑치상지는 664년에 오늘날의 연대장에 해당하는 절충도위折衝都尉에 임명되어 옛 백제 땅의 웅진성에 배속되었다. 그는 이곳에서 677년까지 백제 유민들에 대한 선무 공작과 반란 진압의 임무를 수행했다. 한 학자는 묘지명의 일부 구절을 분석해 흑치상지가 고구려의 멸망과 그 부흥운동의 진압에도 간여했을 것이라고 주장한다.

당나라는 677년에 웅진도독부를 요동의 건안성으로 옮기고, 중국 내지로 강제 이주시켰던 백제인들을 모두 데려온 뒤, 백제의 태자였던 부여융扶餘隆을 웅진도독熊津都督 대방왕帶方王으로 삼아 이들을 다스리도록 했다. 이때 흑치상지는 웅진도독부사마의 직책에 있었기 때문에 건안성으로 가서 부여융을 도왔을 것으로 추정된다. 이로써 흑치상지의 생애 전반부가 끝나고 후반부가 시작된다. 그리고 그는 이제 중국만이 아니라 북아시아와 티베트에까지 이름을 떨친 세계적인 명장으로 활약하게 된다.

흑치상지는 당나라의 장군으로서 토번과 돌궐의 침입을 막아내는 공을 세웠다. 토번은 티베트계 유목민들이 티베트 고원에 세운 나라로, 전쟁에 능했던 당나라 태종조차 결혼 동맹을 통해 우호 관계를 맺는 데 급급할 만큼 강성했다. 토번은 비단길과 중앙아시아, 하서회랑의 지배권을 두고 당나라와 다투었으며, 당나라 후기에는 이들 지역을 모두 차지하고 일시적이나마 당나라의 수도 장안을 점령하기까지 했다. 애초에 장안은 서쪽으로 치우쳐 있었기 때문에 토번의 공격에 몹시 취약했다. 그래서 당나라 조정은 장안의 서쪽에 대규모 병력을 주둔시켜야 했는데, 그 책임을 맡은 장군이 바로 흑치상지였다.

678년에 토번이 침략해오자 흑치상지는 이경현李敬玄이라는 장군의 휘하에서 참전했다. 그런데 당나라군은 토번에게 연달아 패하면

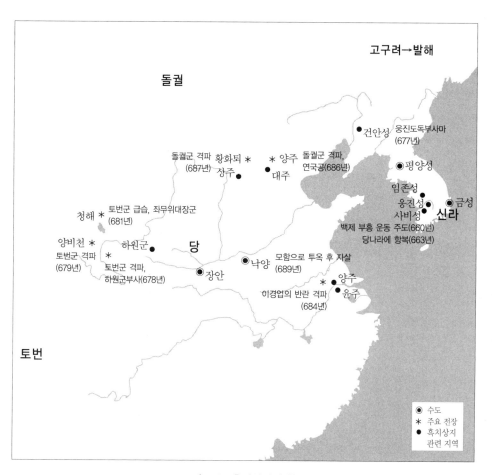

지도 9 흑치상지의 활동

서도 진흙탕 때문에 후퇴조차 빠르게 할 수 없는 심각한 곤경에 처하게 된다. 이때 흑치상지가 단 5백 명의 부하를 이끌고 한밤중에 적진을 기습하니, 놀란 적장 발지설跋地設은 달아나는 데 급급했다고 한다. 결국 당나라군은 간신히 위기에서 벗어나 승리를 거둘 수 있었다. 당나라 고종은 그의 기지와 진공을 치히혜 종3품 좌무위장군左武衛將軍에 임명하고 금 5백 냥과 비단 5백 필을 하사했다. 이후 흑치상지는 오늘날의 부사단장 급에 해당하는 하원군부사河源軍副使에 임명되어 토번의 공격을 막는 임무를 맡게 된다.

토번은 이듬해 다시 당나라를 쳐들어 왔다. 3만 병력을 이끌고 온 토번 장수 찬파贊婆와 소화귀素和貴는 양비천에 진을 치고 이경현의 군대를 격파했다. 하지만 곧 흑치상지가 3천 명의 정예 기병을 이끌고 한밤중에 적진을 기습해 적병 2천 명을 죽이고 토번을 몰아냈다. 이 전투의 공으로 그는 하원군의 사령관에 임명되었다. 이후 그는 70여 개의 봉화대를 설치해 적의 기습에 대비하고, 둔전을 실시해 군량미의 조달을 원활히 했다고 한다.

세 번째도 토번과의 싸움이었다. 681년 흑치상지는 기병 1만 명을 이끌고 토번군이 주둔하고 있던 청해를 급습해 군량을 불태우고 말, 양, 갑옷 등을 노획했다. 이번 전투의 승리로 흑치상지는 정3품 좌무위대장군左武衛大將軍에 올랐다. 토번은 흑치상지에게 세 차례나 호되게 당한 뒤 이후 7년 동안 감히 변경을 침입하지 못했다.

686년에는 새로운 적 돌궐과 맞서게 되었다. 돌궐이 당나라를 침범하자 흑치상지는 또 다시 출전했고, 양정이라는 곳에서 3천여 명의 적병을 만났다. 적병들은 흑치상지의 군대를 만나자마자 기겁한 나머지 서로 먼저 갑옷을 입으려고 다투었다. 이에 흑치상지가 직접 기병 2백여 명을 거느리고 앞장서 공격하니 그들은 모두 갑옷을 버리고 달아났다. 얼마 후 돌궐의 주력 부대와 맞붙었을 때는 동남풍을 이용한 화공火攻으로 적진을 공격해 대파했다. 이 공으로 종1품 연국공燕國公에 봉해졌다.

돌궐은 이듬해에 다시 쳐들어 왔다. 이번에 흑치상지는 당나라군의 총사령관으로 출전해서 황화퇴에서 돌궐군을 격파하고 40리를 더 추격하니 적병은 흩어져 달아났다. 그러나 바로 그 때 무리하게 전공을 세우려는 부하의 조급함 때문에 도리어 돌궐군의 역습을 받아 병력이 거의 몰살당하는 대패를 겪었다. 그의 첫 번째 패배였다.

흑치상지는 다섯 차례의 전투에서 4승 1패를 기록했다. 이는 뒤에서 살펴볼 고선지의 승률과도 같다. 특히 당나라가 두려워하던 토번을 상대로 세 차례나 승리한 것은 중국인들의 코를 납작하게 만들 만큼 대단한 일이었다.

돌궐과 토번이라는 강력한 상대를 물리칠 수 있었던 저력은 어디에서 나온 것일까? 우선 흑치상지는 키가 크고 용맹한 데다 언제나 선두에서 싸웠기 때문에 병사들의 사기를 끌어올릴 수 있었다. 또한 병력의 규모에 알맞은 전략을 적절히 구사해서, 병사의 수가 적으면 야습을 감행했고, 대군을 거느렸을 때는 정면으로 맞서 싸웠다. 특히 세 차례의 야습은 적군에 치명타를 입혔다. '치고 빠지기'에 능한 유목민들을 상대할 때 매우 효과적인 전략이었다.

하지만 큰 공을 세워 높은 지위에 올랐음에도 흑치상지의 여생은 그다지 순탄하지 않았다. 그가 활동할 무렵 당나라의 황제는 고종과 무측천武則天이었다. 허약하고 간질병을 앓는 남편 고종을 허수아비 황제로 만든 무측천은 아들과의 권력 투쟁에서도 승리해 690년 스스로 황제가 되었다. 여성이라는 이유로, 그리고 황족이 아니라는 이유로 자신을 반대하는 구세력들을 억누르고 권력을 유지하기 위해 그녀가 활용한 수단은 공포 정치였다.

무측천은 색원례索元禮, 주흥周興, 내준신來俊臣 등을 등용해서 반대파를 숙청했다. 당시 사람들은 이들을 혹리酷吏라고 불렀는데, 우리나라 군사 정권 시절의 중앙정보부나 국가안전기획부, 검찰 등과 그 역할이 비슷했다. 혹리들은 무측천의 개가 되어 죄 없는 사람들까지 마구 물어뜯었다. 오죽하면 무고한 사람을 죄인으로 모는 방법을 기술한 『나직경羅織經』이라는 책이 바로 이 시기에 나왔겠는가! 그러나 위세가 하늘을 찌르던 혹리들조차 훗날 무측천에 의해 '팽烹' 당하는 운명에 처하게 된다. 한신韓信이 말했던가. 사냥개는 사냥이 끝나면 솥 안으로 들어간다고.

천하의 흑치상지라고 해도 혹리들의 눈을 피할 수는 없었다. 그는 주흥의 무고로 조회절趙懷節의 반란에 가담했다는 누명을 쓰고 감옥에 갇힌다. 이때 무측천은 스스로 황제가 되기 위한 준비를 착착 진행하고 있었기에 반대 세력에 대해서는 무자비한 숙청을 가했다. 흑치상지는 억울하게도 무측천에 반대하는 세력으로 몰린 것이다.

실제로 무측천에 반대해 반란을 일으킨 사람들도 있었다. 황족인 이씨李氏만이 황제가 될 수 있다고 믿는 사람들은 무씨武氏, 게다가 여성이 황제가 되는 것을 순순히 보고 있지만은 않았다. 고구려를 멸망시킨 명장 이적李勣의 손자 이경업李敬業은 무측천을 제거하고 당나라 황실을 부흥한다는 명분을 내걸고 684년 양주揚州에서 봉기했다. 이때 흑치상지는 토벌군에 종군하여 큰 공을 세웠고, 이경업의 반란은 일 년도 안 되어 평정되었다. 황족들이 직접 무측천에 반기를 들기도 했다. 688년 몇몇 황족들은 여러 지방에서 동시에 군대를 일으켜 수도를 점령하고 무측천을 제거하려는 계획을 세웠다. 그러나 사전에 발각되어 거사는 실패하고 수많은 남성 황족들이 목숨을 잃었다.

이러한 공포 분위기 속에서 주흥과 같은 혹리들은 반란을 도모한다는 누명을 씌워 평소 눈엣가시로 여기던 사람들을 제거하려 했다. 당나라 판 '공안 정국'이 도래한 것이다. 무측천 또한 만에 하나 자신의 황제 즉위에 위협이 될 만한 사람들을 모조리 숙청하려 했기에, 당시에는 누구나 단순한 고발과 심증만으로 죄인이 되기에 충분했다. 주흥의 모함을 받은 흑치상지는 곧바로 투옥되었고, 얼마 후 감옥 안에서 목을 매달아 자결했다.

현 정권의 '몰이사냥'과 표적 수사로 도덕성과 자존심에 큰 상처를 입고 스스로 목숨을 끊은 전직 대통령이나, 검찰 조사를 받은 뒤 곧바로 투신자살한 재벌 총수의 사례를 떠올릴 수도 있을 것이다. 당대 최고의 명장으로 자부하던 흑치상지로서는 일개 형리들에 의해 두들겨 맞고 고문당하는 것에 말할 수 없는 치욕을 느꼈으리라. 게다가 어차피 죽을 목숨이라면 참형을 당하느니 자살하는 쪽이 명예와 자존심을 지키는 길이라고 생각했을지도 모른다.

우리 조상들은 흑치상지를 어떻게 평가했을까? 『삼국사기』권44에는 흑치상지를 비롯해 을지문덕乙支文德, 거칠부居柒夫, 이사부異斯夫, 장보고張保皐, 정년鄭年, 사다함斯多含, 김인문金仁問 등의 열전이 실려 있다. 황제들을 다룬 본기本紀, 신하들과 일반인들을 다룬 열전, 그리고 특정한 주제를 다룬 지志 등으로 역사서를 구성하는 방식을 기전체紀傳體라고 한다. 그런데 기전체로 역사서를 집필할 때 같은 권에 속한 열전들은 대개 비슷한 활동을 했던 사람들로 묶는다. 이러한 역사 서술의 원칙을 고려할 때, 『삼국사기』를 집필한 김부식은 흑치상지와 을지문덕을 같은 급의 인물로 보았다고 할 수 있다. 좀 삐딱하게 보자면 '민족의 배신자'와 '구국의 영웅'을 동등하게 취급했던 것이다.

『세조실록』에도 흑치상지의 이름이 등장한다. 세조 2년(1456년), 조선 시대 이전의 훌륭한 왕과 신하들의 제사를 매년 봄과 가을에 동교에서 거행하라는 지시가 내려졌다. 여기에는 12명의 왕, 즉 전조선왕前朝鮮王 단군檀君, 후조선왕後朝鮮王 기자箕子, 신라의 시조와 태종왕, 문무왕, 고구려의 시조와 영양왕, 백제의 시조, 고려의 태조와 성종, 현종, 충렬왕이 포함되었고, 24명의 신하, 즉 신라의 김유신金庾信, 김인문, 고구려의 을지문덕, 백제의 흑치상지, 고려의 한희유韓希愈, 나유羅裕, 최영崔瑩, 정지鄭地 등이 포함되었다. 주석에 따르면 영양왕은 수나라 군대를 물리친 공으로, 태종왕과 문무왕은 '삼국통일'의 공으로, 한희유와 나유는 몽골 합단哈丹의 침략을 막아낸 공으로, 최영과 정지는 왜구를 물리친 공으로 배향되는 영예를 누렸다. 그렇다면 흑치상지는? 실록을 편찬한 사관들은 아무런 설명을 붙이지 않았다. 어찌됐든 고려와 조선 시대에는 흑치상지가 역사에 길이 남는 명장으로 추앙받았던 것 같다.

그러나 구한말 독립투사였던 단재丹齋 신채호申采浩의 생각은 달랐다.

아, 백제 중흥의 대업을 이같이 부끄럽게 만든 자는 부여풍, 상좌평 부여복신을 죽인 부여풍이니, 풍은 곧 중흥의 백제를 멸한 제1의 죄인이다. …… 그가 부여복신을 죽인 뒤 흑치상지가 백제를 배반해 당나라의 노예가 됨에 이르렀으니, 흑치상지는 곧 제2의 죄인이다. 이제까지 오직 당나라 역사서의 포폄襃貶에 따라 흑치상지를 비상히 찬미해왔으니, 이 어찌 폐아廢兒의 붓이 아니냐. (『조선상고사朝鮮上古史』)

신채호는 민족의 자주성과 주체성을 잣대로 삼아 당나라에 항복한 흑치상지의 행동을 준엄히 꾸짖었다. 어느 쪽이 더 공정한 평가일까?

중앙아시아를 뒤흔든 고선지

고선지의 성공은 아버지 고사계高舍鷄의 후광이 없었다면 불가능했을 것이다. 고사계는 토번의 침략을 막는 하서군河西軍에 종사했는데, 여러 차례 공을 세워 안서군安西軍의 사진교장四鎭校將이라는 중견 장교가 되었다. 사진四鎭은 쿠차(구자), 카라샤르(언기), 호탄(우전), 카슈가르(소륵)의 4개 진을 말한다. 고사계는 안서도호부의 중심지인 쿠차에 배치되었고, 그래서 고선지도 쿠차에서 유년 시절을 보낸 듯하다. 고선지는 일찍이 아버지 덕분에 5품의 유격장군遊擊將軍에 임명되었고, 스무 살 무렵에는 장군이 되어 아버지와 같은 계급에 올랐다. 그 후 잇따른 서역 원정에서 공을 세우며 이름을 떨치기 시작했다.

고선지가 출세할 수 있었던 것은 당나라가 서역에 관심이 많았기 때문이다. 서역의 범위는 시대에 따라 다르지만, 대략 오늘날 중국의 신강위구르자치구와 옛 소련에 속해 있던 중앙아시아의 투르크계 국가들의 영역에 해당한다. 당나라는 서돌궐이 동서로 분열된 638년 이후 본격적으로 서역 원정에 나섰다. 당나라는 고창, 쿠차와 같은 작은 나라들을 굴복시키고 안서도호부를 쿠차로 옮겨 서역에 대한 지배를 강화하려 했다. 물론 유라시아 대륙의 주요 교역로인 비단길을 장악하기 위해서였다. 또한 당나라는 코앞에서 자신을 위협하는 토번이 북아시아의 유목 민족들 및 이슬람 제국과 손을 잡는 것을 막기 위해서도 반드시 중앙아시아 지역을 차지해야 했다. 고선지는 중앙아시아의 요충지들을 정복함으로써 당나라가 이 지역에서 주도권을 잡는 데 크게 기여했다.

고선지는 740년에 처음으로 서역 원정에 나섰다. 그는 2천 명의 병력을 거느리고 파미르 고원의 북쪽 지대를 넘어 달해부達奚部를 공격했다. 이 전투의 승리로 고선지는 황제 현종에게 강한 인상을 남겼고, 안서부도호安西副都護 사진도지병마사四鎭都知兵馬使로 승진해서 안서도호부의 2인자 자리에 올랐다.

고선지의 진면목을 더욱 잘 보여준 사건은 747년의 파미르 원정이었다. 이 원정에서 그는 시그난(오식닉국五識匿國)과 소발률국小勃律國을 정복했는데, 특히 후자의 승리가 매우 결정적이었다. 소발률국은 현재 파키스탄의 카슈미르 지방에 있는 길기트라는 곳으로, 당시에는 당나라의 서쪽 관문이자 토번과 이슬람 제국을 연결하는 핵심 교통로였다. 따라서 소발률국을 지배하는 자가 곧 서역의 지배자라고 할 수 있었다. 하지만 이때 소발률국은 당나라의 세력권에서 벗어나 토번과 혼인 관계를 맺고 있었다. 당나라는 소발률국을 정벌해 제국의 위신을 세우고 서역의 패권을 회복하려 했다.

고선지는 전시 야전군 사령관인 행영절도사에 임명되어 1만 명의 기병을 이끌고 소발률국 원정에 나섰다. 그는 쿠차를 출발한 지 40일 만에 안서도호부의 서쪽 변경인 카슈가르에 도착했고, 파미르 고원과 힌두쿠시 산맥을 넘어 시그난에 이르렀다. 험한 산지와 사막을 지나야 하는 매우 어려운 행군이었다. 특히 군량과 말 먹일 풀, 무기 등의 보급이 무척 어려웠다. 하지만 고선지는 모든 난관을 극복하고 전열을 정비한 뒤 파미르 고원 정상 근처의 연운보를 공격했다. 연운보에는 1만여 명의 토번군이 주둔하고 있었으며, 강으로 둘러싸인 천혜의 요새였다. 고선지의 군대는 사흘 치의 군량만을 지닌 채 물살이 거센 강을 건너 토번군 5천 명을 죽이고 1천 명을 사로잡는 전과를 올렸다.

고선지는 이에 만족하지 않고 소발률국을 정복해 토번에 커다란

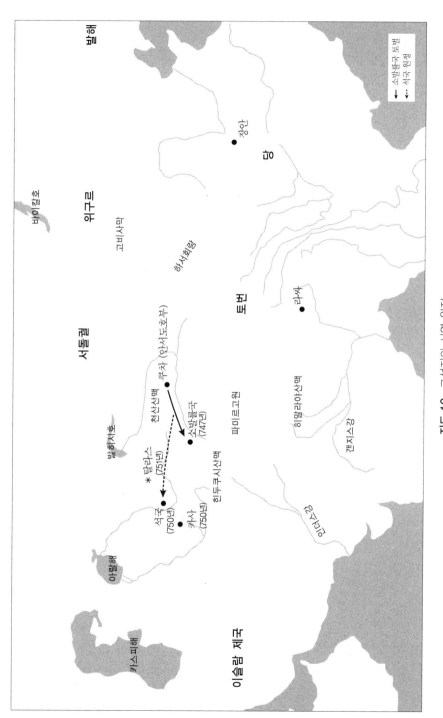

발해

바이칼호

위구르

고비사막

하서회랑

당

장안

티베트

라싸

히말라야산맥

갠지스강

인더스강

파미르고원

힌두쿠시산맥

서돌궐

천산산맥

쿠차 (안서도호부)

소발률국
(747년)

★탈라스 (751년)

석국
(750년)

카샤
(750년)

발하시호

아랄해

카스피해

이슬람 제국

→ 소발률국 토벌
⋯▶ 석국 원정

지도 10 고선지의 서역 원정

타격을 주고자 했다. 그는 감군監軍* 변영성邊令誠의 만류를 뿌리치고 연운보에는 3천 명의 병력만 남겨둔 채 세계에서 가장 험하기로 이름난 힌두쿠시 산맥을 넘기로 결심했다. 힌두쿠시 산맥은 눈과 빙하로 뒤덮여 있고, 지세가 몹시 험하며, 호흡을 어렵게 하고 두통을 일으키는 고산병이 있어서 사람이 가까이 하기 어려운 곳이었다. 하지만 그는 결국 소발률국 정복에 성공했다.

고선지는 소발률국의 왕과 토번의 공주를 사로잡아 연운보로 되돌아왔다. 그리고 원정의 승리를 알리는 보고서를 작성해 현종에게 승전보를 올리려 했다. 하지만 고선지의 상관이었던 부몽영찰夫蒙靈詧은 그의 공적을 시기한 데다 지휘 계통을 어긴 사실에도 격노해 있었다. 그래서 개선하는 고선지의 면전에 "개의 창자를 먹는 고려 놈高麗奴아! 개의 똥을 먹는 고려 놈아!"라며 인종 차별적인 거친 욕설을 내뱉었다. 다행이 감군 변영성이 은밀히 현종에게 상주문을 올린 덕분에 부몽영찰은 경질되고 고선지는 전화위복으로 안서절도사로 승진할 수 있었다.

고선지의 소발률국 원정 덕분에 토번은 서역 나라들과 교통이 단절되었고, 대신에 당나라가 서역에 강력한 영향력을 행사할 수 있게 되었다. 또한 당나라는 서역의 72개 나라로부터 조공을 받게 되어 국제적인 위상도 크게 높아졌다. 749년 당나라 조정은 고선지에게 특진特進이라는 정2품 명예직과 좌금오위대장군左金吾衛大將軍이라는 정3품 관직을 내리고, 그의 아들에게도 5품의 관직을 주었다.

한편 당나라에 소발률국을 빼앗긴 토번은 750년 카사(갈사국羯師國)**를 복속시켜 토하라(토화라吐火羅)와 당나라 사이의 교통로를

* 작전 중인 군대를 감독하는 직책.

차단했다. 이에 토하라의 왕이 당나라에 원병을 요청하니 고선지는 카사로 진격해 카사의 왕을 생포했다. 또한 토번은 석국石國(현재의 타슈켄트)에도 압력을 가해 당나라와 거리를 두도록 했는데, 당나라는 석국이 조공을 바치지 않는다는 핑계로 고선지를 보내 정벌하도록 했다. 물론 고선지는 이번에도 승리를 놓치지 않았다.

그런데 『구당서』와 『신당서』에 따르면 이 과정에서 몇 가지 불미스러운 일이 벌어졌다. 먼저 원정대는 석국의 항복을 부시하고 지나치게 점령군 행세를 했으며, 석국의 보물들을 전리품으로 약탈했다. 또한 석국의 왕을 사로잡아 장안으로 압송했는데, 현종이 철없는 문신들의 말만 듣고 그만 그를 죽여버린 것이다. 이러한 일련의 사건들은 석국과 주변 오아시스 나라들의 공분을 불러일으켰다. 당나라는 지렁이도 밟으면 꿈틀거린다는 속담을 잊지 말았어야 했다.

고선지는 석국 원정의 공으로 종1품 개부의동삼사開府儀同三司라는 명예직을 받아 출세의 절정에 이르렀지만 이 무렵부터 그의 운명에 불길한 먹구름이 드리우기 시작했다. 간신히 몸을 피한 석국의 왕자 한 명이 아버지가 살해되었다는 소식에 복수의 칼을 갈며 중앙아시아의 오아시스 나라들 및 이슬람 제국과 동맹을 맺은 것이다.

751년 고선지는 천산산맥 서북단의 탈라스로 무거운 발걸음을 옮겼다. 적군은 사기가 충천했고 그의 군대는 장기간의 행군으로 몹시 지쳐 있었다. 결국 원정대는 수적인 열세와 동맹을 맺었던 카를룩이라는 유목민 집단의 배신으로 인해 패배하고 말았다. 카를룩은 처음에는 당나라군에 합류했지만 결정적인 순간에 고선지 군대를 후방에

** (앞쪽) 『신당서』는 '갈사'로, 『자치통감』은 '걸사竭師'로 표기한다. 힌두쿠시 산맥 부근의 작은 도시국가였으며, 현재 파키스탄 북부의 치트랄에 해당한다.

서 공격했다. 고선지는 부장 이사업李嗣業과 단수실段秀實의 도움으로 간신히 목숨을 건져 쿠차로 돌아왔고, 패전의 책임을 지고 안서절도사에서 물러났다. 하지만 곧바로 하서회랑을 관할하는 하서절도사에 임명된 것을 보면 당나라 조정에서 그를 크게 문책하지는 않은 것 같다.

이 탈라스 전투는 역사적으로 매우 큰 의의를 지녔다. 이슬람 제국의 실권자인 후라싼 총독 아부 무슬림Abu Muslim이 개입함으로써, 당시 동서 아시아의 두 강대국이었던 이슬람 제국과 당나라의 헤게모니 쟁탈전으로 비화된 것이다. 이슬람 제국은 이 전투에서 크게 승리함으로써 서역과 비단길에 대한 지배권을 확보했다.

또한 탈라스 전투는 동서 문명 간의 교류에도 깊은 영향을 끼쳤다. 이슬람 제국에 포로로 잡혀간 당나라 병사들 가운데 종이를 만드는 기술자가 끼어 있었는데, 아랍인들이 이들로부터 제지법을 전수받은 것이다. 이후 아랍인들은 바그다드에 제지 공장을 세우고 종이와 제지법을 유럽과 인도 등 세계 각지로 전파했다. 이러한 사실은 포로로 잡혀갔다가 기적적으로 도망쳐 돌아온 두환杜環이라는 사람의 『경행기經行記』에 기록되었다고 한다.

종이의 중요성을 간파한 아랍인들의 혜안은 칭찬받을 만하다. 이슬람 제국은 종이 덕분에 문서 행정이 발달해서 제국의 통치가 원활해졌다. 이전에 사용했던 양피지는 화학 약품으로 위조가 가능했는데, 종이로 된 문서는 위조할 수 없었기 때문이라나? 또한 종이는 목판 인쇄술 및 금속 활자의 발명과 결합해 책의 대량 생산을 가능하게 함으로써 지식의 대중화에도 크게 기여했다. 씁쓸하지만 고선지의 패전 덕분에 인류는 지식 대중화의 첫걸음을 내딛었던 것이다.

앞의 여러 전투에서 고선지가 승리할 수 있었던 비결은 무엇보다 그의 용맹함과 뛰어난 기지였다. 소발률국 원정의 난관은 험준한 힌두쿠시 산맥이었다. 길고 힘겨운 행군으로 병사들의 사기가 떨어지자 그는 기발한 꾀를 냈다. 신임하는 병사 20명을 소발률국의 수도인 아노월 사람으로 변장시켜 당나라군에 항복하는 것처럼 연기하도록 한 것이다. 원정군이 힌두쿠시 산맥을 넘고 있을 때 이 가짜 아노월 사람들이 찾아와 소발률국이 항복하려 한다는 말을 전했다. 병사들은 하늘이 도왔다며 힘을 내기 시작했고, 무사히 아노월에 도착해 소발률국을 정복할 수 있었다.

고선지는 동물 같은 감각과 냉철하고 빠른 판단력도 지녔다. 다른 사람들 같으면 목표를 성취한 뒤에 잠시 승리에 도취될 법도 하지만, 그는 아노월을 점령하자마자 남쪽으로 60리가량 떨어진 계곡의 등나무 다리를 끊도록 지시했다. 아니나 다를까 그의 부하들이 다리를 끊기가 무섭게 토번의 지원군이 계곡 건너편에 나타났다. 일촉즉발의 순간이었다. 만약 제때 다리를 끊지 않았더라면 토번군과 직접 대결해야 했을 것이다.

마지막으로 고선지는 호방한 성격으로 주위 사람들의 신뢰와 호감을 샀다. 부몽영찰에게 인종 차별적인 욕설을 들었을 때는 오히려 먼저 공손히 사과했다. 절도사가 된 뒤에도 이제 자신의 부하가 된 부몽영찰에게 계속해서 존대했다. 한번은 자신을 시기하는 사람들을 모아놓고 "그대들의 얼굴은 사나이지만 마음은 여자처럼 좁으니 어찌된 일인가?"라고 꾸짖으며 몇 사람을 때리는 척했다. 그런 뒤에 "그대들이 회개하니 원한이 다 풀렸다. 여러분이 안 좋은 감정을 품고 있는데 내가 먼저 말을 꺼내지 않으면 더 기분이 나빠지지 않겠는가? 나도 할 말을 다했으니 속이 후련하군!"이라고 태연히 말했다. 이런 그를 누가 싫어할 수 있었을까?

하지만 중국 역사서의 고선지 관련 기록에서는 중국인들의 텃세가 느껴진다. 고선지의 업적은 정작 그 자신의 열전에는 매우 간략하게 적혀 있다. 오히려 그의 활약상은 부하였던 봉상청封常淸, 이사업, 단수실 등의 열전에서 더 상세히 기술된다. 이는 중국인 특유의 역사 서술 방식으로, 꺼리는 사람이지만 그렇다고 기록하지 않을 수는 없을 때 흔히 쓰는 방법이다. 중국인들은 이민족 출신의 고선지가 큰 업적을 세웠다는 사실을 역사에 남기는 것을 달가워하지 않은 것이다.

고선지에 대한 편향된 태도는 석국 원정에 대해 서술한 구절에서도 나타난다. 역사서는 그를 수많은 보석과 재물을 약탈한 욕심쟁이로 묘사하지만, 동시에 빼앗은 재물을 원하는 사람들에게 모두 나누어 주었다고 기록했다. 이러한 모순이 또 어디에 있을까? 뒤에서 더 상세히 설명하겠지만, 훗날 고선지가 나라의 재산을 착복했다는 누명을 쓰게 되자 많은 병사들이 억울함을 호소하고 나섰던 일도 그가 훌륭한 성품의 소유자였음을 간접적으로나마 보여준다. 이와 같은 텃세와 모멸을 모두 극복하고 훌륭한 업적을 이루었기에 그의 성공이 더욱 돋보이는 것이다.

고선지의 진가는 우리나라나 중국 사람들보다 유럽인들이 더 일찍 발견했다. 흑치상지는 조선 시대에 해마다 두 차례씩 제사에 배향되는 영광을 누렸지만, 그보다 더욱 뛰어난 공적을 이룬 고선지는 그 명단에 끼지 못했다. 하지만 프랑스의 동양학자 에두아르 샤반Edouard Chavannes은 투르크 및 아랍의 문헌들을 조사해서 처음으로 그의 위대함을 밝혔다. 영국인 마크 오렐 스타인 경Sir Mark Aurel Stein은 고선지의 파미르 원정로를 그대로 따라가며 이 원정이 알프스를 넘은 나폴레옹의 이탈리아 원정보다 훨씬 더 어려운 시도였음에 크게 놀랐다. 그는 고선지의 뛰어난 전략과 통솔력은 유럽의 어떤 사령관이나 지휘관보다 뛰어났다고 극찬했다.

지금까지 소개한 고구려와 백제의 유민들은 당나라의 전성기라고 할 수 있는 고종에서 현종 시기에 활동했던 사람들이다. 흑치상지와 고선지처럼 역사에 이름을 남길 만큼 두각을 나타낸 인물들도 있었고, 당나라의 변경에서 용병으로 살아가며 비분강개하던 사람들도 있었을 것이다. 그런데 현종 시기에 갑자기 터져 나온 일련의 내란들은 유민들의 삶을 크게 뒤흔들어 놓았다. 다음 장에서 계속 살펴보도록 하자.

백제 유민 출신의 무장 사타충의

당나라 전기에 활약한 이민족 장군(번장) 중에 사타충의沙吒忠義라는 백제인이 있었다.* 사타충의는 『구당서』와 『신당서』의 열전에는 오르지 못했지만, 본기 및 다른 열전들에 관련 기록이 일부 실려 있고 『자치통감』과 『문원영화文苑英華』**에도 기록이 남아 있다. 이러한 단편적인 기록들을 한데 모으면 사타충의의 생애를 대략적으로 살펴볼 수 있다.

사타충의는 694년 돌궐이 영주靈州를 공격했을 때, 당나라의 수비대에 종군했다. 696년 이진충李盡忠과 손만영孫萬榮이 반란을 일으켰을 때도 이를 진압하는 데 참여했다. 또한 698년 돌궐의 묵철 카간이 당나라의 북쪽 변경을 공격하자 천병서도전군총관天兵西道前軍總管으로 출전했고, 뒤이어 하북도전군총관河北道前軍總管에 임명되어 돌궐의 공격을 막는 임무를 맡았다.

그러나 706년 돌궐의 묵철 카간이 명사(현재의 영하회족 자치구 풍안현)를 공격해왔을 때 영무군대총관靈武軍大總管으로서 당나라군을 통솔했지만 병사 6천여 명이 전사하고 말 1만 필을 빼앗기는 참패를 겪었다. 사타충의는 패전의 책임을 지고 관직에서 물러났다. 이후 707년에 중종中宗의 태자 이중준李重俊이 황후 위씨韋氏 일파를 제거하기 위해 일으킨 쿠데타에 가담했으나 실패해 살해되었다.

* 사타충의 외에도 사타상여, 사타아전沙吒阿傳, 사타갈해沙吒葛海(이봉국李奉國), 사타리沙吒利, 부여문선扶餘文宣, 부여준扶餘準, 흑치준黑齒俊, 병부순兵部珣(물부순勿部珣) 등이 당나라의 무장으로 활약했다.
** 이방李昉 등이 987년 송나라 태종의 명령을 받아 편찬한 책으로, 양梁나라 말부터 당나라 말까지의 유명한 문장들을 골라 실었다.

사타충의는 그럴듯한 업적을 이룬 인물은 아니다. 706년의 패전 이후 당나라의 어떤 대신은 황제에게 전투에 패한 장군들을 엄격히 처벌해야 한다고 건의하면서, 사타충의에 대해 "몸은 비록 강하고 단단하지만 심원한 전술에 뜻을 두지 않았으니 기병 장수의 재목일 뿐 본래 큰 임무를 감당할 수 없는 자입니다."라고 평했다. 최전선에서 병사를 지휘하는 소대장이나 중대장에 적합할 뿐 사령관감은 아니라는 뜻이다. 사타충의에 대한 최악의 평가였다. 하지만 결과만 놓고 보면 틀리지 않은 이야기다.

흑치상지나 고선지처럼 뚜렷한 업적을 남기지 못한 사타충의를 굳이 언급하는 이유는 그의 성姓 때문이다. '사타沙吒'는 얼핏 백제와 전혀 무관한 성처럼 보인다. 게다가 사타돌궐沙陀突厥이나 사타부沙陀部로 불리던 유목민 집단이 있었기 때문에 사타충의는 그 일원으로 여겨져 왔다. 돌궐계 부족인 사리부舍利部의 우두머리 또는 거란인이었다는 견해도 있었다.

하지만 『문원영화』에 실린 사타충의에 관한 정부 문서는 그를 '삼한구족三韓舊族'으로 기록하고 있다. '삼한'은 당나라의 공문서나 묘지명에서 고구려, 백제, 신라의 세 나라를 가리키는 용어였다. 따라서 사타충의가 이 세 나라 가운데 한 곳 출신이었음을 알 수 있다. 그런데 흑치상지와 함께 당나라에 항복한 백제인 중에 사타상여라는 인물이 있었던 것으로 미루어, '사타'는 백제인의 성이었을 가능성이 크다.

『수서隋書』「백제전」에는 백제의 유력한 귀족으로 사씨沙氏, 연씨燕氏, 협씨劦氏, 해씨解氏, 정씨貞氏, 국씨國氏, 목씨木氏, 백씨苩氏의 여덟 가문이 언급된다. 일부 학자들은 이 중에 사씨가 사타의 줄임말일 것이라고 추정한다. 국사 교과서에 등장하는 사택지적비의 주인공 사택지적砂宅智積의 사택씨 역시 사씨로 여겨지고 있다.

중국인들은 주변 나라나 이민족의 성을 한 글자로 줄여 표기하는 관습을 갖고 있었기 때문이다. 북위의 효문제는 유목민들의 2음절 이상의 성을 1음절의 성으로 줄이도록 지시한 바 있고, 남조의 역사서는 백제의 왕족 부여씨扶餘氏를 여씨餘氏로 기록했으며, 오호십육국 시대에 모용씨에 의해 끌려간 부여인들 또한 여씨로 기록되었다. 왕족을 포함해 대부분 고구려인들이 고씨高氏였던 것도 나라 혹은 부족의 이름에서 한 글자를 따서 성으로 표기하던 관행 때문이었다.

그러나 『삼국사기』나 『삼국유사』를 살펴보면 실제로 고구려와 백제의 귀족들은 2음절 이상의 성을 사용했고, 평민들처럼 성이 없는 경우도 있었다. 신라 말과 고려 초에 일부 지배층이 중국의 성씨를 차용해 사용하기 시작했고, 조선 시대부터는 대부분의 평민들도 1음절의 성을 사용했기 때문에 2음절 이상의 성이 우리에게 낯설게 느껴질 뿐이다.

삼국 시대 이전의 풍속과 조선 중기 이후의 풍속을 비교해보면 동일한 민족으로 보기 어려울 만큼 격세지감이 느껴진다. 고구려의 형사취수제나 데릴사위 풍습, 훔친 물건의 10배나 12배를 배상하도록 하는 형벌 체계 등이 어색하게 느껴지는 것은 고려와 조선 시대를 거치며 받아들인 중국 문화로 인해 우리 민족의 풍속이 엄청나게 바뀌었기 때문이다.

02 무위의 화와 고구려 유민들

중국 통사에서 일반적으로 수나라와 당나라는 국제적이고 개방적인 문화가 꽃핀 시대로 서술된다. 특히 당나라의 수도 장안은 중앙아시아, 아라비아, 페르시아 등지에서 찾아온 상인들과 다양한 유목 민족들이 한데 섞여 살았던 국제 도시였다. 적어도 당나라 전기까지 이처럼 국제적이고 개방적인 문화가 자리 잡았던 이유 가운데 하나는 당나라의 지배층이 북방 유목민의 후예였기 때문이다. 여성들이 유독 정치에 활발하게 참여했던 이유도 같은 맥락에서 설명할 수 있다. 그래서인지 당나라 전기에는 중국 역사에서 유일한 여성 황제가 등장했고, 이를 본받으려는 황후와 공주들이 넘쳐났다. 물론 남성들은 이 사건을 '무위武韋의 화禍'라는 이름으로 폄훼해왔다.

중국 최초의 여성 황제 무측천

위에서 소개한 여성 황제가 바로 무측천(624~705년)이다. 무측천의 본명은 무조武曌이고 당나라 태종의 후궁이 된 뒤에 무미武媚라는 이름을 하사받았다. 15년 동안 황제의 자리에 있었기 때문에 측천대성황제則天大聖皇帝라고 불리기도 하지만, 『구당서』와 『신당서』는 기본적으로 측천대성황후則天大聖皇后 또는 측천순성황후則天順聖皇后로 적고, 이를 줄여서 측천황후則天皇后, 측천무황후則天武皇后, 측천무후則天武后, 무후武后 등으로 표기했다. 무측천의 여러 호칭들을 장황하게 설명하는 이유는 여기서 중국의 남성들이 여성 황제의 존재를 얼마나 부정하고 싶어 했는지를 살펴볼 수 있기 때문이다.

무측천은 황제가 된 뒤 나라 이름을 주周*로 바꾸었기 때문에, 엄밀히 말하면 그녀의 제위 기간을 전후로 당나라가 잠시 망했다가 부활한 셈이지만, 학자들은 이 시기를 당주唐周 시대가 아니라 그냥 당나라 시대라고 부른다. 한나라를 멸망시키고 즉위한 왕망王莽의 나라를 신新이라 하고, 이후 다시 등장한 한나라를 후한이라 부르는 것과는 차이가 있다. 역시 여성 황제가 세운 나라와 그 시대를 부정하려는 느낌이 강하다.**

무측천은 14세의 나이에 재인才人***으로 입궁했다. 그녀의 아름다움에 대한 소문을 듣고 태종이 직접 궁궐로 불러들인 것이었다. 이때 그녀의 어머니는 몹시 슬프게 울었지만 정작 무측천은 "천자를 만나는데 어찌 복이 아니며, 어찌 슬퍼할 일이겠습니까?"라고 말했다고 한다. 어려서부터 평범한 소녀가 아니었던 것이다.

* 일부 학자들은 이 나라를 무주武周라고 부른다.
** 다른 예로 '통일 신라와 발해'와 '남북국 시대'는 동일한 대상을 가리키는 표현이지만, 전자는 "신라가 민족의 통일을 이루었고 발해는 우리 역사가 아니다."라는 뉘앙스를 띠는 반면, 후자는 "발해와 신라가 병존했으며, 발해의 영역인 만주도 우리 역사의 무대"라는 의미를 함축한다. 이처럼 역사학에서 특정한 용어는 그 자체로 많은 의미와 평가를 포함한다. 무조라는 여성을 황제로 부르는 것과 황후로 부르는 것은 커다란 해석상의 차이가 있는 것이다. 이 책에서는 최대한 중립적인 서술을 위해 '무측천'이라는 호칭을 사용했다.
*** 후궁의 명칭.

하지만 그녀의 기대와 달리 상황은 그리 낙관적으로 전개되지 않았다. 노령이던 태종이 죽자, 무측천은 다른 궁녀들과 함께 관례에 따라 감업사라는 절에 들어가서 머리를 깎고 비구니가 되었다. 남은 평생을 독신으로 살며 죽은 황제의 명복을 빌라는 뜻이었다.

그러나 반전은 찾아왔다. 무측천은 태종이 죽기 전 그의 병수발을 들었는데, 아버지의 문병을 위해 찾아온 훗날의 고종이 그녀의 미모에 반했던 것이다. 고종은 654년 아버지의 기일에 감업사로 분향하러 갔다가 비구니가 된 무측천을 다시 만나자 연정이 불타올랐다. 당시 고종의 총애를 얻기 위해 소숙비蕭淑妃와 경쟁하고 있던 왕황후王皇后는 이 소식을 듣고 무측천을 불러들여 소씨를 견제하려고 했다. 덕분에 무측천은 환속하여 궁궐로 돌아올 수 있었고, 다른 후궁들을 제치고 고종의 총애를 받았다. 그녀 나이 31세였고, 고종은 네 살 어린 27세였다.

무언가 꺼림칙한 기분이 드는 독자들이 있을 것 같다. 무측천은 태종의 후궁이었으면서 다시 그 아들인 고종의 후궁이 되었다. 무측천이 태종과 잠자리를 했는지에 대한 기록은 없지만, 태종이 그저 바라보기 위해 무측천을 후궁으로 삼았을 리는 없다. 설령 '정신적인 사랑'만을 나누었다 해도 아들이 아버지의 후궁과 육체적 관계를 맺는 것은 유가의 윤리에서 매우 금기시하는 일이다.

1983년 중국에서 발굴된 장가산한간張家山漢簡에는 여후呂后 2년, 즉 기원전 186년 무렵의 법령으로 추정되는 이년율령二年律令이 포함되어 있었다. 정식 법전은 아니지만 지방 관리가 자신에게 필요한 일부 법령을 베껴 적어둔 것으로 추정된다. 이에 따르면 숙모, 백모와 같은 인척 여성이나 아버지와 성관계를 맺었던 여종과 정을 통한 자는 이마에 죄인의 낙인을 찍는 경형黥刑에 처해진 뒤 관청의 노비가 되었다. 『사기史記』와 『한서漢書』에도 아버지의 첩과 부적절한 관계를 맺어 형벌을 받은 제후나 열후에 대한 기록이 등장한다. 다시 말해 아버지의 여자와 정을 통하는 일는 윤리적으로 '금수보다 못한 짓'으로 낙인찍힐 뿐 아니라 법적인 처벌까지 받아야 하는 행위였다. 그런데 황제가 앞장서서 그런 일을 저지르다니!

아버지가 죽으면 아들이, 형이 죽으면 아우가 죽은 사람의 처와 첩을 물려받는 풍습을 수계혼제라고 한다. 이는 유목민들에게서 흔히 보이는 결혼 제도인데, 문제는 이것이 수나라와 당나라의 황실에서 발견된다는 사실이다.

수나라 문제文帝가 병상에 누워 있을 때, 태자 양광楊廣은 아버지의 후궁인 선화부인宣華夫人 진씨陳氏에게 눈독을 들여 강제로 추행하려다 발각되었다. 격분한 문제는 양광을 폐하고 이전에 태자였던 맏아들 양용楊勇을 다시 태자로 삼으려 했다. 그러나 양광은 한발 먼저 부하를 시켜 아버지를 살해하고 스스로 황제의 자리에 올랐다. 『수서』에 따르면 양광은 문제를 시해한 당일 밤에 진씨와 동침했다. 몇 년 전 방송되었던 〈연개소문〉이라는 드라마에서는 진씨가 자발적으로 양광과 잠자리를 가진 것으로 묘사했지만, 『수서』는 양광이 편지를 보내 구애하자 진씨 주변의 궁녀들이 이를 받아들이라고 강요해서 결국 부적절한 관계를 맺게 되었다고 기록했다. 양광은 아버지의 또 다른 후궁인 채씨蔡氏와도 동침했다.

당나라 태종은 626년 현무문의 변을 일으켜 태자였던 형 이건성李建成과 동생 이원길李元吉을 죽이고 아버지를 몰아낸 뒤 황제에 올랐다. 여기까지는 조선의 태종 이방원이 한 행동과 거의 같다. 하지만 당나라 태종은 조카들까지도 모조리 살해했을 뿐 아니라, 동생의 아내를 후궁으로 삼아 여러 아들을 낳기까지 했다. 유가에서 이상적인

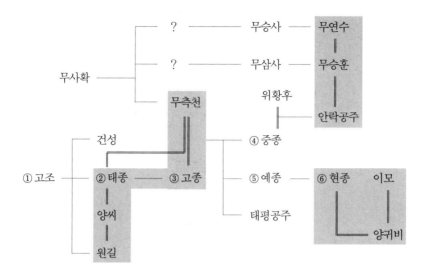

당나라 황실의 수계혼(— 와 ┃은 혈연 관계, ‖은 결혼 관계, ■은 수계혼 관계)

군주로 칭송하는 당나라 태종이 실은 형제 살해와 더불어 제수를 범하는 패륜을 저질렀던 것이다.

당나라 현종은 며느리 양씨楊氏에게 반해 강제로 이혼시킨 뒤 자신의 후궁으로 삼았다. 이 여성이 바로 그 유명한 양귀비楊貴妃다. 또한 당나라 중종의 딸 안락공주安樂公主는 처음에 무승훈武崇訓과, 나중에는 무연수武延壽와 결혼했는데 두 사람은 6촌 형제 사이였다. 이또한 수계혼에 해당하는데, 무씨 가문이 유목민의 풍습을 따랐기 때문이라고 한다.

수나라와 당나라 황실의 치정 관계를 이처럼 길게 서술한 이유는 적어도 당나라 전기까지 유목민의 풍습이 일정하게 남아 있었음을 보여주기 위해서이다. 여성들이 정치나 사회적 활동에 적극적으로 참여할 수 있었던 것도 그러한 풍습 때문이었다. 특히 장안의 여성들은 남성들과 마찬가지로 자유롭게 말을 타고 돌아다녔다고 한다. 또한 수나라 문제의 황후 독고씨獨孤氏는 황제의 축첩에 반대하고 일부일처제를 고집한 여성으로 '악명'이 높았는데, 당시에는 이러한 '우먼파워'가 그다지 예외적인 일도 아니었다. 유가의 윤리에서는 도저히 용납하기 어려운 무측천의 정치 참여와 성적인 자유분방함도 이러한 시대적 배경 속에서 살펴보아야 한다.

무측천이 정치에 직접적으로 간여하게 된 것은 고종이 간질병으로 더 이상 정사를 돌볼 수 없게 되었기 때문이었다. 660년 무렵 그녀는 병상의 고종으로부터 정사를 위임받자마자 고종을 허수아비로 만들고 모든 권력을 장악해버렸다. 664년 고종은 이를 바로잡기 위해 재상 상관의上官義를 시켜 무측천을 황후에서 폐하는 조서를 작성하려 했다. 그러나 내시와 궁녀들을 통해 이러한 계획을 미리 알아챈 무측천이 고종을 찾아가 따지자, 무측천의 기세에 눌린 고종은 애꿏은 상관의에게 책임을 돌렸다. 결국 상관의는 고종의 배신으로 사형에 처해졌고 그의 가문은 풍비박산이 났다. 역적으로 몰리면 모든 재산을 압수당하고, 남성들은 죽거나 노비로 끌려가며 여성들은 궁녀가 되는 것이 일반적인 처벌이었다.*

이후 무측천은 자신의 권력을 유지하기 위해 친아들인 두 명의 태자를 죽였고, 역시 친아들인 두 명의 황제를 폐위시켰으며, 수많은 황족들을 잔인하게 학살했다. 또한 나라의 수도를 관롱집단의 본거지인 장안에서 산동 지방과 가까운 낙양으로 옮겼다. 그리고 690년

* 역사의 아이러니일까? 궁녀가 된 상관의의 손녀 상관완아上官婉娥는 훗날 가문의 원수인 무측천의 최측근으로 활약한다.

에는 『대운경大雲經』*이라는 책을 위조해 여성도 황제가 될 수 있다는 논리적 근거를 마련한 뒤에 신하들의 간청을 받아들이는 형식으로 마침내 스스로 황제에 올랐다.

무측천은 남녀평등을 몸소 실천하기 위해서였는지, 남성 황제의 옷을 입고 직접 남성 신하들과 대면하며 나라 일을 처리했다. 또한 남성 황제들이 많은 여성들을 후궁으로 두었던 것처럼 남성들을 첩으로 삼았다. 주로 장역지張易之, 장창종張昌宗 형제와 설회의와 같은 승려들을 총애했다고 한다. 물론 남조 유송劉宋 때 산음공주山陰公主가 오빠 전폐제前廢帝에게 "폐하와 저는 남매 사이인데, 폐하는 수많은 후궁을 거느리고 저는 오직 부마 한 명만 거느리니 공평하지 않습니다."라고 호소해서 '면수面首'라고 불리는 남성 첩들을 둘 수 있도록 허락받은 사례가 있기는 하다. 그러나 무측천은 산음공주와 달리 단순한 성적 탐닉에만 관심을 가진 것이 아니었다. 최초의 여성 황제였던 만큼 남성 황제와 똑같이 행동해야 한다는 강박 관념 또는 평등의식을 갖고 있었던 것이다.

무측천에 대한 역사서의 기록들이 주로 '문란한' 사생활에만 치우쳐 있는 것은 여성 황제를 바라보는 사관들의 편파적인 시선 때문이었을 수도 있다. 그러나 무측천은 황제로서 중국 역사상 보기 드문 업적을 남겼다. 사관들이 의도적으로 무측천 치세의 일을 상세히 기록하지 않았기에 일일이 살펴보기는 쉽지 않지만, 수십 년 동안 한

---

* 『대방등무상경大方等無相經』의 약칭이다. 대운밀장보살大雲密藏菩薩이 해탈에 대해 말한 내용을 담았고, 북량北涼의 담무참曇無讖이 번역했다고 전해진다. 689년에 당나라의 설회의薛懷義와 법랑法朗 등이 무측천이 천명을 받아 통치한다는 내용으로 위조한 불경의 이름이기도 하다. 무측천은 『대운경』이 완성되자 나라 이름을 주周로 고친 뒤 전국 곳곳에 대운사를 짓게 했다.

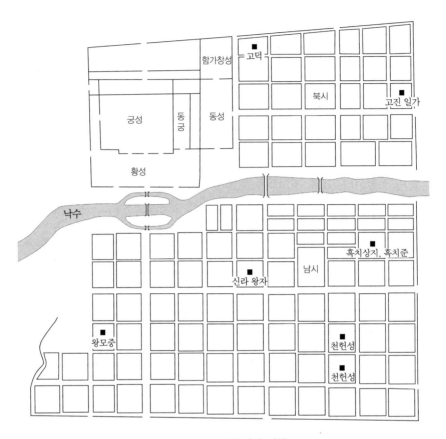

지도 11 당나라 때의 낙양

차례의 농민 반란도 없었다는 사실만으로도 약간의 과장을 보태자면 요순堯舜 임금과 동격으로 평가할 수 있다. 은밀한 사생활까지 모두 까발린 상황에서 폭정의 가장 대표적인 증거라 할 수 있는 반란의 기록을 굳이 누락할 까닭이 없기 때문이다.

무측천은 지배층의 교체라는 업적도 남겼다. 서위西魏에서부터 북주北周와 수나라를 거쳐 당나라에 이르기까지 중국의 지배층은 관롱 집단이라고 불리는 사람들이었다. 이들은 관롱 지역의 토박이 중국인들과 능력을 인정받은 이민족 출신으로 이루어져 있었다. 무측천은 관롱집단을 자신이 황후나 황제가 되는 데 반대한 핵심 세력으로 여겨 혹리들을 동원해 이들을 일소하고 자신을 지지하는 산동 지방 출신들을 등용했다. 물론 지역만 본 것이 아니라 진사과 등 과거 시험에 합격한 검증된 인재들을 골라서 등용한 것이었다. 학술적 지식과 문학적 재능으로 무장한 문인들이 중국의 새로운 지배층으로 등장한 것은 매우 중대한 변화였다.

무측천은 스스로도 자신이 매우 많은 선정을 베풀었다고 평가한 듯하다. 그녀는 "훌륭한 업적이 너무 많아서 일일이 기록할 수 없기에" 자신의 비석에는 아무런 글자도 새길 필요가 없다는 유언을 남겼다. 그 유명한 '무자비無字碑'다.

그러나 남성 신하들은 다만 생존을 위해 굽실거렸을 뿐 진심으로 여성 황제를 존경한 것이 아니었다. 무측천이 신임하던 적인걸狄仁傑과 그의 추천으로 재상에 오른 장간지張柬之는 그녀를 몰아내고 당나라를 부흥시킬 음모를 꾸몄다. 무측천의 조카들인 무삼사武三思와 무승사武承嗣는 자신들이 제위를 이어야 한다고 강변했지만, 적인걸은 단 몇 마디의 말로 무측천의 마음을 돌려놓았다. "폐하의 조카들은 폐하의 제사를 지내지 않을 것입니다. 오직 폐하의 자식들만이 폐하의 제사를 지낼 것입니다."

당시 중국에서 이처럼 강력한 호소력을 가진 말은 없었을 것이다. 죽어서 제삿밥을 얻어먹지 못하는 것만큼 서러운 일이 없다고 생각했기 때문이다. 게다가 무측천은 두 번째 부인의 소생이었기 때문에, 전처가 낳은 오빠의 가족들과 사이가 썩 좋지 않았다. 아마도 아버지가 죽은 후 후처 소생이라며 괄시를 받았던 모양이다. 결국 무측천은 무씨 성을 가진 조카들이 아니라 이씨 성을 가진 아들을 후계자로 지명했다.

　장간지는 705년 무측천이 병들어 여러 달 동안 조정에 나오지 못하자 다른 신하들 및 친위대 사령관들과 모의해 궁정 쿠데타를 일으켰다. 그는 병상의 무측천에게 지금 당장 태자에게 황제 자리를 넘기라고 협박했다. 결국 무측천은 태자(중종)에게 제위를 물려주고 퇴위한다. 중종이 즉위하자 나라의 이름도 다시 당나라로 되돌아갔다. 무측천은 병상에 누워 자신이 세운 제국이 허망하게 무너지는 것을 지켜보다 같은 해 11월에 숨을 거뒀다. 황후로서 24년, 태후로서 7년, 황제로서 15년, 모두 46년 동안 중국을 지배했던 여성의 최후였다.

무측천을 본받으려 한 며느리 위황후

　중종은 이미 683년에 고종의 뒤를 이어 한 차례 즉위한 적이 있었다. 그는 자신의 권력 기반을 마련하기 위해 부인 위황후韋皇后의 아버지 위현정韋玄貞을 시중에 임명하려 했다. 그러나 중서령 배염裴炎이 이를 무측천에게 고자질했고, 무측천은 자신에게 고분고분하지 않은 아들 중종을 폐위시킨 뒤 방주로 유배시켰다.

　중종은 유배 시절 너무나 괴로운 나머지 몇 차례나 자살을 생각했는데, 그럴 때마다 부인이 위로하며 큰 힘이 되어주었다. 중종은 아내에게 "언젠가 다시 황제가 되면 당신이 하고 싶은 일은 무엇이든 할 수 있도록 해주겠소."라고 약속했다. 이때의 약속 때문인지 그는 705년 적인걸의 도움으로 두 번째로 황제에 오른 뒤 실제로 위황후에게 모든 실권을 넘겨주어버린다.

　그러나 위황후는 무측천의 조카 무삼사와 남몰래 정을 통한 뒤 정치적인 동맹을 맺었다. 이들은 무측천을 몰아내는 데 앞장섰던 장간

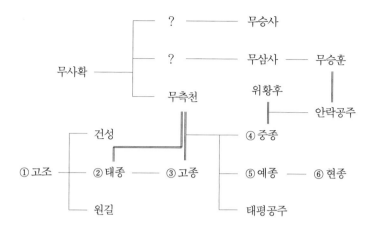

당나라 황실과 무씨 가문 통혼도(—와 |은 혈연 관계, ‖은 결혼 관계)

지 세력을 제거하고 자신들의 권력을 공고히 했다. 중종 역시 어차피 무측천이 죽으면 황제가 될 예정이었기에 장간지 등의 공신들에게 고마운 마음이 크지 않았다.

당시 중종의 태자 이중준은 위황후의 친아들이 아니었기 때문에 그녀와 사이가 좋지 않았다. 반면 위황후의 친딸인 안락공주安樂公主는 할머니의 영향을 받아서인지 중종과 위황후에게 태자를 폐하고 자신을 황태녀로 삼아달라고 졸랐다. 중종 부부는 유배 시절에 안락공주를 낳았는데, 너무 구차했던 터라 강보 만들 천을 구할 수가 없어서 입던 옷을 뜯어 만들었다고 한다. 그러한 안쓰러움 때문인지 중종 부부는 안락공주를 몹시 예뻐했다. 물론 공주가 부모의 사랑을 독차지한다고 해서 차기 황제까지 넘보는 것은 남성 중심의 사회에서는 상상조차 못할 일이다. 아마도 무측천이 뿌려놓은 '남녀평등'의 사상이 손녀인 안락공주에게도 이어진 듯하다.

어찌됐든 위황후 모녀에게 위기의식을 느낀 이중준은 이다조李多

祚라는 친위대 사령관과 함께 위황후 일파를 축출하려는 계획을 세웠다. 이다조는 705년 무측천을 퇴위시킨 쿠데타의 주역이기도 했다. 이중준과 이다조는 707년 친위대 3백여 명을 이끌고 무삼사와 그 측근들을 죽인 뒤 입궁했다. 그러나 중종과 위황후는 정예 부대를 이끌고 한발 앞서 군사적 요충지인 현무문에 올라 이들의 쿠데타를 진압했다. 이때 백제 유민 사타충의와 고구려 유민 고목로高木盧가 쿠데타에 참여했다 체포되어 죽임을 당했다. 이 사건을 제2차 현무문의 변이라고 한다.

위황후는 정부情夫였던 무삼사를 잃기는 했지만 눈엣가시와 같은 이중준 세력을 깨끗이 제거해 자신의 권력을 더욱 강화할 수 있었다. 시어머니 무측천의 삶을 가까이서 지켜보았기 때문인지 그녀 역시 권력에 대한 야망이 매우 컸다. 위황후는 친정 오빠 위온韋溫 등의 친위 세력을 조정에 포진시켰다. 그리고 무측천보다 한 걸음 더 나아가 많은 여성들을 정치에 참여시켰다. 위황후는 무측천과 안락공주의 측근으로 활약하며 문서 행정을 담당하던 상관완아와 그녀의 어머니 정씨鄭氏, 자신의 여동생 성국부인鄘國夫人, 무당 제오영아第五英兒 등을 등용했다. 중국 역사에서 보기 드문 '여인 천하'의 시대가 도래한 것이다.

위황후는 시어머니처럼 스스로 황제가 될 계획까지 세웠다. 딸인 안락공주도 황태녀가 되어 어머니 다음 차례로 황제가 될 야심을 품었다. 결국 모녀는 710년 남편 혹은 아버지였던 중종을 독살한다. 위황후는 우선 중종의 넷째 아들 이중무李重茂를 허수아비 황제로 삼고 태후의 자격으로 권력을 장악했으며, 신하들의 청을 받아들이는 형식으로 두 번째 여성 황제가 되려는 계획을 착착 진행해갔다.

다만 이들의 야심을 가로막은 인물이 있었으니, 바로 당나라의 대표적인 태평성대인 '개원의 치세'를 연 현종 이융기李隆基였다. 이융기가 주도한 두 차례의 쿠데타에는 몇 명의 고구려 유민들도 참여했다. 왕모중, 이인덕李仁德, 왕경요王景曜 같은 사람들이었는데, 그 가운데 왕모중이 가장 널리 알려진 인물이다.

현종의 쿠데타와 왕모중의 부침

왕모중은 흑치상지나 고선지처럼 전장에서 이름을 날린 사람은 아니다. 그는 대부분의 고구려 유민들과 달리 중앙 정계에 화려하게 진출한 특이한 경력의 소유자였다.

왕모중의 인생이 처음부터 탄탄대로는 아니었다. 왕모중의 아버지는 유격장군을 지낸 무장이었으나, 죄를 지어 관직에서 쫓겨나 관노비가 되었다. 당연히 아들 왕모중도 노비가 될 수밖에 없었다. 무인 집안 출신답게 용감하고 민첩하며 활쏘기에도 능했지만, 그렇다고 해서 노비의 신분을 벗어날 수는 없었다. 하지만 결과적으로는 운이 좋았던 셈이다. 훗날 황제가 될 이융기의 노비가 되었기 때문이다. 왕모중은 이융기가 임치왕臨淄王에 봉해진 뒤부터 그를 최측근에서 보필했다.*

이융기는 황제 예종睿宗의 아들로 태어났지만 처음부터 황제가 될 운명은 아니었다. 무측천은 황후 시절부터 자신의 친아들을 모함해 죽일 정도로 비정한 인물이었다. 또 다른 아들들인 중종과 예종이 차

---

* 이융기는 노주별가潞州別駕에 임명되어 노주로 쫓겨났을 때 노비 이인덕(이의덕李宜德, 이수덕李守德이라고도 한다.)이 말타기와 활쏘기에 능한 것을 보고 호위무사로 삼은 바 있다. 이후 이인덕과 왕모중은 이융기를 좌우에서 함께 호위했다. 공교롭게도 이인덕 또한 고구려 유민이었다.

례로 황제에 즉위한 뒤에는 황태후가 되어 그들을 배후에서 조종했으며, 결국 아들들을 내치고 스스로 황제가 되고 나서는 두 아들과 다른 황족들의 일거수일투족을 철저히 감시했다. 이융기도 맘 편히 지내지는 못했다.

하지만 이융기는 일찍이 백기百騎 또는 만기萬騎라고 불리던 친위대의 장교와 병사들에게 음식을 대접하고 재물을 나누어주어 환심을 샀다. 비상시에 이들의 도움을 받으려는 계산이었다. 왕모중 또한 이융기의 깊은 뜻을 헤아려 친위대와 절친한 관계를 유지했다. 그러던 어느 날 드디어 이융기에게 기회가 찾아왔다.

무측천이 몰락하고 중종이 독살당한 뒤 위황후가 스스로 황제에 오르려 하자, 이융기는 자신의 고모이자 또 다른 실력자였던 태평공주太平公主와 힘을 합쳤다. 태평공주 역시 무측천의 딸답게 야심만만한 여성이었다. 두 사람은 우선 공동의 적인 위황후 일파를 몰아내기 위해 동맹을 맺은 것이었다. 이들은 친위대의 장교 갈복순葛福順, 진현례陳玄禮 등과 모의해 710년 6월 목숨을 건 쿠데타를 감행한다.

쿠데타의 성공 여부는 누가 먼저 현무문을 차지하느냐에 달려 있었는데, 이융기의 병력이 가장 먼저 궁궐 북쪽의 금원禁苑으로 들어가 현무문을 장악했다. 그 뒤로는 모든 일이 순탄하게 진행되었다. 위황후 일파는 숙청되었고, 이융기의 아버지 예종이 다시 황제가 되었다.

예종은 그의 형 중종이 684년 폐위되자 떠밀려서 한 차례 황제가 됐으나, 690년 무측천 즉위를 위한 청원이 거세지자 미련 없이 제위에서 물러났다. 그 후 이씨李氏 성을 무씨武氏로 고치고 황사皇嗣, 즉 태자가 되었지만, 곧 형에게 후계자의 자리를 양보한 바 있었다. 오늘날에는 여성주의적 입장에서 어머니의 성을 함께 따르는 사람들이

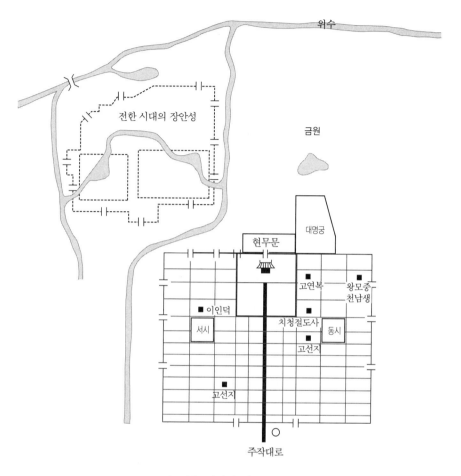

전한 시대의 장안성

위수

금원

대명궁

현무문

고연복

왕모중
천남생

이인덕

서시

치청절도사

동시

고선지

고선지

주작대로

지도 12 당나라 때의 장안

간혹 존재하지만, 훨씬 더 남성 중심적이고 가부장적이던 당시 중국 사회에서 어머니의 성을 따르는 것은 그야말로 파격적인 일이었다.

어찌됐든 이융기는 위황후를 몰아내고 아버지 예종을 다시 황제로 옹립한 뒤, 그 공으로 평왕平王에 봉해시고 국정을 장악했다. 우애가 남달랐던 형들은 모두 태자의 자리를 사양하고 이융기에게 양보했다고 한다. 그러나 형식은 사양이었을지언정, 쿠데타의 주역인 이융기가 아니면 누가 태자가 될 수 있었겠는가! 아마도 사양은 일종의 연극이었을 것이다.

그런데 이융기의 측근이던 왕모중은 쿠데타의 성공을 의심하며 정작 거사 당일에는 숨어서 나타나지 않았다. 그러나 이융기는 평소 신임하던 그를 그다지 질책하지는 않은 듯하다. 쿠데타가 성공한 뒤 거사에 적극 참여했던 이인덕이 운휘장군雲麾將軍 우둔위익부중랑장右屯衛翊府中郞將 금성현개국자金城縣開國子라는 관작을 받은 데 비해, 왕모중은 그보다 더 높은 장군의 직책을 받았기 때문이다.

한편 이융기는 위황후라는 적수를 제거하자마자 더 강력한 태평공주와 맞서게 되었다. 태평공주는 권력에 대한 야심은 갖고 있었지만 위황후나 안락공주처럼 황제가 되려는 의도를 공공연히 드러내지는 않았다. 그녀는 중종의 재옹립과 위황후의 축출에 모두 참여했을 만큼 정세 판단과 정치적 감각이 뛰어난 사람이었다. 태평공주는 여성 황제에 대한 반감이 너무나 뿌리 깊다는 현실을 받아들였고, 따라서 허수아비 황제를 내세워 배후에서 국정을 조종할 계획을 세웠다. 따라서 총명한 이융기보다는 어리석어 다루기 쉬운 다른 왕자를 새로운 태자로 옹립하려 했다. 어제의 동지가 오늘의 적이 된 것이다.

태평공주는 오빠 예종을 계속해서 찾아가 끊임없이 이융기를 모함했지만, 태자를 지지하는 신하들이 적극적으로 이융기를 변호하고 나섰다. 싸움의 결말은 엉뚱한 방식으로 찾아왔다. 누이와 아들의 권력 다툼에 진저리가 난 예종이 더 이상의 분쟁을 피하기 위해 이융기에게 황제 자리를 넘겨주어버린 것이다. 그리하여 이융기가 새로운 황제로 즉위했으니, 그가 곧 현종이다.

하지만 황제가 된 뒤에도 현종의 앞날은 여전히 불투명했다. 당시 당나라의 조정은 태평공주의 지지 세력들이 장악하고 있었고, 7명의 재상 가운데 5명이 태평공주의 수족이었다. 태평공주는 자신의 지지 세력들과 함께 현종의 독살을 모의했다. 현종 또한 그러한 움직임을 눈치 채고 비밀리에 친위 쿠데타를 준비했다.

결국 713년 현종은 한 발 앞서 친위대를 동원해 태평공주의 세력을 몰아냈다. 왕모중도 이번 쿠데타에는 주도적으로 참여해서 태평공주의 측근인 소지충蕭至忠 등을 제거하는 공을 세웠다. 이 공으로 그는 정2품 명예직인 보국대장군輔國大將軍과 친위대 사령관인 정3품 좌무위대장군左武衛大將軍에 임명되었고, 가축을 관리하는 내외한구겸지감목사內外閑廐兼知監牧使를 겸했으며, 곽국공霍國公에 봉해졌다.

왕모중은 맡은 바 업무에 늘 충실하고, 정직했으며, 지위가 높은 사람과 낮은 사람을 가리지 않고 원칙에 따라 대했기 때문에, 친위대의 군인들과 가축을 관리하는 한구閑廐의 관리들은 그에게 외경의 마음을 품었다. 그는 사료의 공급을 원활히 하고, 죽은 가축들을 내다팔아 비단 8만 필의 재정 수입을 올렸으며, 소와 말, 양의 수를 몇 배로 늘렸다. 현종은 왕모중의 뛰어난 능력을 칭찬하곤 했다.

현종은 왕모중을 신임하여 그의 아버지를 종2품 익주대도독益州大都督으로 추증하고, 두 아내*는 국부인國夫人**에 봉했으며, 아들에게도 5품의 관직을 내렸다. 본인도 승승장구해서 종1품 개부의동삼사開府儀同三司에까지 올랐다. 실권이 없는 명예직이긴 했지만 당시 이 벼슬을 받은 사람은 훌륭한 재상으로 칭송받은 요숭姚崇과 송경宋璟, 현종의 장인, 그리고 왕모중의 네 명뿐이었다. 따라서 이 벼슬을 받았다는 것은 실로 대단한 출세를 의미했다. 고구려의 유민이 당나라의 유명한 재상들과 같은 지위에 올랐던 것이다. 다만 그럴수록 더욱 겸손해야 했다. 높은 자리에 오를수록 그를 향한 질투의 시선 또한 그만큼 늘어나는 법이기 때문이었다.

안타깝게도 왕모중은 황제의 총애를 믿고 차츰 교만해졌다. 그는 막강한 권한을 지닌 병부상서兵部尙書가 되기를 원했지만 현종이 들어주지 않자 불만을 터뜨렸다. 한편 현종은 자신의 즉위를 도와준 공신들을 점차 거추장스럽게 여기기 시작했다. 황제의 강력한 권력 행사에 걸림돌이 되었기 때문이다. 특히 왕모중은 친위대의 사령관이었을 뿐 아니라, 두 차례의 쿠데타에 가담했던 갈복순, 이인덕, 당지문唐地文 등의 장군들과도 절친했기에 더욱 현종의 의심을 사게 되었다.

태종의 제1차 현무문의 변 이후 당시까지 모두 다섯 번의 쿠데타가 있었는데, 그 중 대부분이 친위대의 장군들과 결탁하거나 그들을 선동해 일어난 것이었다. 따라서 황제의 입장에서 친위대의 장군들이 서로 가까이 지내는 것은 매우 우려스러운 일이었다.

그러던 어느 날 왕모중은 갑자기 무기고에서 갑옷과 무기를 점검한다고 소란을 피웠다. 까마귀 날자 배 떨어진다는 속담은 괜히 있는 것이 아니다. 동기가 무엇이었던 반란을 일으키려 한다는 의심을 충

---

* (앞쪽) 흔히 다처多妻와 일처다첩一妻多妾을 혼동하기 쉽다. 일부다처라고 불리는 중국과 조선의 결혼 풍습은 실제로는 일처다첩에 해당하며, 이슬람권과 일부 유목 사회를 제외하면 다처를 인정하는 지역은 찾아보기 어렵다. 우리나라에서는 조선 초기까지 두 명의 처를 둔 사례가 발견되지만, 그러한 사대부들은 둘 중 한 명을 첩으로 강등하라는 조정의 명령 때문에 고역을 치렀다고 한다. 하지만 중국에서 처는 반드시 한 명이어야 했다. 따라서 현종이 왕모중의 두 처 모두를 국부인에 봉한 것은 황제가 직접 풍기문란을 방조했다는 점에서 납득하기가 쉽지 않다. 왕모중에 대한 신임이 그만큼 두터웠기 때문일까?

** (앞쪽) 황족이 아닌 여성이 받을 수 있는 최고의 작위였다.

분히 살 만한 행동이었다. 평소 왕모중을 시기하던 환관 고력사高力
士가 이 사건을 고발하자 현종은 결단을 내렸다. 가장 가까운 심복이
며 어렵던 시절부터 자신을 지켜온 왕모중이었지만, 황제권의 강화
를 위해서는 제거해야 할 때가 된 것이었다.

현종은 731년 왕모중을 비롯해 갈복순, 이인덕, 당지문, 왕경요,
고광제高廣濟 등의 공신들을 원외별가員外別駕라는 한직의 지방관으
로 좌천시켰다. 명목상은 좌천이었지만 실제로는 귀양이나 다를 바
없었다. 이들 가운데 왕모중과 이인덕, 왕경요는 모두 고구려 유민
출신이었다. 세 사람은 현종의 쿠데타에 가담해 승승장구했지만 결
국 토사구팽兎死狗烹의 신세가 된 셈이었다.

얼마 후 왕모중은 현종의 명령으로 교살되었다. 다행히 왕경요는
훗날 원래의 관직으로 복귀했고, 734년에 55세의 나이로 죽었다. 이
인덕이 원래의 관직으로 복귀했는지는 확실치 않지만, 묘지명에 따
르면 733년에 61세의 나이로 장안의 자택에서 죽었다고 한다. 『구당
서』와 『신당서』의 「현종본기」는 왕모중의 좌천과 살해만을 기록하고
있기 때문에 나머지 다른 사람들은 목숨을 보전했을 가능성도 있다.

고구려 유민 왕모중은 인생의 단맛과 쓴맛을 모두 맛본 사람이었
다. 노비의 신분에서 출세하여 최고의 자리에까지 올랐지만, 지나친
욕심으로 몰락의 길을 걷다가 결국 자신이 보필하던 주군에 의해 죽
임을 당했다. 권력자의 총애를 받는다고 교만해지면 반드시 비참한
최후를 맞는 것이 동서고금의 진리다. 하지만 어리석은 사람들은 파
멸의 길로 들어서는 그 순간까지 이를 깨닫지 못한다.

환관이 된 고구려 유민들

왕모중과 이인덕은 본래 노비였다. 이인덕이 왜 노비가 되었는지
는 기록이 남아 있지 않지만, 왕모중은 장교였던 아버지가 죄를 지어
관노비가 되었다. 이는 우리나라와 중국의 역사에서 흔히 볼 수 있는
장면이다. 재산권이 어느 정도 보장되어 있던 유럽과 달리, 우리나라
와 중국에서는 역적으로 몰리면 전 재산을 몰수당했다. 그래서 조선
최고의 명문가라는 경주 최씨 집안에는 과거에 합격해 진사進士는 되
어야 하지만 관리는 되지 말라는 가훈이 전해졌다고 한다.

노비가 되는 것보다 더 심한 형벌은 거세를 당한 뒤 환관이 되는
것이다. 인간의 가장 큰 욕망 가운데 하나인 성욕 및 성생활을 포기
하고, 신체의 일부를 상실한 '사람 아닌 사람'이라는 자책감 속에서
평생을 살아야 한다. 고구려 유민 중에도 환관이 된 사람들이 있다.
당나라의 유명한 환관 고력사의 양아버지였던 고연복高延福과 사선
의일似先義逸 같은 이들이다.

먼저 고연복에 대해 살펴보자. 한 중국 학자에 따르면, 고연복은
고구려 왕족의 후예로 661년에 태어나 723년에 죽었다. 아마도 고구
려가 멸망하기 전까지는 유복한 유년 시절을 보냈을 것이다. 하지만
668년에 고구려가 멸망하자 당나라에 끌려가서 10살 전후의 나이에
거세되어 환관이 되었을 것이다. 고연복은 정치적으로 그리 중요한
역할을 하지는 않았기 때문에 역사서에 이름 석 자도 남기지 못할 뻔
했다. 그러나 그가 양자로 들인 고력사는 당나라 현종 시기를 주름잡
은 대표적인 환관이 되었다.

고력사는 오늘날의 광동성에 해당하는 심주에서 태어났으며, 원
래의 성은 풍씨馮氏였다. 그는 어린 나이에 거세된 뒤 이천리李千里

라는 관리에 의해 무측천에게 바쳐졌다.* 청淸나라 시대의 역사가 조익趙翼에 따르면, 당나라 때는 주로 오지였던 현재의 복건성과 광동성 지방의 소년들을 거세해서 환관으로 활용했다고 한다. 당연하게도 스스로 환관이 되려는 사람은 거의 없었기 때문에, 변방 지역민이나 하층민들 가운데서 징발했던 것이다.

정확한 이유는 알 수 없지만 고연복은 자신의 친척도 아닌 소년 력사를 양자로 삼았다. 력사는 양아버지를 따라 성을 고씨高氏로 바꾸었다. 고력사는 현종 이융기가 황제가 되기 전부터 그를 섬기다 쿠데타와 즉위에 공을 세워 우감문위장군右監門衛將軍에 임명되었고, 내시성內侍省을 관장하는 환관들의 우두머리가 되었다. 그는 출세한 뒤 자신의 생모를 모셔와 극진히 공양했으며, 양아버지에게도 같은 정성을 쏟았다고 한다. 또한 죽는 날까지 현종의 충복이었으며, 위에서 살펴보았듯이 왕모중의 축출에도 직접적으로 개입했다. 현종 치세의 막후 실력자였던 것이다.

사선의일(785~850년)은 당나라 후기의 환관이다. 덕종德宗부터 선종宣宗까지 무려 8명의 황제를 모셨으며, 액정국령掖庭局令 등의 관직을 지냈고, 변방의 절도사를 감독하는 감군으로도 여러 번 파견되었다. 무위장군武衛將軍 범수진范守珍의 딸을 아내로 맞아 5남 4녀를 두었다.

『삼국사기』와 『삼국유사』에는 사선似先이라는 성을 가진 사람이 등장하지 않는데, 중국의 성씨를 모아 정리한 『고금성씨서변증古今姓氏書辯證』에서는 고구려와 부여의 성이라고 밝히고 있다. 그러나

---

* 력사力士는 금강金剛이라는 다른 소년과 함께 바쳐졌는데, 금강역사는 불교의 신神 이름이다.

사선씨가 언제부터 중국에 들어와 살기 시작했는지는 알 수 없다.

고력사와 사선의일 모두 양자를 두었다. 생식 능력이 없는 환관에게 자녀가 있었다는 것이 조금 이상하게 생각될 수도 있겠지만, 실제로 대부분의 환관들은 결혼도 하고 양자를 들여 자녀도 여럿 두었다. 중국인들은 죽은 뒤에 제삿밥을 얻어먹지 못하는 것을 최악의 형벌 또는 저주로 여겼기에, 양자라도 들이려 했던 것이다. 게다가 환관들의 기세가 높았던 후한, 당나라, 명明나라 시대에는 부정부패를 통해 재산도 상당히 모았기 때문에 유산을 물려줄 자녀가 필요하기도 했다.

『삼국지연의』에 등장하는 조조의 할아버지 조등曹騰도 후한 때의 잘나가던 환관 중 한 사람이었다. 조조는 할아버지로부터 물려받은 정치적 자산과 막대한 재산 덕분에 성공할 수 있었지만, 환관의 가문이라는 콤플렉스 때문에 두고두고 가슴앓이를 했다. 조등의 아들이자 조조의 아버지였던 조숭曹嵩은 환관이 아니었지만, 많은 환관들은 자신의 지위까지 물려주기 위해 일부러 거세한 소년을 양자로 들이곤 했다. 고력사와 사선의일의 양자들도 모두 환관이었다.

03 안사의 난과 고구려 유민들의 분투

대부분의 학자들은 근대 이전의 중국 역사를 두 시기로 나누는 사건으로 안사의 난을 꼽는다. 안사의 난을 전후한 시기를 '당송변혁기唐宋變革期'라고 부르는데, 이때 경제와 문화의 중심이 중국의 북부에서 양자강 하류의 강남 지방으로 옮겨지고, 과거 제도를 통해 지식인들이 새로운 지배층으로 등장했다. 전 세계에서 지식인이 사회의 최상위 지배층이 되었던 사회는 안사의 난 이후의 중국과 우리나라의 고려, 조선 시대밖에 없다. 안사의 난은 평범한 사람들의 삶에도 커다란 영향을 끼쳤으며, 중국에 거주하던 고구려 유민들도 예외가 될 수 없었다.

안록산은 왜 반란을 일으켰을까?

안록산安祿山은 영주營州 유성현 출신의 잡호雜胡였다. '잡호'는 한족이 아닌 이민족 출신을 일컫는 표현이다. 『신당서』에 따르면 그의 원래 성은 강씨康氏로, 오늘날의 사마르칸트 지역에 있던 강국康國 사람들의 성이있다. 당시에는 중국인 외에 성을 가진 민족이 드물었기 때문에, 중국인들은 나라나 민족의 이름 가운데 한 글자를 따서 그 구성원들의 성으로 표기하곤 했다.

따라서 『구당서』 「안록산전」에서 안록산에게 성이 없었다고 한 것도 틀린 말은 아니었다. '강'은 진짜 그의 성이 아니라 선조의 출신지가 강국이었음을 보여주는 것일 뿐이기 때문이다. 록산 또는 알락산軋犖山이라는 이름의 발음은 알렉산더와 비슷하지만, 소그드어 학자들에 따르면 빛 또는 광명을 뜻하는 소그드어 '로크산'을 소리 나는 대로 옮긴 것이라고 한다. 『구당서』와 『신당서』에서는 투전鬪戰 혹은 투전신鬪戰神을 지칭하는 단어라고 설명하기도 한다.

안록산의 어머니는 대대로 카툰(카간의 부인)을 배출해 온 아사덕阿史德이라는 가문의 무당이었다. 그녀는 남편과 사별한 후 안식국安息國 즉 파르티아 사람인 안씨安氏과 재혼했기에, 록산은 양아버지를 따라 '안'이라는 성을 갖게 되었다. 안록산은 혈통상 중앙아시아 소그드인 아버지와 유목민인 돌궐인 사이에서 태어난 혼혈아였다.

영주는 한족을 비롯해 고구려, 거란, 해, 돌궐, 말갈 등의 여러 유목 민족들이 섞여 살던 작은 지구촌이었기 때문에, 안록산은 성장하면서 다양한 언어와 풍습을 익힐 수 있었다. 실제로 중국어를 제외하고도 6개 국어에 능통했다고 한다. 한 번은 안록산이 양을 훔치다 잡혀서 죽을 위기에 처했는데, 유주절도사 장수규張守珪에게 "두 번국*을 멸하고 싶지 않으십니까? 제가 죽으면 누가 통역을 맡겠습니까?"라고 호소해서 겨우 목숨을 건졌다고 한다. 그는 군대에서도 탁월한 외국어 실력으로 두각을 나타내어 평로병마사平盧兵馬使와 유주절도부사幽州節度副使에 오를 수 있었다.

안록산은 언어만이 아니라 아부와 처세에도 밝았다. 조정에서 파

* 거란과 해奚를 가리킨다.

견 나온 관리들에게 자신이 뛰어난 인물임을 널리 알려달라고 뇌물을 바치며 청탁했는데, 이는 그의 빠른 승진에 큰 도움을 주었다. 또한 뛰어난 유머와 익살 덕분에 현종의 총애도 얻을 수 있었다. 안록산은 뱃가죽이 늘어져 무릎에 닿을 만큼 뚱뚱했다. 이를 본 현종이 그 뱃속에 무엇이 들어있냐고 묻자, 그는 "폐하에 대한 충성심이 들어 있습니다."라고 재치 있게 대답했다.

하지만 실제로는 반역의 마음이 싹트고 있었을 것이다. 안록산은 출세가도를 달려 유성 일대를 지키는 평로절도사가 되었다가 곧 범양절도사와 하동절도사까지 겸하게 되었는데, 이는 훗날 그가 반란을 도모할 때 결정적인 군사적 기반을 제공해 주었다. 앞에서 고선지도 안서절도사가 되어 중앙아시아를 주름잡았다고 했는데, 대체 절도사란 어떠한 자리였을까?

원래 당나라 초기의 군제는 병농일치의 부병제였지만, 토번 등의 침입을 막기 위해 변경에 군대를 장기간 주둔시킬 필요가 생겨나면서 이민족을 군인으로 충원했음은 이미 살펴보았다. 현종은 여기서 더 나아가 지방의 군대를 10개의 병진兵鎭으로 통합하고, 각각 절도사를 두어 통솔하도록 했다. 우리나라로 치면 1, 2, 3군의 사령관에 해당한다. 10명의 절도사가 거느린 병력을 모두 합치면 약 49만 명으로, 수도 장안을 방어하는 12만 명의 4배가 넘었다. 수도와 지방의 군사력 균형이 깨진 것이다. 평시에는 아무런 문제가 아닐 수 있지만, 유사시에는 심각한 문제를 일으킬 수도 있었다.

대군을 거느린 절도사의 힘이 막강해지면서 당나라 조정은 절도사의 임명에 더욱 주의를 기울였다. 처음에는 주로 중앙의 문관들이 절도사로 임명되었다. 이들은 절도사를 거친 뒤 다시 조정으로 돌아와 재상에 오르는 경우가 많았기 때문에(그 역도 가능했다.), 절도사의 정치적 위상은 매우 높았다. 또한 문관 출신 절도사들은 오랫동안 변경에 근무하면서 토착 세력화한 이민족 장군들을 통제하는 역할도 했다.

하지만 이림보李林甫라는 재상은 자신과 경쟁 관계에 있는 대신들이 절도사를 거쳐 재상에 오르는 것을 막기 위해 번장들 가운데서 절도사를 임명할 것을 현종에게 건의했다. 겉으로는 전투에 능한 이민족 장군이 군대를 지휘하는 것이 더 효율적이라는 명분을 내세웠지만, 실제로는 중앙 정계에 별다른 연줄이 없는 번장들이 절도사가 되어야 다루기 쉬우리라는 속셈 때문이었다.

고선지가 안서절도사로 발탁되었던 것도 번장들을 대거 중용했던 이림보의 인사 정책 덕분이었다. 역사를 돌이켜보면 개인의 성공에는 그 자신의 능력도 중요하지만 운도 따라야 한다. 이림보의 엉뚱한 생각이 아니었다면 고선지는 고작 중앙아시아 변방의 중견 지휘관으로 생을 마감했을 것이다. 어쨌든 절도사가 된 고선지와 가서한哥舒翰 등은 뛰어난 전공을 세워 기대에 부응했다. 그런데 안록산은? 그는 성공한 정치군인이었다. 그는 뛰어난 아부 솜씨를 발휘해 현종의 눈에 들었고, 현종의 총애를 받는 양귀비의 양자가 되었으며, 현종 몰래 양귀비와 밀회까지 즐겼다고 한다.

어찌됐든 안록산에게 평로, 범양, 하동의 3개 진鎭의 절도사를 겸하도록 한 것은 상당히 무모한 인사였다. 세 진의 병력이 당나라 전체의 약 37퍼센트를 차지했기 때문이다. 물론 안록산은 재상 이림보를 매우 두려워하고 그의 말이라면 꼼짝 못했기 때문에 한동안은 별다른 문제가 일어나지 않았다. 그러나 이림보가 실각하고 양귀비의 사촌오빠 양국충楊國忠이 정권을 잡으면서 상황은 급변했다.

이 무렵 안록산은 부하 장수들을 돌궐, 해, 거란 등 이민족 출신으로 교체하며 자신의 군대를 사병화私兵化하고 있었다. 이에 양국충은 안록산의 힘이 너무 커졌다고 판단해 그를 제거하기로 했다. 양국충은 명장으로 이름이 높던 농우절도사 가서한과 손을 잡았고, 현종에게는 안록산이 반란을 일으키려 한다고 모함했다. 그러나 비록 정치적으로는 수세에 몰려 있었지만 중앙보다 훨씬 강력한 군사력을 지니고 있었기에, 안록산은 당나라를 무너뜨리고 스스로 황제가 되려는 야망을 품게 되었다. 게다가 부하 고상高尙은 그가 천자가 되리라는 도참설을 제시하며 그러한 야망을 더욱 부추겼다.

안록산은 755년 간신 양국충을 토벌한다는 명분으로 15만 명의 병력을 이끌고 하북으로 진격했다. 당시 하북에는 정규군이 거의 없었기 때문에 안록산 앞에 속수무책이었다. 누가 파죽지세의 반란군을 막을 것인가? 탈라스 전투 이후 휴식을 취하고 있던 고선지가 역사의 무대에 다시 등장했다.

고선지, 동관에서 억울하게 죽다

탈라스 전투에서 패한 고선지는 안서절도사에서 하서절도사로 전임되었다. 그러나 전쟁에 직접 나서지는 않고 그저 한가롭게 소일하고 있었다. 당나라의 위대한 시인 두보杜甫는 이 무렵의 고선지에 대한 시를 지은 바 있다.

안서 부도호 고선지 장군의 대완산 푸른 총마가
높은 명성과 가치를 싣고 동쪽*으로 달려온다
싸움터에 이른 말에게 대적할 자 없으니
사람**과 한 마음으로 큰 공을 세웠도다

공을 세워 상을 받는 주인의 입조를 뒤따르니

멀리 사막에서 힘차고 재빠르게 달려오는구나

웅장한 모습은 마구간에 엎드려 은혜를 받지 아니할 것이고

용맹한 기운은 싸움터를 날카롭게 휘저을 생각뿐이다

발목은 짧고 발굽은 높아 마치 쇠를 밟는 듯하니

교하*에서 몇 번이나 두꺼운 얼음을 밟아 깨뜨렸느냐?

다섯 빛깔의 구름이 몸을 감싸니

만 리를 달린 뒤에야 비로소 피 흘리듯 땀을 흘린다

장안의 키 크고 힘센 젊은이들도 감히 올라탈 엄두를 내지 못하며

번개가 내리치듯 달리는 기세는 온 장안이 알고 있다

푸른 실로 머리를 동여매고 그대를 위해 늙어가니

어떤 인연으로 또 다시 옛 싸움터에 나가겠는가?

두보의 탄식과 달리 고선지가 다시 전장에 나설 기회는 곧 찾아 왔다.

당나라 조정은 처음에 안서절도사 봉상청을 토벌군의 사령관으로 삼았다. 그러나 얼마 후 장안 부근의 병력을 싹싹 긁어모아 천무군天 武軍이라는 부대를 편성하고, 현종의 아들 영왕榮王 이완李琬과 고선 지를 각각 총사령관과 부사령관에 임명했다. 황제의 일족이 명목상 의 총사령관을 맡는 관행을 따른 것이었다. 하지만 이완이 출정 직전 에 병으로 죽었기 때문에, 고선지는 사실상의 총사령관으로서 군대 를 이끌고 섬주로 진격했다. 먼저 출정했던 봉상청은 낙양을 빼앗기

---

* (앞쪽) 장안을 뜻한다.
** (앞쪽) 고선지를 뜻한다.
* 현재의 신강위구르자치구 토로번시.

고 서쪽으로 도망쳐오다 고선지의 부대와 만났다. 봉상청은 섬주를 포기하고 방어가 용이한 동관으로 후퇴해 반란군을 저지하자고 건의했다.

봉상청은 본래 고선지의 참모였으며, 포주에서 태어났지만 외할아버지가 죄를 지어 안서도호부로 유배된 뒤부터 쿠차에서 자랐다. 그는 지략이 뛰어나고 문장에도 능했지만 몸이 왜소하고 절름발이여서 아무도 거들떠보지 않았다. 고선지조차 봉상청이 부하가 되겠다고 처음 찾아왔을 때 초라한 외모를 보고 받아들이지 않았다. 하지만 며칠 내내 집 앞을 떠나지 않는 끈기에 범상치 않은 인물이라고 판단해서 부하로 받아들인 것이었다. 봉상청은 그 후 고선지의 모사謀士로 활약하며 두터운 신임을 받았다. 심지어 고선지는 친형제처럼 아끼던 유모의 아들이 죄를 지어 봉상청에게 매 맞아 죽었을 때도, 그가 이 사건을 정당하게 처리했다는 것을 알고는 아무 말도 하지 않았다.

고선지는 봉상청의 작전대로 섬주를 버리고 동관으로 물러났다. 동관은 말 한 필이 겨우 지나다닐 수 있을 만큼 좁은 계곡이었다. 따라서 이곳만 잘 막아낸다면 반란군은 장안으로 들어올 수 없었다. 고선지가 동관에서 수비를 강화하니 병사들의 사기가 크게 올랐고, 조정도 한숨 돌리며 전열을 정비할 시간을 벌 수 있었다. 그 사이에 삭방절도사 곽자의郭子儀가 안록산의 후방을 공격하고 상산태수 안고경顏杲卿과 평원태수 안진경顏眞卿이 교란 작전을 펼침으로써 점차 조정에 유리한 정세가 조성되어 갔다.

하지만 승리의 여신은 고선지와 당나라의 편이 아니었다. 소발률국 정복 당시 감군이었던 환관 변영성이 이번에도 감군으로 종군했는데, 나이가 들어 뇌물을 밝히는 탐관오리로 변해 있었다. 고선지는

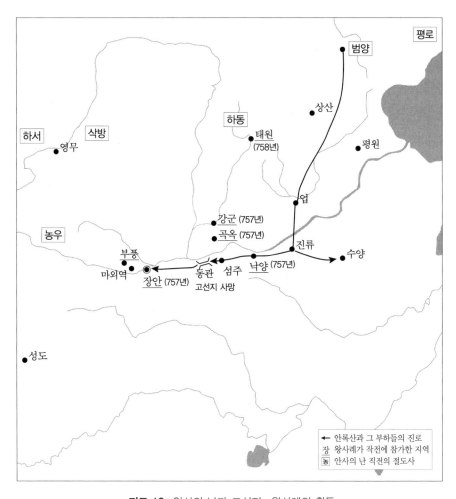

지도 13 안사의 난과 고선지 · 왕사례의 활동

동관으로 후퇴하는 길에 섬주의 창고를 열어 병사들에게 돈과 비단을 나누어주었다. 적군에게 나라의 재물을 빼앗기는 것을 막고 병사들의 사기를 높이기 위함이었다. 이때 변영성은 마땅히 받아야 할 몫보다 훨씬 많은 재물을 요구했다가 고선지에게 거절당했다. 앙심을 품은 변영성은 현종에게 고선지를 모함했고, 현종은 잘잘못도 가리지 않은 채 고선지와 봉상청의 참형을 명령했다.

먼저 현종의 명을 접한 봉상청은 침착한 얼굴로 상주문을 적은 뒤 의연하게 형을 받았다. 외출했다가 잠시 후에 돌아온 고선지도 같은 상황을 접했다. 그는 참형을 당하며 "퇴각한 것은 나의 죄이기에 죽음을 사양하지 않지만, 군량을 축내고 천자의 재물을 사사로이 사용했다는 것은 명백한 모함이다."라고 항의했다. 봉상청의 시체를 향해서는 "내가 그대를 판관으로 기용했고, 그대는 나를 대신해 절도사가 되었소. 이제 그대와 함께 죽게 되었구려!"라고 울부짖으며 슬퍼했다. 이때 형장 바깥에 줄지어 선 병사들이 "억울합니다!"라고 크게 외치니, 그 소리가 우렁차게 울려 퍼졌다고 한다.

고선지가 죽은 뒤 가서한이 동관의 수비를 이어받았지만 얼마 지나지 않아 동관을 빼앗기고 말았다. 어떤 학자에 따르면 당시 가서한은 병에 걸려 부하들에게 지휘를 맡겼는데 부하들이 서로 주도권을 장악하기 위해 다투느라 정작 적을 막아내는 데는 관심이 없었다고 한다. 게다가 가서한은 고선지가 그러했듯이 주력 부대가 전열을 갖출 때까지 시간을 벌려고 했지만, 정적이었던 양국충의 재촉으로 어쩔 수 없이 동관 밖으로 나가서 안록산군과 전투를 벌이다 패배하고 말았다. 가서한의 통솔력과 카리스마가 고선지보다 부족했던 것도 또 다른 패배의 원인이었다.

동관을 차지한 반란군은 승승장구하며 장안으로 밀고 들어왔다.

현종은 간신히 사천으로 도망쳤고, 훗날 숙종肅宗이 될 태자는 삭방절도사 곽자의에게 몸을 의탁했다. 당나라는 멸망 직전의 위기에 처했다.

안사의 난 진압에 공을 세운 왕사례

위기에 처한 당나라를 구한 일등 공신은 삭방절도사 곽자의와 거란인 장군 이광필李光弼, 경제적 대가를 바라고 참전한 위구르 군대였다. 또한 고구려 유민 왕사례王思禮도 안사의 난을 진압하는 데 중요한 역할을 했다.

왕사례는 고구려가 망한 뒤 영주로 이주해온 고구려 유민의 후예였다. 아버지 왕건위王虔威는 당나라의 장교로 복무했고, 왕사례 또한 장교가 되어 절도사 왕충사王忠嗣를 따라 하서로 근무지를 옮겼다. 그리고 그곳에서 훗날 안사의 난 토벌군의 사령관이 될 가서한을 만났다.

왕사례는 처음에는 가서한과 계급이 같았지만, 가서한이 절도사가 된 다음부터는 그 아래에서 일하게 되었다. 왕사례는 석보성 공략의 공을 세워 장군이 되었고, 곧 하원군의 사령관이 되어 서쪽 변경의 수비를 맡았다. 그러나 승승장구만 한 것은 아니었다. 작전 중에 쏟아진 비로 인해 약속한 합류 시간을 어겨 참형될 위기에 처하기도 했고, 말에서 떨어져 다리가 부러진 적도 있었다.

그러던 그에게 안사의 난이라는 기회가 찾아왔다. 왕사례는 가서한이 토벌군의 사령관이 되자 그의 심복이자 부장이 되었다. 일설에 따르면 왕사례가 중책을 맡게 된 것은 당시 삭방군과 더불어 당나라군의 양대 기둥이던 하서군 속해 있었기 때문이라고 한다. 왕충사,

가서한 등이 바로 하서군의 지도자들이었다.

왕사례는 가서한이 양국충의 의심을 받아 수세에 몰리자, 이참에 양국충을 제거해버리자고 건의했지만 받아들여지지 않았다. 결국 가서한은 양국충의 무리한 공격 지시를 따르다 패하여 안록산에게 항복하게 된다. 왕사례는 장안으로 도망쳤는데, 일설에 따르면 장안을 버리고 성도(현재의 사천성 성도시)로 도망치던 현종의 행렬에 합류해 마외역 사변에 가담했다고 한다. 마외역 사변이란 피난길의 친위대가 현종을 협박해 양귀비와 양국충을 살해한 사건이다.

현종은 관중에서 부로父老들의 간언을 듣고 태자를 삭방절도사 곽자의가 있는 영무로 보냈다. 황제와 태자가 서로 떨어져 있어야 한 명이 위험에 처하더라도 후일을 도모할 수 있다는 주장 때문이었다. 오늘날에도 미국 등의 나라에서는 대통령과 부통령이 같은 비행기나 차량에 타지 않는다. 만에 하나 대통령이 사고를 당할 경우 부통령이 직무를 대신 수행하도록 하기 위해서다. 일종의 '분산 투자'인 셈이다.

영무에 도착한 태자는 현종의 양해를 얻어 황제로 즉위했으니, 그가 바로 숙종이다. 숙종은 군대를 정비하고 위구르에 원병을 요청하는 등 반란군을 막아내기 위해 신속히 움직였다. 당시 안록산 진영의 상황도 숙종에게 유리하게 전개되고 있었다. 반란군은 장안을 점령한 뒤 재물과 여색에 빠져 더 이상 진군하려 하지 않았고, 민심 또한 그들을 떠나고 있었다. 결정적으로 757년 후계 문제로 안록산이 아들 안경서安慶緒에 의해 살해되었다. 이후 안경서가 반란군을 이끌었지만 점차 그 세력이 약해졌고, 결국 곽자의 당나라군과 위구르 원병이 장안과 낙양을 수복해 전세를 역전시켰다.

왕사례는 동관의 패전에 책임을 지고 참형당할 위기에 처했으나 재상 방관房琯의 도움으로 간신히 목숨을 부지했다. 그 후 부풍에서 반란군을 토벌하는 임무를 맡다가 장안 수복 작전에 합류했다. 그런데 그는 이때 당나라의 장군들 가운데 가장 먼저 황궁에 진입하는 기회를 잡는다. 무릇 세상은 '최초'만을 기억하는 법이기에, 이 일은 훗날 그의 승진에 큰 영향을 끼쳤다. 왕사례는 낙양 수복 작전에도 참여했고, 뒤이어 강군(현재의 산서성 남부)에서 반란군 6천 명을 격파하고 무기와 가축을 노획했다. 이러한 공들 덕분에 그는 병부상서 노주대도독부장사潞州大都督府長史 노심절도사에 임명되고 곽국공에 봉해졌다.

758년에는 곽자의 등 8명의 절도사들과 함께 안경서의 본거지인 업을 공격하는 작전에 참여했다. 당나라군은 이 전투에서 사사명史思明의 도움을 받은 안경서에게 패했는데, 다행히 왕사례와 이광필이 큰 전투력의 손실 없이 군대를 이끌고 귀환했다. 왕사례는 이 공으로 태원윤太原尹 북경유수北京留守 하동절도사 어사대부御史大夫에 임명되었다. 태원은 당나라의 창업 군주 이연李淵이 지방관으로 근무했던 당나라의 발상지이며, 장안 방어를 위한 중요한 거점이자, 반란군의 근거지인 하북으로 나아가기 위한 전진 기지였다. 따라서 태원을 지키는 하동절도사에 임명되었다는 것은 조정의 전폭적인 신임을 받고 있었음을 의미한다. 그는 760년 정1품 사공司空*에 올랐으며, 이듬해 병으로 죽은 뒤에는 태위太尉로 추증되었다.

왕사례가 죽고 1년 후에 반란은 평정되었다. 사사명은 안경서를 죽이고 스스로 황제에 오른 뒤 한때 낙양을 점령하는 등 위세를 떨쳤

---

* 태위, 사도와 더불어 삼공三公의 하나로, 명예직이긴 하지만 당나라에서 가장 높은 버슬이었다.

지만, 안록산과 마찬가지로 자신의 아들 사조의史朝義에 의해 살해된다. 당나라는 반란군의 분열이라는 호기를 놓치지 않았고, 762년 위구르 원병의 도움으로 낙양을 수복했다. 사조의는 계속해서 도망치다가 결국 부하의 손에 죽었다.

번진의 할거와 군벌 이정기의 등장

안사의 난이 평정된 뒤에도 그 여진은 쉽게 가라앉지 않았다. 숙종은 반란을 하루빨리 종식시키는 데에만 몰두한 나머지 항복해온 안록산과 사사명의 부하들을 숙청하기는커녕 오히려 새로운 절도사로 임명했다. 그러자 이들은 하북 지방을 장악하고 자신들 각각의 사실상의 독립 왕국을 만들었다. 결국 안사의 난 이후 당나라 조정의 힘은 더욱 약해지고 각지에서 절도사들이 할거하는 상황이 전개되었다. 이를 번진의 할거 또는 번진 체제라고 부른다.

고구려 유민 이정기(732~781년)는 이러한 기회를 이용해 당대 최강의 군벌로 성장했다. 그의 본명은 회옥懷玉이며, 처음에는 많은 고구려 유민들처럼 하급 장교로서 평로군平盧軍에 복무했다.

안록산은 반란을 일으킨 뒤 자신의 심복 서귀도徐歸道를 평로절도사로 삼아 후방을 맡겼다. 그러나 왕현지王玄志와 후희일侯希逸이 서귀도를 살해하고 안록산에 반기를 들었고, 왕현지까지 죽자 평로군은 내분에 휩싸였다. 이때 이정기는 자신의 고종사촌인 후희일이 절도사가 될 수 있도록 왕현지의 아들을 살해하는 등 일련의 권력 투쟁에 적극 개입했다. 이후 후희일은 안록산, 사사명의 세력 및 이민족 해奚를 상대로 고군분투하다 762년 2만 명의 군대를 이끌고 청주를 장악했고, 평로치청절도사에 임명되어 명실상부한 군벌로 성장했다.

그런데 후희일은 명목상의 절도사에 불과했고, 실질적인 권력은 이정기의 손 안에 있었다. 이정기는 장군으로 승진한 뒤 762년 사조의 토벌 작전에 가담해 공을 세웠으며, 곧 후희일을 내쫓고 군벌의 우두머리가 되었다. 당나라 조정에서도 쿠데타를 인정하고 그를 치청절도사로 삼았다.

　　후희일을 축출했을 때 이정기는 이미 10개 주를 지배하고 있었고, 777년에 5개 주를 더해서 무려 15개 주를 거느린 최강의 군벌이 되었다. 그의 세력 범위는 현재의 산동성 전체와 안휘성 및 강소성의 북부에 이르는 광대한 지역으로, 다른 어떤 군벌도 그처럼 넓은 영역을 차지하지는 못했다. 『신당서』「이보신전」에 따르면, 어느 지방에서 글자가 새겨진 기이한 돌이 발견되어 자세히 살펴보니 "두 황제는 공이 같으며 그 세력이 확고히 안전하다."라는 내용이 적혀 있었다고 한다. 여기서 '두 황제'란 성덕절도사* 이보신李寶臣과 이정기를 가리킨다. 당시 절도사들의 위세가 가히 황제에 필적했던 것이다.

　　이정기는 777년 근거지를 청주로부터 중원과 가깝고 교통이 편리한 운주로 옮겼다. 그리고 아들 이납李納, 사촌형 이유李洧를 비롯한 심복들을 주의 장관인 자사로 삼아 여러 주들을 다스리도록 했다. 한편 당나라 조정은 780년부터 운주와 가까운 변주에 성을 쌓기 시작했는데, 이정기는 이것이 장차 자신을 치기 위한 포석임을 간파했다. 이에 다른 군벌들과 연합해서 조정에 맞서는 동시에, 대운하의 요충지인 용교와 과구를 장악해 조운로를 두절시킴으로써 나라의 재정을 마비시켰다. 하지만 781년에 황달로 명을 달리해 중원의 패권을 장

* 당나라 후기에 설치된 성덕군의 절도사. 성덕군은 위박군, 노룡군과 함께 반독립 상태에 있으며 당나라 조정에 반항하던 하북삼진河北三鎭의 하나였다.

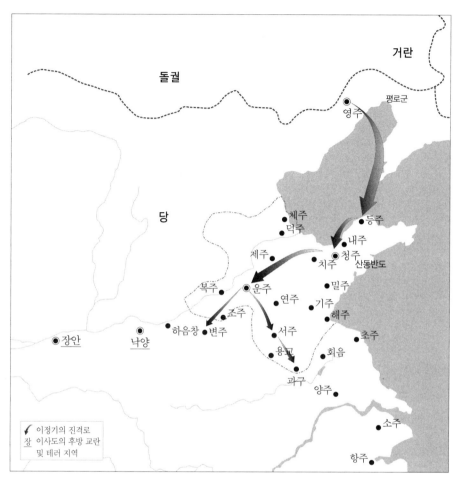

거란

돌궐

당

평로군

영주

체주
덕주
제주
등주
내주
청주
치주
산동반도

복주
운주
연주
밀주
기주
해주

조주
변주
서주
초주
용고
회음
장안
낙양
하음창
과구
양주

소주

항주

이정기의 진격로
장 이사도의 후방 교란
및 테러 지역

지도 14 이정기 정권의 세력 확장

악하려는 야망을 이루지는 못했다. 향년 49세였다.

이정기가 죽은 뒤 아들 이납이 절도사가 되어 그의 '독립 왕국'을 이어받았고, 4대에 걸쳐 56년 동안(765~819년) 정권을 유지했다. 이납이 권력을 승계하자 이에 불만을 품은 이유와 부하 이사진李師眞, 이장경李長慶 등이 각자가 관할하던 주들을 조정에 바치며 귀순하고, 황제 덕종도 반독립적인 번진들을 격파하기 위해 의욕적인 군사 행동에 나섰지만, 이납은 다른 절도사들과 힘을 합쳐 막아냈다.

이정기의 손자 이사도李師道(?~819년)가 권좌에 있던 때에는 당나라 중흥의 영주로 불리는 황제 헌종(덕종의 손자)이 재통일을 위해 칼을 빼어들었다. 이사도 역시 호전적이고 적극적인 태도로 이에 맞섰다. 815년 토벌군이 회남의 군벌 오원제吳元濟를 공격하자, 이사도는 물자의 집산지인 하음창을 불사르고 건릉교를 끊어 작전을 방해했다. 또한 낙양 부근에 집과 땅을 사서 사병을 양성하고 반란을 일으키는 등 후방 교란 작전을 펼쳤고, 번진의 타도를 주장하는 재상들을 테러하는 등 공포 분위기를 조성했다.

그러나 바로 이러한 행동들 때문에 당나라 조정은 이사도를 표적으로 삼아 대규모 토벌군을 파견하기에 이른다. 결국 이사도는 토벌군과의 전투 중에 부하 유오劉悟의 배반으로 죽고, 이정기 정권은 최후를 맞는다. 이로써 찾아온 평화의 시기를 헌종의 연호를 따서 '원화의 중흥'이라고 부른다. 하지만 원화의 중흥도 헌종이 환관에 의해 살해되면서 짧게 끝나고 만다.

그런데 이정기 정권은 어떻게 56년 동안이나 안정적으로 유지될 수 있었을까?

우선 이정기 가문이 지배한 산동반도는 경제적으로 매우 풍요로운 지역이었다. 『구당서』 및 『신당서』의 「지리지」에 따르면, 이곳의 인구는 약 83만 호, 539만 명에 달했는데, 이는 당나라 전체 호구의 약 10분의 1에 해당했다. 자원 또한 풍부했다. 특히 바다와 가까운 3개 주에서는 소금이 많이 생산되었다. 당나라 후기에 국가가 소금을 전매해 높은 수익을 올렸다는 사실을 상기한다면, 이정기 정권도 소금을 통해 막대한 재정을 확보할 수 있었을 것이다. 또 6개 주에서는 철이, 2개 주에서는 구리가 생산되었다. 그리고 또 다른 8개 주는 비단의 산지로 유명했다. 일반적으로 성인 남성 1인당 2필의 비단을 세금으로 징수했기 때문에, 매년 최소한 1백만 필 이상의 비단을 확보할 수 있었을 것이다. 이정기는 덕종의 생일에 3만 필의 비단을 선물하기도 했다.

이와 같은 경제적 풍요 덕분에 이정기 정권은 당나라 조정으로부터 완전히 자립할 수 있었던 것이다. 이정기 정권은 거두어들인 세금을 조정에 전혀 상납하지 않았으며,* 소금 등의 자원과 비단을 판매해 얻은 수익까지 고스란히 챙겼다. 그리고 이러한 재정 수입을 바탕으로 다른 번진들보다 훨씬 많은 10만 명의 대군을 보유할 수 있었다.

백성들을 통치하는 데는 당근과 채찍을 번갈아 사용했다. 세금을 가볍게 해주어 인심을 얻었고, 유랑하는 농민들에게 생활 기반을 마련해주었으며, 조정의 과거 시험에 불합격한 사람이나 승진에 탈락한 관리들을 대폭 받아들였다. 그러나 동시에 유언비어의 유포를 엄금하고 밤에 초를 켜거나 술을 마시지 못하게 하는 등 백성들의 생활을 엄격히 통제했으며, 특히 반란을 막기 위해 군대의 장교들을 엄하

* 헌종 초기에는 전국의 48개 번진 중에서 오직 8곳만이 조정에 세금을 올려 보냈다.

게 다루었다. 배신자의 가족은 몰살당했으며, 외지로 부임하는 장교들은 가족을 볼모로 남겨두어야 했다. 부대의 이동도 일일이 감시당했다.

한 가지 더 짚고 넘어가야 할 문제는 이정기 정권의 정체성에 관한 것이다. 일부 학자들은 이정기 정권을 고구려 유민들로 이루어진 '고구려인들의 나라'라고 주장한다. 그러나 아쉽게도 아직까지는 자료의 부족 때문에 얼마나 많은 고구려 유민들이 이정기 정권에 참여해 활동했는지를 규명할 수는 없다.

전쟁은 수많은 사람의 생명과 재산을 파괴한다. 그러나 전쟁이 가져온 극심한 혼란 속에서 어떤 사람들은 큰돈을 벌거나 출세할 기회를 얻기도 한다. 안사의 난이 발생하자 고구려인 고선지와 왕사례는 당나라를 위해 싸우다 목숨을 바쳤다. 하지만 이정기와 같은 사람은 이때를 틈타 자신의 독립 왕국을 건설했다.

이회광과 안사의 난 이후의 정국

『구당서』와 『신당서』는 이회광李懷光을 '발해말갈'로 기록했다. 발해 뒤에 붙은 '말갈'이라는 단어 때문에 중국의 역사학자들은 이회광이 말갈인이었다고 주장하지만, 그렇게 단정할 수만은 없다. 중국의 역사서에서는 일반적으로 발해를 발해말갈로 표기하는 경우가 많았기 때문이다. 발해의 국적 문제를 상세히 설명하려면 무척 많은 지면이 필요하기 때문에 여기서는 이회광과 관련된 부분만 살펴보도록 하자.

먼저 이회광을 단지 말갈이 아닌 발해말갈로 칭한 것을 보면 그의 선조는 발해가 건국한 이후에 당나라로 이주했음을 알 수 있다. 발해 건국 이후에 당나라로 망명한 사람으로는 발해 무왕 대무예大武藝의 동생 대문예大門藝가 대표적이다. 또한 부여부대수령扶餘府大首領 낙사계諾思計의 묘지명에도 그가 당나라로 망명해 와서 장교로 임명되었다는 기록이 있다. 묘지명에는 그가 어느 나라 출신이었는지를 구체적으로 명시하지는 않았지만, 부여부는 발해의 15부 가운데 하나였으므로 발해인이었음이 거의 확실하다.

낙사계는 당나라 조정으로부터 노정빈盧庭賓이란 성명을 하사받았는데, 이회광의 아버지 상常도 삭방군에 복무하며 여러 차례의 전공을 세운 뒤 당나라 황실의 성인 이씨李氏와 가경嘉慶이라는 이름을 하사받았다. 귀순자들에게 중국식 성과 이름을 주는 것은 그들의 민족적 정체성을 바꿔놓는 효과가 있었다.

『유취국사類聚國史』라는 역사서에 실려 있는 일본 사신의 견문에 따르면 발해에는 토인土人 즉 고구려인과 말갈인이 함께 살고 있었는데, 고구려인이 그 수는 더 적지만 지방 장관이나 촌장의 자리는 거의 그들이 차지했다고 한다. 당나라에 투항해 장군으로 활약한 번장들이 대개 부족의 우두머리였다는 사실을 고려하면, 이회광의 아버지도 망명한 집단의 우두머리였을 것이며 따라서 고구려인이었을 가능성이 크다.

이회광은 젊었을 때 삭방군에 종사했다. 삭방군은 원래 북방 이민족인 돌궐과 위구르의 침략에 대비해 세운 번진이었다. 안사의 난 당시 현종은 태자(훗날의 숙종)를 삭방군으로 보내 전열을 정비하고 반란군을 토벌하게 한 바 있다. 삭방군의 사령부가 있던 영무에서 즉위한 숙종은 삭방절도사 곽자의와 위구르 원병의 도움을 받아 안사의 난을 진압할 수 있었다. 반란 진압의 공으로 곽자의와 이광필, 왕사례 등은 높은 벼슬에 올랐다.

이때 이회광도 뛰어난 무예와 용기로 장수로서 이름을 떨쳤다. 그는 청렴하고 근면한 성품을 가지고 있었지만, 또한 불같이 엄하여 죄지은 자를 벌함에 주저함이 없었다. 설령 가까운 친척이 죄를 범했을 때에도 사사로운 정에 얽매이지 않고 법에 따라 공정하게 처리했다고 한다. 그래서 성품이 온화했던 곽자의는 군대의 기강을 스스로 다스리는 대신 병사들이 무척 두려워하는 이회광에게 맡기곤 했다.

덕종은 779년에 곽자의의 병권을 회수하고 삭방군을 여러 장수에게 나누어 소속시켰는데, 이때 이회광은 장안의 북서쪽 지역을 방어하는 절도사에 임명되었다가 곧 장안의 서쪽을 지키는 절도사로 전임되었다. 그리고 드디어 782년에 성덕절도사 전열田悅의 반란을 토벌하는 작전에 참여한다.

하지만 이회광이 군대를 이끌고 전장에 도착했을 때 이미 당나라 군은 반란군에 패해 퇴각하는 중이었다. 설상가상으로 장안의 부근에 주둔하다 반란을 토벌하기 위해 징발된 경원군涇原軍의 장교와 병사들이 논공행상에 불만을 품고 또 다른 반란을 일으켰다. 덕종은 간신히 몸만 빠져나와 봉천(현재의 섬서성 건현)으로 도망쳤다. 장안을 점령한 반란군은 주차朱泚를 우두머리로 추대한 뒤 덕종을 사로잡기 위해 계속해서 병력을 파견했다. 전열의 반란군과 싸우던 이회광은 황급히 군대를 이끌고 돌아와 덕종을 보호하는 한편, 주차의 군대를 예천에서 격파해버렸다.

이회광은 황제를 구한 큰 공을 세운 것이었다. 이러한 공으로 그는 부원수副元帥 및 정2품 중서령으로 승진했다. 명예직에 가깝긴 했지만 적어도 명목상으로는 군 통수권과 행정권을 모두 장악한 셈이었다. 이회광은 일생의 전성기를 맞은 것처럼 보였다. 그러나 그는 곧 정쟁에 휘말려들었다.

이회광은 전란의 책임이 간신인 노기盧杞 일파에게 있다며 공공연히 불만을 터뜨렸다. 물론 사실이었지만, 당사자들이 이러한 말을 듣고 좋아할 리는 없었다. 정치나 인간관계에서는 종종 침묵이 금이 아니던가! 이회광은 너무나 솔직했기에 정적들을 자극했다. 노기 일파는 덕종에게 이회광을 모함했고, 덕종은 그에게 장안을 수복하라는 명령을 내렸다. 겉으로는 당연한 명령인 것처럼 보이지만, 실제로는 그가 패할 경우 그 책임을 물어 죽이려는 고도의 계략이었다.

이회광은 장안 부근의 함양에 진을 친 뒤 덕종에게 노기 일파의 죄를 따지는 표表를 올렸다. 덕종은 군대를 장악하고 있는 이회광의 심기를 건드리지 않기 위해 일단 노기 일파를 물러나게 했다. 그러나 이회광은 그 뒤에도 전투를 개시하지 않아 황제와 조정의 의심을 샀다. 그는 당시 덕종의 두터운 신임을 받아 '내상內相'*으로 불리던 육지陸贄가 토번에 원병을 청해 반란군을 토벌하자고 제안했을 때도 다음과 같은 '삼불가론三不可論'을 제시하며 받아들이지 않았다.

첫째, 토번은 지난 763년 장안을 점령했을 때 불태워버리지 못한 것을 아쉬워하고 있으므로 이번에는 이를 실행에 옮길 것이다.

둘째, 5만의 토번군이 공을 세우면 논공행상은 과연 어떻게 할 것인가?

셋째, 토번은 원병을 보내겠지만 전투에는 참여하지 않고 구경만 하다가 당나라군이 승리하면 공을 챙길 것이고 패하면 변란을 일으킬 것이다.

따라서 토번군의 파병은 이롭지 못하다.

삼불가론은 충분한 설득력을 지니고 있었다. 그러나 그는 토번에 원병을 요청하기를 거부하면서 스스로 나가 싸우려는 의지도 보이지도 않는 모순된 처신으로 실력자 육지의 분노를 샀다.

784년 육지는 반란군을 분열시킬 묘안을 하나 생각해냈다. 반란에 가담한 절도사들의 죄를 사면하고 오히려 관작을 주어 회유하는 것이었는데, 실제로 상당한 효과를 보았다. 그러나 이회광에게 이러한 조치는 자신의 기득권을 크게 침해하는 것으로 여겨졌다. 만일 군벌들 중 일부가 형식적이라도 조정에 투항해온다면 이회광의 중요성과 가치는 그만큼 빛을 바래기 때문이었다.

같은 해 이회광은 정1품 명예직인 태위의 벼슬과 철권鐵券을 하사받았다. 철권은 황제나 왕이 공신에게 주던 쇠로 만든 패牌를 말한다. 철권에는 신하의 공적 및 본인이나 자손이 죄를 짓더라도 처벌받지 않는다는 내용이 새겨져 있어 면죄부와 같은 기능을 했다. 하지만

---

* (앞쪽) 육지는 실제 재상은 아니었지만 한림학사翰林學士의 직함을 가지고 황제의 모사로 활동하며 재상과 맞먹는 권력을 행사하고 있었다. 이후 '내상'은 한림학사의 별칭이 되었다.

역사상 철권을 받은 신하들은 모두 제명에 죽지 못했다. 고려의 명장 최영과 명나라의 개국 공신 남옥藍玉도 그러했다.

이회광은 자신이 철권을 받은 것을 일종의 역설이라고 생각했다. 즉 어디 한번 반란을 일으키고 싶으면 일으켜보라는 육지의 메시지가 담겨 있다고 해석한 것이다. 결국 그는 대치중이던 주차와 동맹을 맺고 덕종이 피난해 있는 봉천을 기습하려 했으나 사전에 정보가 누설되어 덕종은 양주梁州로 도망쳐버렸다. 이회광은 하중(현재의 산서성 남부) 지역을 장악하기 위해 다시 군대를 이동시켜 동주와 강주를 점령한 뒤 사태를 관망했지만, 조정 측 군대에게 연이어 패하다가 785년 부하 우명준牛名俊에 의해 살해되었다.

이회광은 당나라 조정에 시종일관 충성을 다한 고선지와 왕사례, 조정에 반기를 든 이정기 일가 등과는 달리, 충성을 바치려 했지만 정적의 계략에 휘말려 반란을 일으켰다. 한편 역사학자들은 그의 반란을 단순히 개인적인 야심 때문에 일으킨 사건이 아니라, 당시 당나라군의 양대 파벌 사이에서 벌어진 힘겨루기의 일환으로 해석하기도 한다.

앞서 언급한 것처럼 삭방군은 안사의 난을 평정하는 데 큰 공을 세웠고, 삭방군의 인맥은 재상이나 절도사로 승진해 커다란 세력을 형성했다. 하지만 같은 이유 때문에 조정의 철저한 견제를 받기도 했다. 게다가 안사의 난 이후 각지의 절도사들이 반독립적인 군벌로 성장하고 중앙의 장군들마저 여러 가지 문제를 일으키자, 당나라 조정은 어떠한 무인들도 신뢰할 수 없는 상황에 놓였다. 결국 황제는 군지휘권을 자신이 가장 신뢰하는 환관들에게 맡겼다.

이미 당나라의 환관들은 고력사 이래로 자신들의 입지를 계속해서 넓혀왔다. 현종 때까지는 주로 변방의 군대를 감독하는 감군으로 파견되었지만, 안사의 난이 터진 뒤에는 최정예 친위대인 신책군神策軍까지 장악했다. 동시에 환관들은 삭방군의 원조라 할 수 있는 곽자의를 끊임없이 견제했고, 삭방군의 세력을 약화시키기 위해 여러 부대로 분할하는 조치를 취했다. 신책군이 다양한 우대와 지원을 받은 반면 삭방군 출신 병사들에게는 푸대접과 차별만이 주어졌다. 삭방군을 대표하는 장군 이회광이 조정에 반기를 들자 휘하의 장교와 병사들이 적극 가담했던 것도, 안사의 난 평정의 일등 공신을 자부하는 자신들을 홀대하는 데 대한 반감 때문이었다.

즉 이회광의 반란은 구세력인 삭방군과 신세력인 신책군이라는 양대 파벌의 권력 다툼이었고, 결과는 후자의 승리였다. 이후 삭방군은 환관들의 견제로 더 이상 활약하지 못했고, 신책군이 최정예 친위대로서 이름을 날렸다. 그러나 실제로 신책군은 지방의 절도사 세력을 제압하는 데 활용되기보다는 황제의 후계 분쟁이나 환관들의 권력 투쟁에 더 자주 동원되었다. 그 결과 황제와 신하들은 환관의 사병이 되어버린 신책군의 기세에 눌려 오히려 정치의 들러리 혹은 관객으로 전락하고 만다.

04 유학 열풍에 빠진 신라인들

이제까지 살펴본 인물들은 대개 고구려인과 백제인이었고, 신라인은 아예 등장하지도 않았다. 신라인들은 폐쇄적인 삶을 살았던 것일까? 삼국 시대에 한정한다면 그렇게 볼 수도 있다. 그러나 남북국 시대에 들어서는 훨씬 진취적인 모습을 보였다. 특히 당나라와의 교류가 활발해지면서 숙위, 숙위학생, 유학생, 유학승, 군인, 상인 등 다양한 직업의 신라인들이 장안을 비롯한 여러 지역을 방문했고 몇몇은 그 지역에 정착하기도 했다. 배움과 출세를 위해 당나라로 향했던 신라인들의 모습을 살펴보자.

최치원과 도당 유학생

영어 마을, 조기 유학, 기러기 아빠……. 세계화와 영어 교육의 광풍이 만들어낸 우리의 슬픈 자화상이다. 미국 국토안보부가 밝힌 바에 따르면 2007년 미국 내 한국인 유학생의 수는 10만 3,394명으로 전체 외국인 유학생의 14퍼센트에 이른다. 이로써 우리나라는 2년 연속으로 미국에 가장 많은 유학생을 보낸 나라의 영예를 안았다. 아마도 미국 유학생 출신이 우리나라의 정치, 경제, 사회의 많은 영역을 휘어잡고 있는 현실 때문일 것이다. 그런데 놀라운 사실은 이보다 더 많은 수의 유학생이 중국에 건너가 있다는 것이다. 신라 시대 도당渡唐 유학생들이 그러했던 것처럼 말이다.

도당 유학생이란 글자 그대로 바다 건너 당나라에 가서 공부하던 학생들을 가리킨다. 당나라 태종은 국립 대학인 국학國學의 규모를 크게 늘리고 중국인만이 아니라 고구려, 백제, 신라, 고창, 토번 등 주변 나라의 학생들까지 받아들였다. 이 가운데 신라가 유학생을 보내는 데 가장 적극적이어서, 837년에는 216명의 신라인들이 유학중이었다. 고구려, 백제, 고창은 당나라에 의해 망했고, 토번은 거의 항상 적대적인 관계였으며, 돌궐과 위구르의 유목민들은 '공자 왈 맹자 왈' 보다 말타기와 활쏘기를 더 좋아했다.

특히 신라 후기에는 매우 많은 유학생들이 당나라로 건너갔는데, 대개 6두품 출신이었다. 유학생들은 국학에 입학한 뒤 10년 동안 학문을 쌓으며 당나라의 문물을 익혔다. 현재 학계에서는 이들이 모두 국비 유학생이었다는 주장과 일부는 사비를 들여 공부했다는 주장이 맞서고 있다. 그런가 하면 명목상은 숙위宿衛*의 자격으로 장안에 머무르면서 실제로는 국자감國子監에 들어가 공부하던 학생들도 있었다. 이러한 숙위학생들의 학비와 체류 비용은 당나라 조정, 구체적으로는 외국에 관한 일을 맡아보는 홍려시鴻臚寺에서 지급했다. 일종의

---

* 당나라의 주변 나라 군주가 자식이나 일족을 당나라 조정에 파견해 황제를 보필하고 경호하게 했던 관행, 또는 그러한 사람들을 뜻한다. 중앙 정부가 직접 지방관을 파견하는 군현 지배 체제 혹은 중앙 집권 체제가 확립되기 이전의 관행으로, 고려 초기에 지방 호족들의 아들을 인질로 삼아 반란을 막으려 했던 기인 제도도 이와 유사한 것이다. 당나라 때는 주변의 23개 나라가 숙위를 파견했다.

국비 유학생이었던 셈이다. 아무튼 국비로든 사비로든 장안에서 공부하던 모든 유학생들은 자신의 실력을 과시하기 위해 당나라의 과거 시험에 응시하곤 했다.*

특이하게도 당나라에는 외국인들을 위한 과거 시험이 존재했다. 이를 빈공과賓貢科라고 한다. 신라 유학생들 중에서 빈공과에 처음으로 합격한 사람은 821년의 김운경金雲卿이다. 『동사강목東史綱目』에 따르면 당나라 시대에는 58명, 오대십국 시대에는 32명의 신라인 합격자가 나왔다. 하지만 빈공과는 중국인들이 치르는 일반적인 과거 시험들과 달리 합격자에게 별다른 혜택이 주어지지도, 특별한 정치적 의미가 있지도 않았다. 그럼에도 수석 합격은 제법 폼이 났던지 신라와 발해 유학생들이 석차를 두고 다투었다는 기록이 전해진다. 발해의 재상 오소도烏炤度는 젊은 시절 수석으로 합격해서 신라의 이동李同보다 석차가 높았으나, 그의 아들 오광찬烏光贊은 신라의 최언휘崔彥撝보다 등수가 낮아서 오소도가 당나라에 항의했다고 한다.

빈공과 합격자들은 일정한 자격과 지식을 인정받기는 했지만 관리로 임용되는 경우가 극히 드물었기 때문에 사실상 빛 좋은 개살구에 불과했다. 하지만 대부분 6두품 출신이었던 신라 유학생들은 고국으로 돌아간다 해도 뾰족한 수가 있는 것이 아니었다. 그래서인지 학업을 마친 뒤에도 귀국하지 않고 당나라에 눌러 앉는 사람들이 적

---

* 과거는 수나라 때 처음 실시되었으며, 과목별 시험을 통해 뽑는다는 뜻을 지닌 과목선거科目選擧의 줄임말이다. 당나라 시대에는 유가 경전에 대한 지식을 평가하는 명경과明經科와 시詩, 부賦 등 문학적인 글쓰기의 비중이 큰 진사과進士科가 가장 성행했다. 합격자에게 주어지는 품계는 명경과가 높았지만, 요직으로 진출하거나 고관이 되는 데는 진사과가 더 유리했다. 그래서 당나라 후기에는 진사과 응시생이 폭발적으로 증가했고, 관계에서도 진사과 출신이 더 두각을 나타냈다

지 않았다. 박인범朴仁範, 최치원, 박충朴充, 김이어金夷魚, 최승우崔承祐 등은 당나라의 문인들과 교류하며 신라인의 문장 수준을 과시했고, 김가기金可紀는 장안 남쪽의 종남산에 은거한 채 도교에 매진해서 송나라 때 간행된 『태평광기太平廣記』에 이름을 올렸다.

어쩌다 관직에 오른 유학생들도 크게 성공하지는 못했다. 김운경은 연주대도독부兗州大都督府 사마司馬와 치주장사淄州長史에, 김문울金文蔚은 공부원외랑工部員外郎과 기왕부자의참군沂王府諮議參軍에, 김장金裝은 해주자사에, 최치원은 시어사侍御史에 임명되었다. 시어사를 제외하면 위의 관직들은 모두 정4품에서 종5품 사이의 높은 품계이지만, 이들이 벼슬한 당나라 후기는 관직의 남발이 극심하던 시절이었음을 감안해야 한다. 게다가 이들이 받은 관직들은 대개 실권이 없는 명예직이었고, 그나마도 임기가 끝나면 당나라 조정은 이들을 신라에 보내는 외교 사절의 형식으로 귀국시키려 했다. 최치원, 김문울, 배광이 그러한 경우였다.

이들 가운데 가장 대표적인 인물인 최치원의 삶을 간단히 살펴보자. 최치원은 857년 신라의 수도 금성(현재의 경주)의 사량부에서 태어났다. 어려서부터 영민해서 공부하는 것을 좋아했기에, 868년 12살의 어린 나이에 당나라로 유학을 떠났다. 그의 아버지가 어린 아들을 당나라로 떠나보낸 데는 선진 문물을 배워오라는 뜻도 있었겠지만, 무엇보다 6두품이라는 신분의 제약에서 벗어나 마음껏 포부를 펼칠 수 있으리라는 기대가 컸을 것이다. 6두품들에게 당나라는 희망의 나라였다. 아버지는 아들에게 "10년 안에 과거에 급제하지 못하면 너는 내 아들이 아니다. 힘껏 공부해라."라고 당부했다.

최치원은 당나라에 건너간 지 고작 5년 만에 빈공과에 급제해서 아버지와의 약속을 지켰다. 그 후 선주 율수현(현재의 강소성 남경시

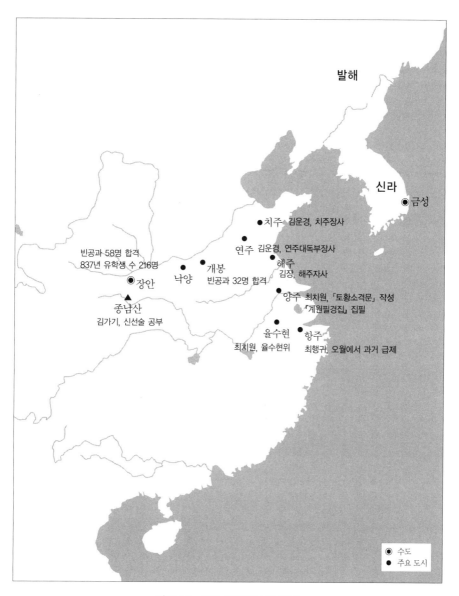

발해

신라
●금성

●치주 김운경, 치주장사

연주 김운경, 연주대독부장사

●해주
김장, 해주자사

빈공과 58명 합격
837년 유학생 수 216명
◎장안

●낙양

●개봉
빈공과 32명 합격

▲종남산
김가기, 신선술 공부

●양주 최치원,「토황소격문」작성
「계원필경집」집필

●율수현
최치원, 율수현위

●항주
최행귀, 오월에서 과거 급제

◎ 수도
● 주요 도시

지도 15 신라 유학생들의 활동

부근)의 치안을 책임지는 현위縣尉라는 종9품의 하급 지방관에 임명되었다. 빈공과 출신의 외국인이 비록 하급이나마 관리가 된 것은 무척 운이 좋았다고 할 수 있다. 최치원은 지방관으로서 치적을 쌓아 종6품 시어사에까지 올랐으며, 황제로부터 자금어대紫金魚袋(관복에 차는 물고기 모양이 그려진 주머니)를 하사받는 영광도 누렸다.

최치원은 바쁜 관직 생활 가운데에도 틈틈이 나은羅隱, 고운顧雲, 장교張喬 등의 당나라의 시인들과 교류했는데, 이 덕분에 그의 시문이 중국인들 사이에 널리 알려져 『신당서』「예문지禮文志」에 그의 저술 목록이 수록되었고, 『전당시全唐詩』에는 그의 작품이 수록되었다. 『신당서』「예문지」는 당나라 시대에 출간된 서적들의 목록을 정리한 책이고, 『전당시』는 1746년 청나라 강희제康熙帝의 명령으로 당나라 시인들의 시를 모아 간행한 방대한 시집이다.

최치원이 한창 시문에 빠져 있던 875년 당나라에서는 황소黃巢의 난이 일어났다. 황소의 난은 과거 시험에 떨어진 뒤 소금 밀매업에 종사하던 황소가 정부의 단속에 불만을 품은 상인들과 고향을 떠나 떠돌던 유민들을 규합해 일으킨 반란이었다. 황소는 한때 장안을 점령할 정도로 위세를 떨쳤는데, 당나라 조정은 난을 진압하는 데는 가까스로 성공하지만 그 과정에서 큰 타격을 입어 결국 멸망하고 만다.

이때 최치원은 토벌군 사령관 고변高騈의 문서 사무를 책임지는 종사관으로 복무하며 「토황소격문討黃巢檄文」 혹은 「격황소서檄黃巢書」라고 불리는 유명한 글을 지었다. 사륙변려문으로 쓰인 이 글은 문학적으로 매우 뛰어나서, 황소가 그 문장을 읽다 놀라 자신도 모르게 말에서 떨어졌다는 일화가 전해진다. 아마도 과장이었겠지만, 최치원 문장의 빼어남을 보여주는 사례로 알려져 있다.

황소의 난을 겪으며 당나라의 멸망을 예감한 최치원은 난이 평정된 884년 당나라 희종僖宗의 재가를 얻어 신라로 돌아왔다. 그의 판단은 정확했다. 4년 뒤 희종이 죽자 주전충朱全忠, 이극용李克用, 왕중영王重榮, 이무정李茂貞, 왕행유王行瑜, 한건韓建 등의 군벌들에 의해 장안은 쑥대밭이 되었고, 그 후 당나라는 무정부 상태로 치달아 사실상 멸망한 것과 다를 바 없었다. 최치원이 장안에 남아 있었더라면 아마도 살아남지 못했을 것이다.

하지만 신라로 돌아온 뒤에도 최치원에게 출세의 길은 열리지 않았다. 진성여왕에게 시무책 10여 조의 개혁안을 만들어 올렸지만, 6두품 출신이라 중용될 수 없었다. 그는 한동안 지방관으로 일하다가 뜻을 펼칠 수 없음을 한탄하며 은둔 생활로 생을 마감했다. 다른 6두품 출신들과 마찬가지로 신분의 한계를 뛰어넘지 못했던 것이다.

최치원은 율수현의 현위로 일하던 시기에 쓴 시문들을 모아 『중산복궤집中山覆簣集』이라는 5권의 문집을 지었으나 아쉽게도 전해지지 않는다. 하지만 황소의 난 당시 토벌군에 종군하며 지은 시문들을 간추린 『계원필경집桂苑筆耕集』20권은 오늘날까지 남아 있다. '필경筆耕'이란 진중陣中에서 문필로 생계를 유지했다는 뜻이다.

당나라에 유학한 승려들

신라의 승려들도 적잖이 중국으로 유학했다. 유학승 가운데 일부는 학업을 마친 뒤 귀국했지만, 현지에 정착한 승려들도 있었다.

유학 후 귀국한 승려들 가운데 대표적인 사람으로는 원광圓光과 자장慈藏을 꼽을 수 있다. 원광은 37세에 남조의 진陳나라로 유학을 떠났지만, 학업을 마친 뒤에도 장안에서 십여 년 더 체류하다가 600년 신라 사신들과 함께 귀국했다. 자장은 본래 국내에서 수도하다가

636년 불교 경전을 더 깊이 연구하기 위해 십여 명의 제자들을 이끌고 당나라로 건너갔다. 당나라 태종은 자장의 명성을 듣고 극진히 대접했지만, 643년 선덕여왕이 귀국을 요청함에 따라 부처의 사리, 불경, 태종에게서 받은 선물 등을 가지고 돌아오게 된다.

원광과 자장은 불교에 입문했음에도 속세에 대한 관심이 많았다. 원광은 귀산貴山과 추항箒項이라는 화랑이 찾아와 가르침을 청하자 '세속오계世俗五戒'를 지어주었다. 사군이충事君以忠, 사친이효事親以孝, 교우이신交友以信, 살생유택殺生有擇, 그리고 임전무퇴臨戰無退. 그런데 유심히 살펴보면 살생유택을 제외하면 모두가 유가의 덕목을 응용한 것이다. 불교 승려였던 원광이 왜 유가의 덕목을 바탕으로 세속오계를 만든 것일까? 추측컨대 출가 이전에 상당한 유교적 소양을 쌓고 있었을 가능성이 크다.

한편 자장은 왕궁과 분황사를 오가며 설법에 힘썼고 황룡사에 9층탑을 세울 것을 건의하기도 했다. 황룡사 9층탑 역시 종교적인 목적보다는 외적의 침략을 막으려는 호국 염원의 산물이었다. 9개의 층은 각각 신라 주변의 아홉 나라를 상징했으며, 탑을 쌓음으로써 이들 나라의 침략을 막아내기를 기원했던 것이다.

원광과 자장은 이른바 호국 불교의 전형처럼 보인다. 하지만 원래 초기 불교에서는 출가한 승려에게 속세와 단절할 것을 강조했다. 불교가 중국에서 대중적인 인기를 얻기 시작했을 때 바로 이 문제로 인해 국가 권력과 충돌한 바 있다.

동진東晉의 승려 혜원慧遠은 "사문沙門*은 출가한 존재이므로 황제에게 절할 필요가 없다."고 주장했다. 그 유명한 '사문불경왕자론

---

* 불교의 승려를 이르는 말.

沙門不敬王者論'으로, 불교가 국가로부터 독립된 존재임을 선언한 말이다. 그러나 북위의 승려 법과法果는 "폐하는 살아있는 여래이십니다."라며 황제에게 아첨했다. 부처를 섬기듯 정성과 공경을 다해 황제를 섬겨야 한다는 것이었다. 이후 승려들은 황제에게 자신을 '신臣'이라고 칭했다.

위의 두 일화는 중국 불교의 입장 변화를 상징적으로 보여준다. 불교는 속세와의 인연을 끊지 못하고 결국 국가에 종속되었다. 인도 불교의 입장에서 보면 승려의 현실 참여는 바람직하지 않은 현상이었지만, 삼국 시대에 우리나라에 들어온 불교 역시 속세와 거리를 두었던 인도 불교가 아니라 국가에 종속된 중국 불교였다. 오늘날 우리나라에도 종교의 사회 참여를 옹호하는 사람들이 적지 않다. 특히 선거철에. 그러나 세계의 역사를 살펴보면 종교의 세속화는 곧 교단의 타락으로 이어져 부정적인 결과를 낳은 경우가 대부분이다. 아마도 우리나라에서 종교의 사회 참여를 용인하는 분위기가 상대적으로 강한 것은 종교가 국가와 밀접한 관계를 맺어온 역사적 전통과 관련이 있을지도 모르겠다.

중국의 불교는 유교, 도교와도 경쟁하면서 동시에 닮아갔다. 유학자들의 이념적 공격을 받으며 불교 또한 충忠, 효孝와 같은 유가의 덕목을 수용해야 했고, 민중에게 다가가기 위해 도교의 다양한 믿음도 받아들여야 했다. 실제로 중국에서는 겉모습만으로 도관(도교 사원)과 불교 사찰을 구별하기 어렵다. 양쪽 모두 두 종교의 신을 함께 모시고 있기 때문이다.

원광과 자장이 배운 불교는 인도 불교가 아니라 중국화된 불교였을 것이다. 설사 아니었다 해도 신라의 왕들은 이들에게 중생의 구제와 구국救國을 요구했다. 원광은 조국을 위한 마음으로, 혹은 왕의 명령에 따라 수나라에 보내는 많은 외교 문서들을 직접 작성했다. 진평왕의 지시로 수나라에 고구려 공격을 요청하는 「걸사표乞師表」를 지은 것도 원광이었다. 자장은 신라에 당나라의 의관衣冠과 연호를 도입할 것을 주장했는데, 세속의 일반 관리들과 다를 바 없는 모습이었다. 또한 불교 승려들을 총괄하는 대국통大國統이란 벼슬을 역임하기도 했다.

중국어와 한문을 능숙하게 구사하는 지식인의 수가 매우 적고 중국의 제도를 이해하는 전문가가 부족한 상황에서, 이들이 유학 중에 익힌 어학과 정치적인 식견은 신라 조정에 커다란 도움이 되었다. 그래서 초기의 승려들은 관리나 학자들이 해야 할 일까지 떠맡아야 했다. 중세의 유럽이나 일본에서도 유사한 현상을 발견할 수 있다. 별도의 지식인층이 존재하지 않는 사회에서는 승려나 수도사들이 세속 지배자들의 서기 역할도 맡고, 학문을 보존하는 데에도 힘써야 했던 것이다.

원광과 자장보다 현실 정치에 관심을 덜 가졌던 의상義湘조차도 세속과 완전히 담을 쌓을 수는 없었다. 의상은 671년 당나라 유학을 마치고 귀국할 때 당나라가 신라를 공격할 것이라는 기밀을 신라 조정에 알려 대비하도록 도왔다. 고구려와 백제가 멸망한 뒤, 당나라가 두 나라의 땅을 모두 차지하고 신라까지 넘보던 시기였다. 또한 의상은 문무왕이 벌이려 했던 여러 토목 공사를 적극적으로 만류하고, 특히 도성의 축성 계획을 포기하도록 조언해서 관철시키기도 했다.

이들 외에도 낭산의 사천왕사에서 신라가 당나라군을 물리칠 수 있도록 기도해 이를 실현시켰다는 명랑明朗, 의상과 함께 당나라에서 공부했던 승전勝詮, 밀교에 정통했으며 당나라 고종의 딸을 치료해서 신술神術로 유명해진 혜통惠通, 당나라와 주변 나라들에 명성을 떨친 순경順璟, 도윤道允, 순지順之, 태현太賢, 현휘玄暉 등이 유학을 마친 뒤 신라에 돌아와 활동한 승려들이다.

귀국을 포기하고 중국에 정착하는 길을 택한 유학승들은 현실 정치보다는 수양 및 불교 경전의 번역과 연구에 힘썼다. 대표적인 이가 원측圓測이다.

원측(613~696년)은 오늘날의 경주 부근인 모량리에서 태어났으며, 일설에 따르면 왕손이라고도 한다. 그는 어린 나이에 출가해서 15살에 중국으로 건너갔다. 원측은 불교 경전을 읽고 그 뜻을 헤아리지 못하는 것이 없을 만큼 비범한 재능을 지녔다고 한다. 뿐만 아니라 신라어 외에 중국어, 산스크리트어 등 5개 언어를 자유자재로 구사하는 어학의 천재이기도 했다. 특히 산스크리트어를 열심히 공부한 것은 한문으로 번역된 불경이 아니라 인도의 불경을 직접 읽고 연구하기 위해서였다.

642년 소설 『서유기西遊記』의 주인공으로도 유명한 중국의 고승 현장玄奘이 인도 유학을 마치고 당나라로 돌아오자 원측은 그에게 찾아가 제자가 되었다. 현장에게는 많은 제자가 있었지만 그 가운데 규기窺基와 원측이 가장 뛰어났다고 한다. 흔히 규기가 현장의 수제자였다고 알려져 있지만, 원측은 진체眞諦가 번역한 유식唯識의 옛 학설만이 아니라 현장이 번역한 새 학설까지도 완전히 소화하고 있었기 때문에 규기보다 학문의 수준이 더 높았던 것으로 평가받는다. 당나라 태종 또한 원측의 탁월함에 대해 듣고 그를 장안 서명사의 대덕大德으로 임명했다.

하지만 원측은 바로 그러한 탁월함 때문에 규기 일파의 시기와 견제를 받아야 했다. 원측은 현장이 번역한 『반야심경般若心經』의 오류를 지적해 규기 일파의 분노를 야기했다. 규기 일파는 현장의 번역에

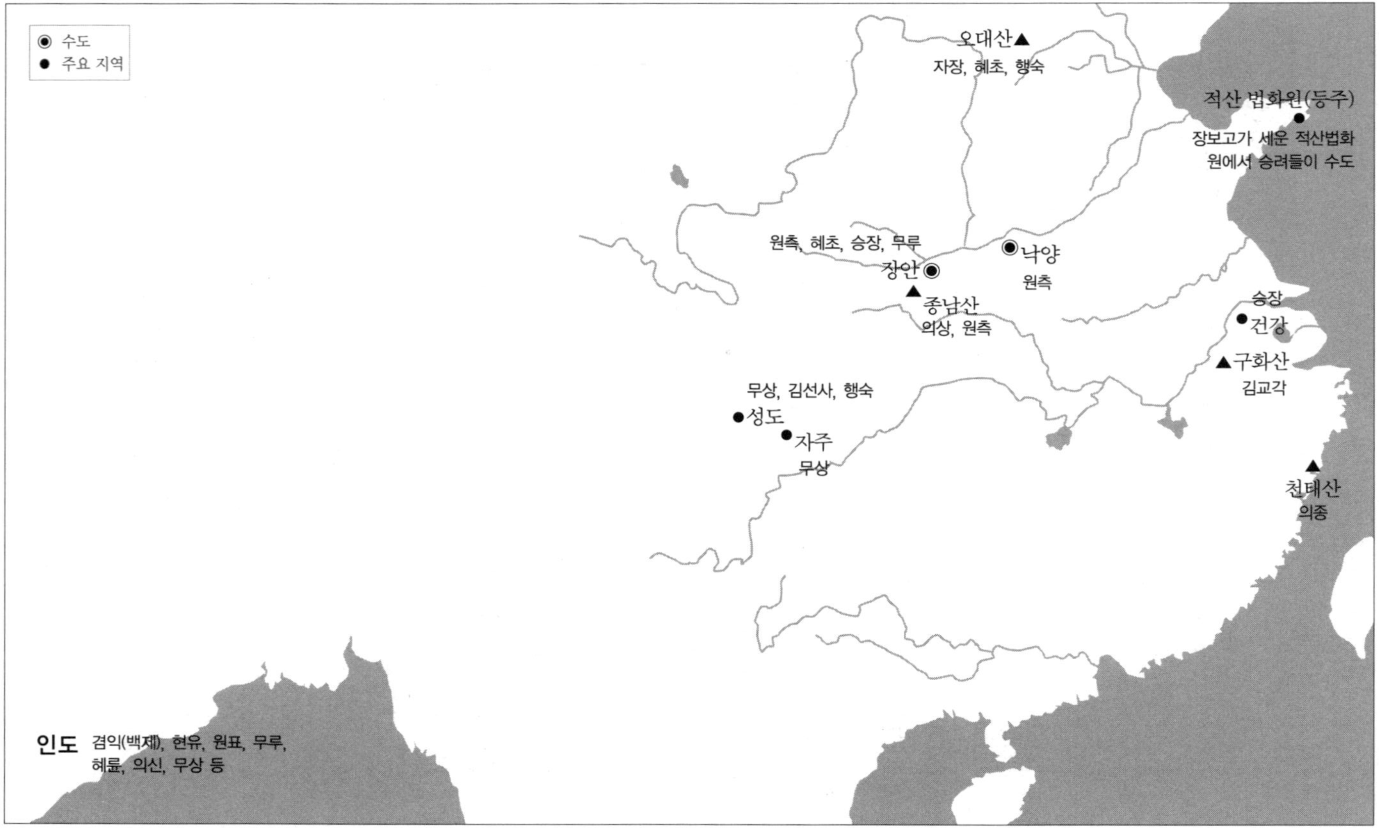

지도 16 신라 유학승들의 활동

적산 법화원(등주)
장보고가 세운 적산법화
원에서 음력설이 수도

송장
건강
구화산
김교각

철패산
의종

오대산
자장, 혜초, 행숙

낙양
원측

종남산
의상, 원측

장안
원측, 혜초, 승장, 무루

무상, 김선사, 행숙
성도
자주
무상

수도 ◉
주요 지역 ●

인도 겸익(백제), 현유, 원표, 무루,
혜륜, 오신, 무상 등

조금도 잘못이 없다고 즉각 반발했지만, 확인 결과 원측의 지적이 정확했던 것으로 밝혀졌다.

원측은 서명사에 있으면서 수많은 저서를 집필했는데, 『반야심경찬般若心經贊』, 『인왕경소仁王經疏』, 『해심밀경소解深密經疏』 등의 일부만이 현재까지 전해진다. 이 중 『해심밀경소』는 티베트 대장경에 티베트어로 번역되어 실릴 만큼 국제적으로도 인정을 받았다. 또한 인도에서 온 학승들과의 토론이나 경전 번역에서도 두각을 나타냈다. 예를 들어 676년 인도의 승려 지파가라가 산스크리트어 불경을 가지고 장안에 들어오자, 무측천은 대덕의 지위에 있던 5명의 고승들에게 이 불경을 한문으로 번역하라고 지시했다. 이때 원측이 뛰어난 어학 실력을 발휘해 번역의 총책임을 맡으니, 무측천은 그를 '부처처럼' 존경했다고 한다. 그래서였을까? 신라의 신문왕이 그의 귀국을 요청했을 때 무측천은 들어주지 않았다.

원측은 696년 7월 불수기사에서 『화엄경華嚴經』을 번역하던 도중에 입적했고, 낙양 남쪽의 향산사에 안장되었다. 그러나 생전에 규기 일파로부터 핍박을 받던 그는 죽어서도 편히 쉬지 못했다. 규기 일파의 해코지를 염려한 제자들이 향산사의 탑에 안치되어 있던 분골과 사리를 장안 남쪽 종남산의 풍덕사로 옮긴 뒤 다시 사리탑을 세운 것이다. 이후 4백 년이 지난 송나라 때가 되어서야 원측의 사리탑은 현장과 규기의 사리탑이 보존되어 있는 장안 흥교사에 세워질 수 있었다.

그밖에 원측의 제자 승장勝藏, 선종禪宗의 일파인 정중종淨衆宗을 개창한 무상無相, 제자들에 의해 지장보살의 화신으로 추앙받은 김교각金喬覺, 현장의 4대 제자 중 한 사람인 신방神昉 등이 중국에 정착해 활동한 신라의 승려들이다.

　　우리나라의 남북국 시대 이전에도 고구려, 백제, 신라의 승려들은 중국을 넘어 인도까지 구법求法을 위한 순례에 나섰다.

　　물론 우리나라 승려들보다는 중국의 승려들이 더 널리 알려져 있다. 특히 『불국기佛國記』를 쓴 법현法顯, 『남해기귀내법전南海奇歸內法傳』를 지은 의정義淨, 『대당서역기大唐西域記』의 저자 현장 등은 그들이 남긴 기행문으로 유명하다. 하지만 우리나라에도 가깝게는 중국, 멀리는 인도까지 유학을 떠난 '극성스런' 스님들이 꽤 많았다. 『왕오천축국전往五天竺國傳』을 쓴 신라의 혜초慧超를 비롯해, 『삼국유사』에는 인도로 유학 간 승려들이 1백여 명에 달한다고 기록되어 있다. 이 중에 이름을 확인할 수 있는 사람은 10여 명가량이다.

　　최초의 인물은 6세기의 백제 승려 겸익謙益이다. 그는 521년 바닷길을 통해 인도에 가서 5년을 머물다가 인도의 승려와 함께 불교 경전을 싣고 백제로 돌아왔다. 중국을 거치지 않고 인도에서 직접 불교를 수입한 최초의 사례였다. 백제의 성왕은 겸익 일행을 크게 반겼으며 홍륜사에서 38명의 고승들과 함께 율부律部 72권을 번역하도록 했다. 이후 그는 율종律宗을 보급하는 데 힘써 백제 율종의 비조鼻祖가 되었다.

　　7세기에는 당나라의 많은 승려들이 인도로 구법 여행을 떠났는데, 이 풍조에 영향을 받아 우리나라 승려들도 대거 인도로 향했다. 당시 인도 불교의 중심지 나란다 사원에서는 고구려와 신라의 승려들을 쉽게 만날 수 있었다고 한다. 이밖에도 인도 각지에 삼국 승려들의 발길이 끊이지 않았다. 중국 승려 의정義淨은 인도에서 16년간 유학하면서 모두 9명의 고구려와 신라 승려들을 만났다고 기록했다. 7세기 말에는 이슬람 제국이 육지의 비단길을 장악함에 따라 바닷길을 통해 인도로 가는 승려들이 늘어났다. 고구려 승려 현유玄遊는 실론 섬(현재의 스리랑카)에 머물렀고, 신라 승려 두 명이 수마트라 섬의 서해안에서 병으로 죽었다는 기록도 있다.

8세기에는 혜초, 원표元表, 무루無漏, 혜륜慧輪, 의신義信, 무상 등 인도로 떠나는 승려들이 더욱 늘어났다. 이 가운데 무루는 특이하게도 신라의 왕자 출신으로, 당나라와 중앙아시아를 거쳐 인도에서 유학한 뒤 다시 당나라로 돌아왔다. 이 무렵 당나라 숙종은 꿈속에서 염불하는 금색의 사람金色人을 보았는데, 나중에 확인해보니 무루였다고 한다. 그 후 무루는 신승神僧으로 대우받으며 당나라 궁정에서 불법을 펼치다 입적했다.

오늘날 가장 널리 알려진 사람은 혜초(?~787?년)이다. 혜초는 천 년 이상 그 존재가 잊혔다가 1908년 중국 돈황의 천불동 석굴에서 발굴한 고문서를 해외로 밀반출한 프랑스의 '동양학자' 폴 펠리오Paul Pelliot에 의해 다시 세상에 알려졌다. 도굴꾼 펠리오는 돈황의 고문서들을 살펴보던 중 겉표지가 떨어져 나간 한 권의 책을 발견한다. 그는 제목도 지은이도 알 수 없는 이 책을 연구한 끝에 혜초의『왕오천축국전』이라는 사실을 밝혀냈다.『왕오천축국전』은 인도, 중앙아시아, 페르시아, 아라비아의 역사, 정치, 문화, 풍속, 종교 등을 정확하고 상세하게 기술하여 최고 수준의 사료적 가치를 지닌 기행문으로 평가받는다. 또한 이국적인 풍물을 간결한 필치와 탁월한 표현력으로 묘사해 문학적인 가치도 뛰어나다. 혜초는 일약 유라시아 교류사의 유명 인사가 되었다.

혜초는 신라에서 태어나 16살이 되던 해에 불교를 공부하기 위해 당나라로 건너갔다. 그는 당나라 광주에서 인도의 고승 금강지金剛智

를 만나 가르침을 받았다. 금강지는 남인도 출신으로 낙양과 장안 등지에서 밀교를 전파하고 있었다. 혜초는 스승 금강지의 권유로 723년 바닷길을 따라 인도로 떠났고, 이후 4년 동안 인도와 서역을 두루여행했다.

혜초는 인도양을 거쳐 인도의 동부 해안에 상륙한 뒤에, 인도 중부로 들어가서 불교의 4대 성지 중 하나인 구시나가라*와 4대 불탑등 다양한 불교 유적을 순례했다. 중국인들은 인도를 천축天竺이라고 불렀는데, 당시에는 5개의 나라로 분열되어 있어서 오천축이라고도 했다. 대부분의 신라와 당나라 승려들은 그 가운데 일부만을 방문했지만, 혜초는 오천축을 두루 여행하며 지식과 견문을 넓혔다.

그는 페르시아에도 잠시 들렀다가 파미르 고원을 넘어 723년 당나라로 돌아왔고, 금강지의 지도로 밀교를 공부했다. 740년에는 금강지와 함께 밀교 경전의 필사와 한문 번역에 착수했으며, 금강지가죽자 그의 제자 불공不空 밑에서 공부를 계속했다. 불공은 혜초를 여섯 제자 가운데 두 번째로 삼았는데, 이로 미루어 혜초의 재능이 매우 뛰어났음을 알 수 있다. 혜초는 산서성 북쪽의 오대산五臺山** 건원보리사에 들어가서 불경의 번역과 주석 작업에 전념하다 787년 무렵 입적했다고 전해진다.

물론 밀교가 중국에 큰 영향을 미친 불교 종파는 아니었고, 혜초

---

* 석가모니가 열반한 곳.
** 우리나라 강원도의 오대산이 왜 중국에도 있는 것일까? 불경에서는 문수보살의 거처를 오대산, 관음보살의 거처를 낙산洛山, 법기보살의 거처를 금강산金剛山이라고 했다. 우리나라와 중국의 오대산은 모두 문수보살을 숭상해 붙인이름이다. 금강산 역시 어릴 적 불렀던 동요처럼 아름다워서가 아니라 법기보살 신앙 때문에 붙은 이름이다.

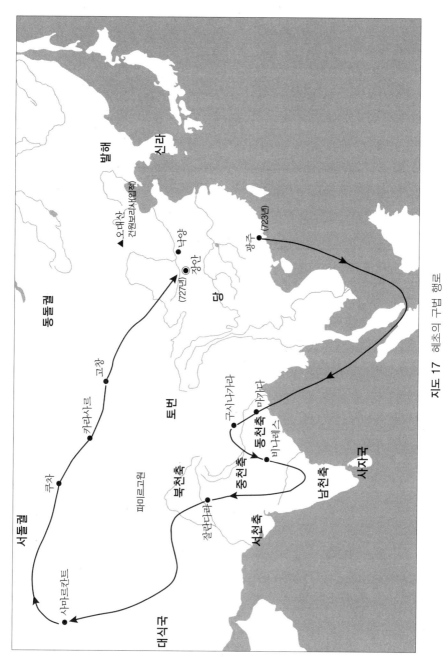

지도 17 혜초의 구법 행로

또한 불교사에 획기적인 업적을 남긴 승려는 아니었다. 그럼에도 그의 이름이 널리 알려진 것은 앞서 언급했듯이 『왕오천축국전』의 역사적이고 문화적인 가치 때문이다. 그는 한국인으로는 최초로 대식국大食國(이슬람 제국)에 다녀왔을 뿐 아니라, 한자 문화권에 속하는 사람 중 처음으로 그 지역에 대한 기록을 남겼다. 또한 '대식'이라는 이름을 처음으로 사용한 사람으로도 알려져 있다. 요컨대 혜초는 고승이라기보다 뛰어난 기행문을 남긴 훌륭한 여행가였던 셈이다.

문득 미국, 영국 등의 영어권 나라만이 아니라 남아프리카공화국이나 인도처럼 영어를 공용어로 사용하는 나라까지 자녀들을 유학보내려 기를 쓰는 우리나라 부모들의 모습이 겹쳐진다. 배움을 위해 머나먼 이국땅을 찾아가는 극성스러움은 우리나라 사람들의 은근한 전통일지도 모르겠다.

김인문과 숙위 외교

신라는 고구려와 백제에 맞서 나당 연합을 성사시키기 위해 자발적으로 당나라에 인질 즉 숙위를 보냈다. 648년 당나라에 사신으로 파견된 김춘추金春秋는 자신의 아들 김문왕金文王과 김대감金大監을 남겨두고 돌아왔다. 이후 신라 말까지 16명의 숙위가 있었다. 그런데 숙위는 일차적으로는 인질이었지만 종종 외교관의 역할도 수행했다. 대표적인 사례가 22년 동안 7번에 걸쳐 숙위가 된 김인문이다.

김인문은 태종무열왕 김춘추의 둘째 아들이자 문무왕의 동생이다. 그는 651년 23세의 나이에 진덕여왕의 명을 받고 당나라에 파견되어 숙위가 되었다. 이후 잠시 신라에 돌아와 압독주총관押督州總管을 역임했는데, 이때 백제 공격을 준비하던 당나라 고종이 그를 불러들여 백제에 대해 물었다. 김인문은 백제의 도로와 지형 등의 정보를 상세히 알려주어 고종의 신임을 얻었고, 백제 원정군 사령관 소정방蘇定方의 부관이 되었다. 백제의 멸망을 다룬 영화《황산벌》은 그가 소정방과 신라 장수들 사이에서 통역을 맡아 당나라의 앞잡이 노릇을 한 것으로 묘사했는데, 오랜 당나라 체류 기간을 고려하면 실제로 그러했을 가능성도 있다. 김인문은 백제 멸망의 공을 세워 아버지 무열왕으로부터 파진찬波珍飡과 각간角干의 높은 벼슬을 받았다.

그는 다시 당나라로 돌아가서 666년에 고종을 따라 태산에서 열린 봉선封禪 의식에도 참관했다. 천자 또는 황제가 하늘에 제사를 올리는 봉선 의식은 중국 역사에서 이를 거행한 황제를 손에 꼽을 정도로 쉽게 보기 힘든 행사였다. 그는 고구려의 멸망에도 공을 세웠고, 특히 고구려의 마지막 왕인 보장왕을 당나라군 사령관 이적 앞에 무릎 꿇린 채 책망하여 '신라인의 위엄'을 과시하기도 했다.

당나라는 신라와 힘을 합쳐 고구려와 백제를 멸망시켰지만, 두 나라의 영토를 독차지하고 내친 김에 신라까지 공격하려 했다. 이에 신라 문무왕은 고구려의 부흥 운동을 지원하고 옛 백제의 땅을 점령했다. 고종은 군대를 보내 문무왕을 폐위하고 김인문을 새로운 신라왕으로 임명하려 했다. 친당파 김인문을 허수아비 왕으로 삼아 신라를 집어삼키려는 속셈이었다. 이러한 음모를 간파한 김인문은 간절히 사양했지만 고종의 명령은 단호했다. 그는 하는 수 없이 당나라 군대와 함께 한반도로 향했다.

다행히 문무왕이 사신을 보내 고종에게 사죄하자 김인문을 왕으로 임명했던 조치는 취소되었다. 이 과정에서 김인문은 당나라의 일방적인 임명에 반대하며 신라의 이익을 위해 노력하는 외교관의 모습을 보여주었다. 만약 당나라의 요구에 따랐다면 허수아비 왕이 될 수밖에 없었을 것이다. 숙위는 자기 의사와 무관하게 애국자가 될 수도, 매국노가 될 수도 있는 박쥐와 같은 신세였다.

『삼국유사』 권2 「문호왕법민文虎王法敏」에 따르면, 고종이 김인문을 불러들여 신라 정벌을 상의하자 그는 이 사실을 당시 당나라에 유학하고 있던 의상을 통해 신라 조정에 몰래 전해주었다고 한다. 이 일화는 김인문을 단순한 친당파로 볼 수 없음을 시사한다. 그러나 같은 책 권4 「의상전교義湘傳敎」에도 동일한 내용이 나오는데, 여기에는 김인문이 아니라 김흠순金欽純이라는 사람이 의상에게 정보를 넘겨주었다고 기록되어 있다. 김흠순이 김인문과 동일 인물이라는 주석이 붙어있기는 하지만, 두 사람이 결코 같은 사람일 수 없다고 주장하는 학자들도 존재한다.

어찌됐든 김인문은 당나라에서 679년 진군대장군鎭軍大將軍 우무위위대장군右武威衛大將軍에, 694년에는 보국대장군輔國大將軍 상주국上柱國 좌우림군장군左羽林軍將軍 임해군개국공臨海郡開國公에 임명되었다. 여기서 진군대장군, 보국대장군, 상주국은 명예직이며, 실제의 직책은 우무위위대장군과 좌우림군장군이었다. 우무위위와 좌우림군은 궁궐과 도성의 방어를 맡은 군대를 일컫는다.

즉 김인문은 황제의 친위대 사령관이었던 것인데, 이 때문에 실제로 숙위, 즉 궁궐에서 숙직하며 황제를 지키는 중요한 임무를 맡았다. 하지만 신라와 당나라의 사이가 나쁘던 무렵에는 마음고생이 심했을 것이다. 물론 영화 《황산벌》에서처럼 당나라의 앞잡이 노릇을 하며 은근히 형 문무왕을 쫓아내고 스스로 왕이 되기를 바랐는지는 그 자신만이 알 일이다.

05 해상왕 장보고와 골품제의 반항아들

신라인 장보고와 그 동료들이 고대 동아시아 세계의 바다를 누비며 해상 교역을 지배했다는 사실은 우리에게 놀라움과 자랑거리를 제공한다. 흔히 자족적이고 다분히 '폐쇄적인' 민족성을 가졌다는 우리 조상들이 동아시아의 바다를 제패했다는 것이 믿어지는가? 당시 신라인들의 삶을 통해 그들의 개방성과 활동성을 확인해보자.

장보고와 당나라 용병

군인이 되기 위해 당나라에 건너간 신라인들의 이야기는 여러 기록에 등장한다. 예컨대 『삼국사기』에는 설계두薛罽頭와 장보고, 그리고 장보고의 친구 정년의 전기가 실려 있다. 또한 이원좌李元佐처럼 당나라의 하급 장교로 일하다 일본 승려의 기행문에 이름만 달랑 등장하는 사람도 있다. 이들은 왜 신라가 아닌 당나라의 용병으로 복무했을까?

설계두는 명문 집안 출신이었다지만, 구체적인 가계나 출신 지역은 알려져 있지 않다.* 그는 어느 날 친구들과 술을 마시고 놀다가 서로의 포부를 말하기로 했다. 자신의 차례가 되자 설계두는 다음과 같이 말했다.

신라에서는 인재를 뽑을 때 꼭 골품을 따진다. 그래서 큰 재주가 있고 뛰어난 공을 세우더라도 골품의 한계를 넘어 승진할 수 없다. 나는 서쪽의 중화국으로 가겠다. 그래서 세상을 깜짝 놀라게 할 지략을 내놓고 비상한 공을 세워 반드시 출세할 테다. 골품의 도움 없이 나 자신만의 힘으로 출세해서, 고관의 옷과 칼을 갖추고 천자를 알현하는 존귀한 사람이 되어야 만족하겠다.

성골이나 진골 출신이 아니기에 능력이 뛰어나도 출세할 길이 없는 6두품 이하 신분의 비애가 서려 있다. 하지만 설계두는 골품 제도의 질곡에 숨이 막혀 꿈과 포부를 잃어버린 대부분의 신라인들과 달랐다. 그는 621년 무작정 배를 타고 당나라로 건너갔다. 당나라의 군인으로 성공하겠다는 희망을 품고서.

당나라가 막 건국한 무렵이었다. 사회 구조가 아직 안정되지 않은 국가 건설의 초기에는 사람들에게 많은 기회가 찾아오는 법이다. 당나라에 건너간 직후에 그가 어떤 삶을 살았는지는 알 수 없지만, 훗날 장교가 된 것을 보면 아마도 처음부터 군대에 투신했던 것 같다.

설계두는 당나라 태종의 고구려 원정에 좌무위과의左武衛果毅라는 직책의 장교로 참전했다. 그는 주필산 부근에서 고구려군과 맞붙게 되자, 가장 선두에 서서 적진 깊숙이까지 달려 들어가 힘껏 싸웠으니 그 전공이 최고라 할 만했다. 그러나 안타깝게도 설계두는 이 전투에

---

* (앞쪽)『삼국사기』「설계두열전」은 그를 명문 집안 출신으로 기록하고 있지만, 다른 내용과 비교했을 때 일종의 사후적인 '립 서비스'일 뿐인 것으로 보인다.

서 그만 목숨을 잃고 만다.

태종이 이 광경을 보고 그 사람이 누구인지 물으니, 좌우의 신하들이 신라인 설계두라고 대답했다. 그러자 태종은 눈물을 흘리며 "우리나라 사람들도 죽기를 두려워해 앞에 나서지 않는데 다른 나라 사람이 우리를 위해 싸우다 죽었으니 그 공을 어떻게 보답할까?"라며 탄식했다. 태종은 신하들로부터 설계두의 평생소원에 대해 듣고는 자신의 옷을 벗어 시신을 덮어주고 대장군의 벼슬을 내려 예를 갖춰서 장사지내도록 했다.

장보고와 그의 친구 정년 또한 신라에서의 신분 차별 때문에 자진해서 당나라의 용병이 되었다. 장보고는 신라 서해안의 어떤 섬에서 태어났다고 전해지는데, 일부 학자들은 그의 출생지가 현재의 완도였을 것으로 추정한다. 자신의 고향에 청해진을 설치했을 것이라는 막연한 추측 때문이다. 그의 원래의 이름은 궁복弓福 또는 궁파弓巴였다. 이름이 둘인 것처럼 보이는 이유는 아마도 당시 신라어를 한자로 옮겨 적다보니 다르게 표기되었던 것 같다. 당나라에 건너갈 때성은 '궁弓' 대신 '장張'으로 쓰고, 이름의 '복福'을 중국 발음으로 읽어 '보고保皐'가 되었다고 한다. 또 다른 설에 따르면 '보고'가 '활을 잘 쏘는 사람'이라는 뜻을 가지고 있었다고도 한다.

장보고는 어린 시절부터 친구로 지내온 정년과 함께 당나라로 건너갔다. 설계두와 마찬가지로 골품 제도가 뿌리 깊은 신라에서는 자신의 뜻을 펼칠 가능성이 없다고 판단했던 것이다. 그는 당나라 서주에 주둔하던 무령군武寧軍이라는 부대에 입대했고, 뛰어난 기량을 발휘해 소장小將*의 직위에 올랐다. 나이는 장보고가 정년보다 더 많지만 무예는 정년이 더 앞섰다고 한다.

그런데 장보고는 다른 신라 출신 군인들과는 달리 도중에 신라로 귀국한다. 당나라 해적에게 끌려와 고생하는 신라인들을 목격한 뒤의 일이었다. 당시에는 신라인들이 해적에 사로잡혀 노비로 팔려가는 일이 흔했다. 이들은 대개 산동반도의 등주, 내주와 같은 연안 지역에서 노비로 거래되었다. 당나라 조정은 여러 차례에 걸쳐 이러한 행위를 금하는 지시를 내렸지만 효과는 미미했다.

장보고는 정년에게 함께 신라로 돌아가서 해적들을 소탕하고 해안 지역의 신라인들이 평화롭게 살아갈 수 있도록 돕자고 설득했다. 그러나 정년이 거절했기 때문에 828년 혼자서 신라에 돌아왔고, 흥덕왕을 알현한 자리에서 완도에 해군 기지를 설치해 해적을 토벌해야 한다고 진언했다. 흥덕왕은 그를 청해진대사淸海鎭大使로 임명하고 1만 명의 군사를 주며 해적을 소탕하라고 명했다. 이로써 장보고의 새로운 인생이 시작되었다.

해상왕 장보고와 신라 조정

완도에 도착한 장보고는 먼저 청해진을 설치하고 해군을 정비했다. 곧이어 서해와 남해 일대를 기웃거리는 해적과 노예 상인들을 깨끗이 소탕했다. 『신당서』에 따르면 이후 바다에서 신라인들을 납치해 팔아넘기는 일이 완전히 사라졌다고 한다. 장보고는 이에 만족하지 않고 여러 군소 해상 집단들을 병합해 해상 교통망을 장악한 뒤, 당나라와 일본에 각각 무역선을 파견해서 신라, 당나라, 일본을 잇는 삼각 무역을 개척했다. 그리고 이를 통해 막대한 부를 축적했다.

---

* (앞쪽) 소장이라는 직위는 당나라의 관제에 존재하지 않았기 때문에 아마도 장교급 직위의 별칭으로 여겨진다.

장보고는 신라 조정으로부터 반半독립적인 지위에 있었다. 하지만 혜공왕 이후 신라의 왕위 계승을 둘러싼 진골 귀족들 사이의 대립이 극심해지자, 장보고 역시 분쟁에 휩쓸리게 된다. 마침 흥덕왕이 후사를 남기지 않고 죽자 희강왕 파와 김우징金祐徵 파가 왕위 쟁탈전을 벌였는데, 여기서 패한 김우징이 청해진으로 도망쳐와 장보고에게 몸을 의탁했다. 얼마 후 희강왕 파 안에서도 내분이 일어나 김명金明이 왕위를 찬탈했다.

이 소식을 들은 김우징은 장보고에게 도움을 청했다. 자신이 왕으로 즉위하면 장보고의 딸을 며느리로 삼겠다고 제안한 것이다. 결국 장보고는 당나라에서 돌아온 정년에게 5천 명의 군사를 맡겨 금성을 점령하게 하고 김명 일파를 축출했다. 결국 왕위에 오르게 된 김우징은 장보고를 감의군사感義軍使에 임명하고 2천 호의 식읍을 주었다. 장보고의 권세는 그야말로 하늘을 찌르는 듯했다.

그런데 얼마 후 김우징이 죽고 아들 문성왕이 즉위하자 상황은 급변했다. 문성왕도 장보고의 은혜를 잊지 않고 아버지가 약속한 대로 그의 딸을 두 번째 왕비로 삼으려 했다. 그러나 보수적인 진골 귀족들은 미천한 신분을 가진 자의 딸을 왕실의 배필로 삼을 수 없다고 주장하며 격렬히 반대했고, 문성왕은 이들의 저항에 굴복하고 말았다. 격분한 장보고는 문성왕과 귀족들의 비겁하고 신의 없는 행동에 비난을 퍼부었고, 신라 조정과 청해진의 관계는 몹시 악화되었다.

마침내 장보고는 846년에 반기를 들었다. 장보고가 군사를 일으키려 하자 조정은 대책 마련에 골몰했지만 별다른 묘안을 찾지 못했다. 그런데 이때 염장閻長이라는 자가 장보고를 암살하겠다고 나서니 일제히 환영했다. 염장은 장보고에게 거짓으로 투항해 환심을 산 뒤 함께 술을 마시다가 장보고가 취하자 그를 살해했다. 이로써 장보고의 파란만장한 생애가 마감되었다.

실패하기는 했지만, 장보고의 거사는 골품 제도를 고수하려는 진골 귀족에 대한 평민 세력의 반발이라는 역사적 의의를 지녔다. 부당한 신분 차별을 극복하기 위해 당나라로 건너갔던 장보고, 그는 거대한 부와 권력은 얻었지만 끝내 골품 제도의 벽만은 넘지 못했다.

장보고가 죽은 뒤 청해진은 폐쇄되었고, 그를 따르던 병사들과 백성들은 다른 나라로 도망치거나 벽골군(현재의 김제 지방)으로 강제 이주되었다. 하지만 신라인의 해상 활동은 장보고 때와 같은 규모는 아니더라도 꾸준히 지속되었다.

일본 승려가 만난 당나라의 신라인들

장보고의 생애에 대한 기록은 주로 『삼국사기』와 중국의 몇몇 역사서들을 참고한 것이다. 그러나 이들 책에서 같은 시기에 존재했던 신라방新羅坊, 신라소新羅所, 신라관新羅館, 신라원新羅院 등에 대한 기록은 찾아볼 수 없다. 신라인들이 중국의 동해안 일대에서 상업과 교역에 활발히 종사했다는 사실은 일본 승려 원인圓仁이 쓴 『입당구법순례행기入唐求法巡禮行記』에서 발굴한 것이다. 원인은 838년 일본에서 당나라에 파견한 외교 사절인 견당사遣唐使 일행을 따라 당나라에 들어갔다가 847년에 귀국했다. 이 책은 원인이 당나라에 체류하면서 보고 듣고 느낀 바를 적은 것인데, 우리에게는 당나라에 거주하던 신라인들에 관한 기록이 특히 흥미롭다.

이 무렵 신라인들은 중국의 해안 지방에서 여러 집단 거주지를 이루고 있었다. 원인과 견당사 일행은 산동반도의 남해안을 거쳐갈 때나 양자강 하류의 양주揚州에서 대운하를 타고 상류로 거슬러 올라

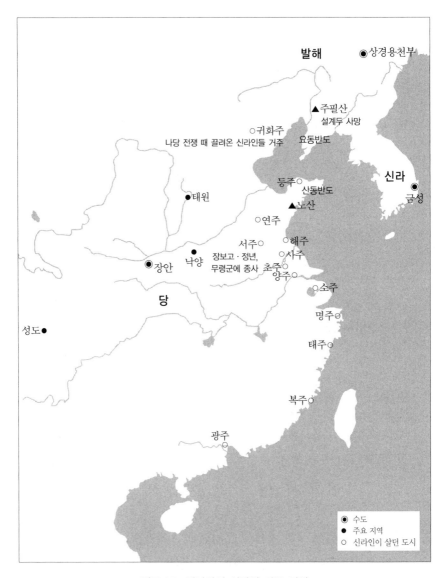

발해

●상경용천부

▲주필산
설계두 사망

○귀화주
나당 전쟁 때 끌려온 신라인들 거주   요동반도

등주○
산동반도
▲노산

신라
●금성

●태원

○연주

서주○ ○해주
장보고·정년,   ○사주
무령군에 종사 초주○
양주○

●장안 ●낙양

당

○소주

명주○

●성도

태주○

복주○

광주○

● 수도
● 주요 지역
○ 신라인이 살던 도시

지도 18 당나라의 신라인 거주 지역

갈 때 모두 신라인의 배를 이용했다. 이들은 산동반도 동쪽의 등주, 현재의 강소성에 위치한 양주, 초주, 사주 등에서 신라인 집단 거주지인 신라방을 만나게 된다. 특히 오늘날 우리나라 중소기업들이 많이 진출해 있는 산동성 청도시의 노산 일대와 장보고가 세운 적산법화원이라는 사찰이 있던 산동반도 남해안 일대에 많은 신라인들이 모여 살았다. 신라인들은 이러한 신라방에서 일정한 자치를 누렸다.

그런데 신라인들은 왜 당나라에 와서 살게 된 것일까? 원인이 그 이유를 밝히지는 않았다. 추측컨대 숙위, 숙위학생 및 유학생, 당나라의 요구로 건너온 관리와 기술자, 포로로 끌려온 군인과 노비들이 대부분이었겠지만, 자발적으로 건너온 사람도 적지 않았을 것이다. 어떤 학자는 산동반도와 강소성 일대의 '신라인'들 중에는 남북조 시대에 백제 지배 지역에서 살던 백제인들 및 이정기 정권 시기에 건너온 고구려 유민들이 포함되어 있었다고 주장한다. 그러나 백제의 대륙 지배설은 아직까지 소수설에 불과하며, 고구려 유민들이 신라인의 정체성을 쉽게 받아들일 수 있었을지도 의심스럽다. 신라인들이 어떤 이유로 당나라 곳곳에 흩어져 살게 되었는지는 더 많은 연구가 필요한 주제다.

신라인들이 모여 살던 지역은 대개 신라와 당나라의 주요 해상 교역로에 위치해 있었다. 계절풍을 이용하는 인도양 지역을 제외하면, 전근대 시대의 항해란 해안선을 따라 나아가는 것이었다. 정밀한 지도나 나침반, 통신 장비 등이 없는 상황에서 무작정 큰 바다로 나설 수 없었기 때문이다.*

신라나 일본에서 당나라의 장안으로 갈 때도 한반도의 남해안과 서해안을 따라 요동반도까지 올라가서 묘도열도를 징검다리 삼아 산동반도로 건너간 뒤에, 다시 중국의 동해안을 따라 내려가서 양자강과 대운하를 거치는 항로가 일반적이었다. 황해를 가로질러 곧바로 양자강 하구에 닿는 것이 당시의 항해술로는 쉽지 않았던 까닭이다. 삼국 시대 내내 고구려, 백제, 신라가 한강 유역을 차지하려고 기를 썼던 것도 바로 이 항로를 확보하기 위해서였다.*

이 항로의 주요 지점에는 배의 정박과 보급을 위한 항구들이 들어섰고, 항구에는 신라인의 집단 거주지 신라방이 자리 잡았다. 신라방에는 구당신라소勾當新羅所라는 관청이 있었는데, 신라방을 관리하는 신라 측의 관청으로, 그 책임자는 '○○주州 신라소총관新羅所總管'으로 불렸다. 물론 신라소총관은 신라인이 맡았다. 우리나라의 일부 학자들은 신라인들이 자치권을 행사하고 치외 법권治外法權을 누린 점을 들어 신라방이 조계나 식민지와 유사한 것이었다고 주장하기도 한다.** 하지만 이는 당나라의 외국인 정책을 이해하지 못해 생긴 오해일 따름이다.

---

* (앞쪽) 포르투갈인들이 발견한 유럽 최초의 인도 직항로도 마찬가지였다. 포르투갈에서 출발해 마데이라, 카나리아, 아조레스 등 북아프리카 서해안의 군도들을 징검다리 삼아 아프리카를 한 바퀴 빙 돌아가는 항로였다. 아프리카 최남단의 희망봉을 돈 뒤에는 인도양의 계절풍을 타고 비교적 쉽게 인도까지 갈 수 있었지만 말이다.

* 신라의 김춘추가 당나라에 사신으로 가던 도중에 고구려 수군에게 체포되었던 것도, 신라의 배가 중국으로 가려면 고구려의 영역인 황해도와 평안도의 해안선을 반드시 지나야 했기 때문이다. 고구려가 북위 몰래 중국 강남의 남조로 사신을 보내려다 발각되었던 것도 똑같은 이유에서였다.

** 어떤 학자는 "신라 조계의 총독은 신라인만이 아니라 일본인을 보호하는 업무까지 수행했다."고 주장한다. 현대의 외교 언어로 바꿔 말하면 주중 한국대사관과 영사관이 중국에 체류 중인 일본인의 사무까지 처리했다는 뜻이다. 조금만 더 나아가면 일본이 신라의 보호국 내지 속국이었다는 이야기가 될 수도 있다. 감정상 이러한 주장에 동의하고 싶을 수도 있겠지만, 그러기 위해서는 더 많은 증거가 보강되어야 할 것이다.

당나라 형법의 원문과 주석을 모은 『당률소의唐律疏議』의 「명례편
名例篇」 48항에는 외국인 범죄에 대한 재판권 행사의 주체가 명시되
어 있다. 이에 따르면 같은 나라 사람들 사이에 벌어진 사건은 그 나
라의 법률에 따라 처리하고, 다른 나라 사람들 사이에 일어난 사건은
제삼자인 당나라의 법률에 따르도록 규정되어 있다. 당나라에는 중
국과 상이한 법률 체계를 갖고 있는 많은 외국인들이 살고 있었기 때
문이다.

신라뿐 아니라 고구려와 백제의 법률 체계도 당나라와 적지 않은
차이가 있었다. 대표적인 사례가 절도죄에 대한 처벌 규정이다. 『구
당서』와 『신당서』의 「고구려, 백제 열전」에 따르면, 도둑질한 사람은
고구려에서는 10배 혹은 12배, 백제에서는 5배를 배상해야 했다. 배
수의 차이는 있지만 훔친 물건의 X배를 갚도록 하는 배상법은 과거
고조선이나 유라시아 대륙의 유목민 사회에서 흔히 발견된다. 하지만
중국에서는 절도죄를 저지른 사람에게 신체의 일부를 절단하거나*
매를 때리는 형벌 즉 태형笞刑이 가해졌다.

따라서 배상법 체계에 익숙한 외국인들을 당나라의 형법으로 다
스린다면 문화적인 충돌과 갈등이 일어날 수 있었다. 몇 년 전 싱가
포르 정부가 범죄를 저지른 미국 청소년에게 태형을 선고해서 미국
정부와 시민들을 경악시킨 적이 있다. 오늘날에도 다른 문화권 사람
들을 일률적인 형벌로 다스리는 것은 결코 쉽지 않다.

물론 근대 이후에는 한 나라의 주권이 미치는 영토 안에서 일어난
사건에 대해서는 그 나라의 법률에 따라 처리하는 것이 원칙이다. 영
사 재판권 혹은 치외 법권이라 해서 외교관이나 주한 미군과 같은 예

---

* 절단형은 한나라 문제文帝 때 사라졌다.

외가 있기는 하지만, 말 그대로 예외일 뿐이다. 그래서 많은 학자들은 근대 초기에 한국, 중국, 일본의 동아시아 삼국이 서구 열강과 조약을 맺으며 치외 법권을 인정한 것을 불평등 조약의 대표적인 사례로 본다. 틀린 말은 아니지만, 오래전부터 당나라의 법률 체계를 받아들인 동아시아 삼국의 통치자들은 치외 법권을 '오랑캐'들에게 적용하던 기존의 관행과 같은 것으로 보았다. 즉 동아시아의 전근대적인 관념 속에서 치외 법권은 상대방의 우위를 인정하는 조항이 아니었던 것이다.* 따라서 신라인들이 누렸던 자치권과 치외 법권의 의미를 오늘날의 관점에서 부풀리는 것은 시대적 배경에 대한 이해 부족의 산물일 뿐이다.

『입당구법순례행기』에 따르면 원인 일행은 당나라에서 체류하던 기간 내내 이동과 통역 등에서 신라인들의 도움을 받았고, 심지어 일본인이라는 사실을 숨기고 신라인으로 속여서 여행의 편의를 제공받은 경우도 있었다. 이처럼 신라인들은 당시 중국의 동해안과 대운하 지역에서 매우 자유롭고 활발하게 활동했다. 그런데 달리 보면 마침 그 시기가 당나라 조정의 힘이 크게 약화되고 군벌들이 지방을 할거하던 당나라 말기의 혼란기였기 때문이었을 수도 있다. 중앙의 통제력이 약해지면서, 신라인들 역시 공권력을 무시할 정도로 세력을 확대하고 '고도의 자치'를 누릴 수 있었던 것이다.

---

* 조선 시대 남해안에 있던 왜관倭館, 일본 나가사키의 인공 섬 데지마, 청나라 광주 사면섬의 서양인 상관商館 등은 쇄국 정책 속에서 외국인들에게 거주와 교역이 허락된 몇 안 되는 지역이었다. 이곳에서는 일종의 치외 법권이 통용되었는데, 오랑캐의 일은 오랑캐들이 알아서 처리하라는 취지였다.

신라인들의 해상 활동과 교역

신라와 당나라는 나당전쟁 시기를 제외하면 꾸준히 외교 사절을 주고받으며 활발하게 교류했다. 『구당서』와 『신당서』, 그리고 두 역사서의 신라 관련 기사를 거의 그대로 옮긴 『삼국사기』에는 "신라가 당나라에 조공朝貢했다."고 기록되어 있다. 즉 신하인 신라 왕은 주인인 당나라 황제에게 특산물을 바치고 그 대가로 선물을 하사받았다는 것이다. 또한 당나라 황제는 신라 왕이 새로 즉위할 때마다 책봉冊封이라는 절차를 통해 승인했다. 이러한 조공과 책봉은 외형상 두 나라가 주종 관계를 맺고 있었던 것으로 보이게 하지만, 적어도 두 나라 사이의 경제적 교역은 일반적인 나라들 사이의 관계와 다르지 않았다.

공식적인 교역은 주로 사신의 왕래와 더불어 이루어졌다. 8세기에는 매년, 가끔씩은 한 해 두 차례 이상 사절이 오갈 만큼 교류가 활발했다. 사신을 통한 공무역公貿易 외에 사무역私貿易이라고 불리는 민간 무역도 있었다. 780년에 당나라 조정이 신라 및 발해와의 비단, 은, 구리, 철, 노비 교역을 금지한 것으로 보아, 이러한 품목들도 거래되었음을 알 수 있다. 어떤 신라 상인은 당나라의 유명한 시인 백거이白居易의 시문詩文을 사들여 신라의 재상에게 한 편당 1금金에 팔았고, 또 다른 상인은 저명한 당나라 화가의 그림 수십 점을 비싼 값에 구입해 신라로 실어가기도 했다. 신라에서는 신라진자新羅榛子, 신라송자유新羅松子油, 신라백부자新羅白附子, 신라인삼新羅人蔘, 해송자海松子, 신라박하新羅薄荷, 신라도新羅桃, 수가水茄, 신라新羅,*

* 국화의 일종.

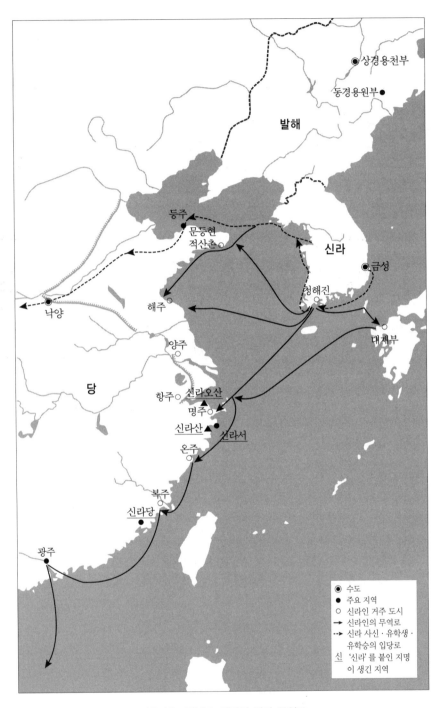

상경용천부

동경용원부

발해

등주
문등현
적산촌

신라

금성

해주

낙양

당

청해진

대재부

양주

항주
신라오산

명주

신라산
신라서

온주

복주
신라당

광주

○ 수도
● 주요 지역
○ 신라인 거주 도시
→ 신라인의 무역로
⇢ 신라 사신 · 유학생 ·
　유학승의 입당로
신 '신라' 를 붙인 지명
　이 생긴 지역

지도 19 장보고 시기의 해상 무역로

해홍海紅, 해석류海石榴, 단라担羅 등의 약재, 채소, 과일, 꽃, 해산물을 당나라로 수출했다.

신라인들이 동아시아의 바다를 제 안방처럼 드나들 수 있었던 것은 뛰어난 조선술과 항해술 덕분이었다. 원인 일행이 일본을 출발할 때 타고 갔던 일본 배 4척은 도중에 모두 파손되었지만, 귀국길에 탔던 신라 배 9척은 전혀 파손되지 않았다. 신라 배의 원형이 남아 있지 않아 그 크기와 형태를 정확히 파악하기는 어렵지만, 어떤 학자는 최대 140명까지 탑승할 수 있으며 평균 적재량은 250톤 정도였을 것으로 추정한다. 약 7백 년 뒤에 처음으로 대서양을 건넌 콜럼버스의 사령선이 적재량 250톤 규모였다. 또한 에스파냐의 마젤란이 세계일주에 사용한 5척의 배 가운데 가장 큰 것이 130톤 정도였다. 당시 신라의 조선술은 중국과 더불어 세계 정상을 다투었던 것이다.

반면 일본의 조선술은 원시적인 수준이었다. 원인 일행은 최소한 세 차례의 시도 끝에 겨우 당나라에 도착할 수 있었고, 그나마 난파된 배를 중국인들이 구조해주었기에 가능한 일이었다. 메이지 유신 이후 서양 문물을 배우기 위해 파견한 이와쿠라岩倉 사절단의 모델로 추앙받는 견당사의 현실은 지극히 초라했다.

이런 상황에서 신라인들은 일본, 신라, 당나라를 오가는 항로를 지배할 수 있었다. 장보고가 파견한 무역 선단은 일본의 민간인들과 직접 교역했으며, 규슈 북쪽의 무역항 대재부에서는 신라인들이 거주하며 직접 무역에 종사하기도 했다. 그래서였을까? 일본인들은 '신라신新羅神'을 항해의 수호신으로 섬겼다. 신라신이 장보고를 지칭하는 것인지 아니면 신라인들을 범칭하는 말인지는 알 수 없지만, 당시 신라인들이 동아시아의 바다와 해상 무역을 장악했던 현실의 일면을 보여준다.

심지어 9세기에는 신라 해적들이 동해를 주름잡고 일본인들을 공포에 떨게 했다. 일본 측 기록에 따르면 신라 해적들은 812년 전후와 860년대에 일본 해안에 나타나 약탈을 일삼았다. 적게는 수십에서 수백 명의 무리가 바다를 건너왔고, 많은 경우 2,500명가량이 1백여 척의 배에 나누어 타고 일본의 해안에 출현했다. 우리는 까맣게 잊고 있지만 왜구倭寇가 존재하기 전에 '신라구新羅寇'가 먼저 있었던 것이다.

당시 일본인들의 무력한 사정은 다른 사례에서도 확인할 수 있다. 원인만이 아니라 중국을 여행한 다른 승려들도 신라인의 배를 이용해야 했고, 중국에 보내는 공문서, 편지, 금전 등도 신라인의 배를 통해 전해졌다. 원인 일행이 직접 당나라의 지방 관청에 체류 허가를 신청했을 때는 거부당했지만, 신라소를 감독하던 신라인 관리의 도움을 얻자 쉽게 허가를 받을 수 있었다. 또한 이들은 장안과 오대산을 여행할 때 신라 출신의 무관 이원좌의 보호를 받았으며, 중국인들과의 교섭도 일본인 통역이 아닌 신라인 통역 김정남金正南이 맡았다. 일본인들은 신라인의 도움을 받지 않고는 중국을 여행할 수 없었던 것이다.

이러한 기록들을 읽다보면 일본의 왜구가 우리나라와 중국의 해안을 약탈하는 모습을 상상하기란 쉽지 않다. 오히려 섬나라에 살면서도 배의 건조나 항해에 서투르기만 한 사람들을 발견할 수 있을 뿐이다. 일부 일본인들이 미화하고 있는 위대한 고대 국가의 현실이다.

일반적으로 신라의 해상 교역은 장보고 사후에 쇠퇴한 것으로 알려져 있지만 실제로는 계속해서 활발하게 유지되었다고 한다. 송나라 때 쓰인 『책부원귀冊府元龜』라는 책에 따르면, 산동반도에는 10세기 초까지 신라인들의 거주지가 존재했다. 또한 『전당문全唐文』에는

823년에 탐부라(탐라, 즉 현재의 제주도)의 상인들이 큰 배를 타고 중국의 광주를 오간 기록이 등장한다. 이는 신라인들의 중국 항로가 점차 남쪽으로 옮겨갔음을 보여준다. 어떤 학자는 장보고 이후 영산강에서 출발해 양자강 하류 및 명주(현재의 절강성 영파시)로 가는 직항로가 개척되었다고 주장한다. 그 덕분에 중국의 월주요 청자가 고려에 전해져 아름다운 고려청자가 태어날 수 있었고, 오대십국 시대 오월의 불교 미술이 전해져 고려의 찬란한 불교문화가 꽃피었다는 것이다.

신라인들이 양자강 및 중국의 동남해안에서 활동했음은 현지의 지명에서도 확인할 수 있다. 『명일통지 明一統志』와 『적성지 赤城志』에 따르면 현재의 복건성 임해현에서 동남쪽으로 30리 떨어진 곳에 신라서 新羅嶼라는 지명이 있었는데, 신라 상인들이 이곳에 정박했다고 해서 붙여진 이름이라고 한다. 임해현에서 서쪽으로 30리 떨어진 곳에는 신라산 新羅山도 있었다. 절강성 영파시의 신라오산 新羅盃山, 복건성 천주시의 신라당 新羅塘, 영정현의 신라도 新羅渡도 신라 상인들과 관련된 지명들이다.*

심지어 신라인들은 아랍인들과도 교역했다. 951년 아랍 상인 술라이만 앗 타지르가 펴낸 『중국과 인도 소식』과 966년 역사학자이자 지리학자인 알 마크디시가 펴낸 『창세와 역사서』라는 책에는 신라에 관한 구체적인 기록이 등장한다. 양측의 상인들이 서로 교역했다는 증거인 셈이다. 아랍인들은 신라에 직접 찾아오거나, 혹은 당나라의

---

* 당나라 사람이 지은 『영표록이 嶺表錄異』라는 책에는 중국인 주우 周遇라는 사람의 기록이 등장한다. 주우는 오늘날의 산동성에서 복건성으로 피난하던 길에 배를 함께 탄 신라인에게 중국 동남해안의 지리를 물었다. 일부 학자들은 이 신라인이 중국 동남해안을 오가던 상인이었을 것으로 추정한다.

광주나 천주 등에서 신라 상인들과 물품을 사고팔았던 것으로 보인다. 9세기 후반의 기록에 따르면 아랍인들은 신라에서 비단, 검, 사향, 말안장, 검은담비 가죽, 오지그릇, 계피 등을 구입했다.

이처럼 신라인들은 뛰어난 조선술과 항해술을 바탕으로 동아시아의 바다를 주름잡았다. 여전히 쉽게 믿기지 않는다면, 아마도 조선시대 이후의 폐쇄성으로 인한 선입견 때문일 것이다.

당나라에서 활동한 신라인 기술자들

『삼국사기』의 열전 가운데 구진천仇珍川의 이야기는 읽는 이의 가슴을 뭉클하게 한다. 구진천은 신라에서 제8관등의 사찬沙湌이라는 벼슬을 지냈으며, 활과 화살을 잘 만들어 이름이 널리 알려져 있었다. 당나라 고종은 고구려가 멸망한 669년에 신라에 사신을 보내 구진천을 보내달라고 요구했다. 신라로서는 시절이 시절이었던 만큼 당나라의 요구를 받아들이지 않을 수 없었다.

고종은 구진천에게 활을 만들라는 명령을 내렸다. 그런데 그가 만든 활을 실제로 쏘아보니 겨우 30보를 날아갈 뿐이었다. 고종은 "그대 나라의 활은 1천 보를 날아간다고 들었는데 지금은 고작 30보밖에 되지 않으니 어찌된 까닭인가?"라고 물었다. 구진천은 이렇게 대답했다. "활의 재료가 좋지 않기 때문입니다. 신라에서 활의 재료를 가져오면 더 잘 만들 수 있습니다."

고종은 이 말을 듣고 신라에서 활의 재료를 구해왔다. 그래서 다시 한 번 활을 만들도록 했지만 이번에도 60보밖에 날아가지 않았다. 고종이 다시 이유를 묻자 구진천은 "신 또한 그 까닭을 알지 못하겠습니다. 아마도 바다를 건너오는 동안 재료가 습기를 먹어 품질이 나빠졌나 봅니다."라고 변명했다. 고종은 그가 일부러 좋은 활을 만들지 않는 것을 알고 중죄로 다스리겠다고 협박했다. 그러나 구진천은 끝까지 자신의 재능을 숨기고 드러내지 않았다. 자신이 만든 활이 조국을 겨누는 것을 차마 볼 수 없었기에 목숨을 걸고 '태업'을 감행했던 것이다.

조선의 실학자 이수광李睟光은 『지봉유설芝峰類說』에서 조선의 활, 중국의 창, 일본의 조총을 각각 최고의 무기로 꼽았다. 조선의 활은 사정거리가 4백 미터 안팎으로 조총보다 8배나 길었다. 짐작컨대 신라의 활도 조선 활과 마찬가지로 매우 먼 곳의 적까지 위협할 수 있는 파괴적인 무기였을 것이다.

대당고김씨부인묘지명大唐故金氏夫人墓銘에서도 유사한 사례를 찾을 수 있다. 이 묘지명에 따르면 김씨 부인은 지계양감知桂陽監 장사랑將仕郎 시어사 내공봉內供奉을 지낸 이구李璆의 아내로, 본적은 경조부 즉 장안이었다. 그녀는 당나라 의종懿宗의 치세인 함통 5년(864년)에 죽었으며, 할아버지는 김충의金忠義, 아버지는 김공량金公亮이었다.

김충의의 이름은 『구당서』 「위관지전」에 등장한다. 신라인 김충의는 뛰어난 기술로 발탁되어 종3품 소부감少府監에 올랐다.* 소부감은 궁중에서 사용하는 각종 물품들의 제작을 감독하는 벼슬이었다. 김충의는 음보蔭補를 통해 자신의 아들을 양관생兩館生으로 만들려고 했다. 음보는 아버지의 지위가 높을 경우 아들도 관리가 될 수 있도록 한 특혜였다. 하지만 김충의는 "공인工人과 상인商人의 자식은 벼슬할 수 없다."는 위관지韋貫之의 반대에 부딪혀 뜻을 이룰 수 없다. 이는 김충의가 공인, 즉 수공업 기술자였음을 알려준다. 또한 『구당서』 「목종본기穆宗本紀」에는 그의 아들 김공량이 820년에 지남거指南車** 와 기리고거記里鼓車***를 만들었다는 기록이 보인다.****

---

* 묘지명에는 내부감內府監으로 되어 있어 『구당서』와 차이를 보인다.
** 언제나 남쪽 방향으로 가리키는 목상木像을 실은 수레.
*** 일정한 거리를 가면 북을 치도록 설계된 수레로 거리를 측정하는 데 사용되었다.
**** 다른 기록에는 김충의가 신라 원성왕 때 당나라로 건너가 활약한 화가였으며, 덕종에 의해 발탁되어 소부감이 되었으나 훗날 다른 신하들의 탄핵으로 벼슬에서 쫓겨났다고 한다.

김충의와 김공량의 사례를 보면 『삼국사기』 등의 역사서에는 등장하지 않지만 당나라에서 활동한 신라인 기술자가 적지 않았음을 알 수 있다. 김충의 부자가 어떤 이유로 당나라에 건너갔는지는 알 수 없지만, 구진천과 마찬가지로 당나라 측의 요구 때문이었을 가능성이 크다.

그런데 묘지명에는 김씨 부인의 본적이 경조부라고 기록되어 있다. 그렇다면 김씨 부인은 흉노 김일제金日磾의 후손인 경조 김씨 가문의 사람이 된다. 하지만 앞에서 살펴본 것처럼 『구당서』는 그녀의 할아버지 김충의를 분명한 신라인으로 기록하고 있다. 도대체 무엇 때문일까?

두 가지 가능성을 생각해 볼 수 있다. 먼저 당나라의 법전인 『당육전』에는 부모가 당나라로 귀화한 이후에 태어난 자녀들은 번호番戶, 즉 외국인이 아닌 귀화한 당나라인으로 취급한다는 조항이 있다. 김씨 부인은 이민 3세였으므로 이 조항에 따라 출생지인 장안을 본적으로 삼았을 수 있다.

다음으로 김씨 부인 스스로 중국인으로 행세하기 위해 원래의 성과 글자가 같은 중국의 김씨 중에서 가장 유명한 경조 김씨의 본적을 따랐을 수 있다. 고구려의 마지막 왕인 보장왕의 후손들의 묘지명에서도 보이는 현상이다. 개방적이고 국제적이었던 당나라 전기와 달리, 당나라 후기는 한족적인 것을 추구하며 폐쇄적이고 국수적인 사회 분위기 속에서 외국인을 배척하던 시대였다. 이런 시대에는 신라인이라는 사실을 떠들고 다니는 것보다 중국인 행세를 하는 편이 훨씬 현명한 선택이었을 수 있다. 좋게 말해 '현지화'인 셈일까?

3부

고려 시대
그리고
송, 요, 금, 원나라 시대

우리나라의 고려 시대에, 중국 대륙에는 한족이 세운 송나라가 자리 잡고 있었고 그 북방에는 거란의 요遼나라와 여진의 금金나라가 존재했다. 그리고 이후 북아시아의 초원 지대에서 새롭게 흥기한 몽골은 유라시아 대륙에 걸친 광대한 대제국을 건설했다.

송나라는 당나라와 달리 외국인들에게 폐쇄적이었다. 이러한 폐쇄성은 당나라 후기부터 나타난 현상으로, 중국의 국력이 쇠하여 북방의 유목 민족들에 시달리면서 외국인들을 배타적으로 대하기 시작한 것이다.

송나라는 중국의 역대 통일 왕조 가운데 가장 군사력이 약하고 영토도 협소했다. 그래서 다른 통일 왕조들과 달리 '제국'으로 불리지 못했다. 하지만 송나라는 당시 세계에서 경제와 문화, 과학 기술이 가장 발달한 나라였다고 해도 과언이 아니다. 중국이 자랑하는 4대 발명품 가운데 폭죽(화약), 나침판, 목판 인쇄술이 발명되어 널리 쓰인 시기가 바로 송나라 때였다. 반면 북방 유목 민족들이 세운 나라들은 강력한 군사력을 자랑했다. 이들은 송나라를 무력으로 굴복시킨 뒤 해마다 비단과 은 등 막대한 물자를 얻어냈다. 해마다 바치는 물자라는 뜻에서 세폐歲幣라고는 했지만 실제로는 조공이나 다름없었다.

어떤 미국 학자는 이 시기에는 중국 중심의 일원적이고 불평등한 외교 관계가 아니라 평등한 나라들 사이의 다원적인 외교 관계가 전개되었다고 본다. 실제로 거란과 여진의 군주들은 스스로 황제를 칭했다. 하늘 아래에 오직 한 명만 존재해야 하는 황제가 같은 시기에 적어도 두세 명 이상 존재했던 것이다. 또 다른 학자는 고려의 왕들조차 자국 내에서는 황제를 칭했다는 이른바 '황제국 체제' 이론을 주장하기도 한다. 당시의 국제 정세를 감안하면 크게 그릇된 주장은 아니다.

이 시기에 중국에서 활동한 우리 선조들의 수는 앞선 시대보다 줄어들었다. 송나라의 폐쇄적이고 국수적인 사회 분위기 때문이었다. 다만 발해의 멸망 이후 요나라와 금나라에서 활동한 발해인들 및 고려 말의 원나라 간섭기에 현재의 중국 요령성 지방으로 이주한 고려인들의 이야기가 포함되었다. 그러나 유쾌한 이야기보다는 어둡고 슬픈 이야기가 많다.

01 거란 치하의 발해인

발해는 여전히 우리에게 미지의 나라다. 남아 있는 기록이 거의 없기 때문에, 발해를 세운 사람들이 고구려인인지 말갈인인지도 확실히 알지 못한다. 심지어는 발해가 왜 멸망했는지도 모른다. 그러나 발해 인들은 나라가 멸망한 뒤에 다른 민족들의 역사 속에 자신들의 족적을 남겼다. 거란 치하에서 발해인들이 어떻게 살았는지를 살펴보자.

발해인들의 강제 이주

926년 거란의 태조太祖 야율아보기*가 발해의 수도 상경 용천부를 함락함으로써 발해는 멸망했다. 하지만 발해가 멸망에까지 이르게 된 배경에 대해서는 자료가 턱없이 부족하기 때문에 학설이 매우 분분하다. 일본의 한 학자는 발해가 멸망하기 직전에 폭발한 백두산의 화산재가 일본까지 날아갔다는 사실에 주목한다. 즉 대규모 화산 폭발로 발생한 화산재 때문에 기온이 떨어져 농업 생산량이 줄어들

---

* 거란의 질랄부迭剌部 출신이다. 거란 8부를 통일하고 907년에 요나라를 세웠다. 위구르의 이주 이후 무주공산이 된 몽골 고원을 차지했으며 발해를 멸망시켜 거란을 대제국으로 키웠다.

었고, 이것이 발해의 경제를 붕괴시켜 멸망에 이르렀다는 주장이다. 근래 우리나라의 한 방송국도 이 학설을 크게 다룬 바 있다. 그러나 대부분의 학자들은 발해 지배층의 내분 덕에 야율아보기가 어부지리를 얻은 것으로 추측하고 있다. 부여성에서 벌어진 대규모 전투에서 발해의 주력 부대가 무참히 격파된 후 더 이상 항전할 군사력이 없어 속수무책으로 무너졌다는 견해도 있다.

어찌됐든 야율아보기는 발해를 멸망시킨 뒤 그 땅에 동란국東丹國을 세우고 맏아들 야율배를 인황왕人皇王으로 삼아 통치를 위임했다. 그리고 발해의 군주와 왕족, 백성의 일부를 거란의 수도 임황의 서쪽 지역으로 이주시켰다. 또한 928년 거란의 태종 야율덕광*은 야율우지의 건의에 따라 발해의 옛 땅에 남아 있던 유민들을 요동의 양수(현재의 요령성 요양시 태자하) 일대로 강제 이주시켰다. 이 과정에서 여진이나 고려로 도망친 사람들도 많았다.

거란은 왜 발해인들을 요동으로 이주시켰을까? 전근대 시대에는 인구 밀도가 높지 않았기 때문에 땅보다는 목축이나 경작을 위한 노동력이 더 값진 자원이었다. 본거지로부터 멀리 떨어져 있고 저항이 심해 지배하기 어려운 지역을 계속 점령하고 있는 것보다는, 물자를 약탈한 뒤 사람들을 끌고 와서 일을 시키는 편이 훨씬 이익이었던 것이다. 실제로 거란은 발해를 멸망시킨 후에 그 영토를 거의 방치하다시피 했다. 발해의 옛 땅은 말갈인의 후예라는 여진인들이 차지했고, 요나라는 이들을 간접 지배하는 데 만족했다.

다른 한편 점령지의 주민들을 낯선 곳으로 이주시키는 것은 반란

---

* 야율아보기의 둘째 아들이다. 926년 즉위한 후 석경당石敬瑭이 후당後唐을 멸망시키고 후진後晉을 세우는 것을 돕고 그 대가로 연운십육주燕雲十六州를 할양받았다.

을 사전에 예방하는 데도 유용한 정책이었다. 사람이나 동물은 낯선 곳으로 옮기면 한결 온순해지므로 지배자나 주인의 말을 잘 듣게 되어 통치하는 데 더 유리하다. 그래서 당나라는 고구려와 백제인들을 중국의 변방과 내지로 이주시켰고, 소련은 연해주의 우리나라 사람들을 중앙아시아로 이주시킨 것이었다.

거란은 이후에도 반란이 일어날 때마다 계속해서 발해인들을 분산 이주시켰다. 예컨대 975년에 황룡부(현재의 길림성 농안현)에서 발해인 연파燕頗가 반란을 일으켰다 실패하자 이에 가담한 사람들을 황룡부로부터 멀리 떨어진 내지로 옮겼다. 대연림大延琳의 독립운동이 실패한 뒤에도 또 한 번의 강제 이주가 강행되었다. 1029년 동경*에서 무관으로 근무하던 발해인 대연림은 유민들을 규합해 독립을 시도했다. 대연림의 독립운동은 1년 넘게 지속되었지만 끝내 실패하고 말았다. 이 사건을 계기로 거란은 요동의 발해인들을 거란의 수도 임황과 중경 부근으로 이주시키고, 그들의 거주지를 주현州縣으로 편제했다. 거란의 중심지로 데려와 감시와 통제를 손쉽게 하려는 조치였다.

계속된 강제 이주로 발해인들은 거란의 전역에 분산되었다. 서쪽으로는 현재 내몽고자치구의 시라무렌하 유역과 하북성의 관문인 산해관 부근, 북쪽으로는 길림성의 남부, 동쪽으로는 압록강에 이르는 넓은 지역에 흩어져 살게 된 것이다. 일부는 오늘날의 몽골 공화국 지역에도 거주하게 되었다.

거란의 각지로 이주한 발해인들은 어떠한 삶을 살았을까? 발해인

---

* 거란이 세운 5경의 하나로, 발해인들이 강제 이주된 요동의 동평군에 설치되었다.

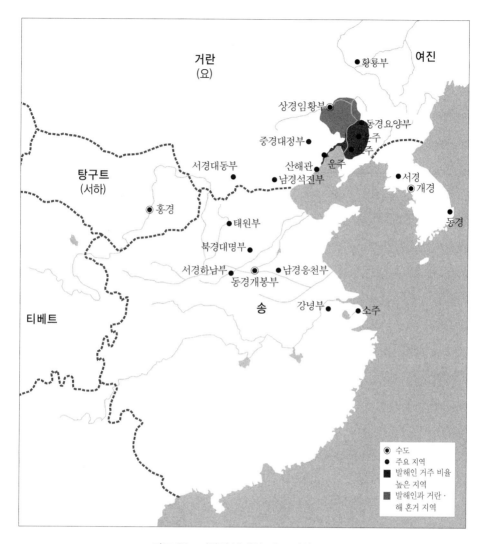

여진

거란
(요)

●황룡부

상경임황부●

탕구트
(서하)

서경대동부●

중경대정부●

동경요양부
●

주

주

산해관
●
남경석진부●

운주

서경
●
개경
◎

◉홍경

태원부●

동경
●

북경대명부●

서경하남부●
동경개봉부◎

남경응천부●

송

강녕부●

●소주

티베트

◉ 수도
● 주요 지역
■ 발해인 거주 비율
  높은 지역
■ 발해인과 거란·
  해 혼거 지역

지도 20 거란의 발해인 거주 지역

들의 법적 신분을 살펴보면 대강의 상황을 그려볼 수 있다. 『요사遼史』「형법지刑法志」에 따르면 발해인은 한법漢法, 즉 한족에게 적용되는 법을 따르도록 규정되어 있었다. 이는 발해인을 중국인처럼 정주 농경민으로 대우했다는 것을 의미한다. 거란은 유목민과 농경민을 모두 지배하던 나라였다. 그러나 상이한 생활 양식과 문화를 지닌 두 집단을 함께 다스리기는 쉽지 않았기 때문에, '북면北面·남면南面 제도'라는 것을 도입했다. 중국인 등의 농경민은 남면에서 관할하고 거란인 등의 유목민은 북면에서 관리하는 일종의 분리 통치 방식이었다. 요동의 발해인들은 주로 남면에 소속되었다. 농경민으로 간주된 것이다.

북면에 속한 발해인들도 없지는 않았다. 임황 부근으로 끌려간 발해인들은 황실 직할지인 알로타와 귀족의 영지인 두하군주에 예속되었는데, 양자는 북면에 속했다. 하지만 알로타와 두하군주의 발해인

북면·남면 제도

들도 성에 거주하며 황실과 귀족들을 위한 생산 활동, 즉 농업과 수공업에 종사했다. 즉 실제 활동에서는 정주 농경민으로 대우받은 것이다.

한편 발해의 옛 지배층 중에는 거란에서 벼슬해 문文과 무武의 양면에서 활약한 사람들도 있었다. 『요사』 열전에 이름을 남긴 무장들의 삶을 살펴보자.

중원에 떨친 발해 무장의 용맹

고모한高模翰은 송松이라는 이름으로도 불렸다. 그의 후손인 고위구高爲裘와 고택高澤의 묘지명에 따르면 고모한 가문의 본적은 발해국 부여부(현재의 길림성 사평시 일대) 어곡현 오철리였다. 일본의 역사서 『유취국사』에는 발해의 지방에는 말갈인들이 다수였지만 촌장은 고구려인들이 맡았다는 기록이 있다. 고모한은 그 성姓으로 미루어 고구려인이므로 그의 가문은 발해 부여부 일대의 유력한 지방 세력이었을 것이다.

고모한은 발해가 멸망하자 처음에는 고려로 망명했다. 고려의 태조 왕건은 고려 여자와 혼인을 주선하는 등 환대했지만, 그는 곧 죄를 짓고 거란으로 도망쳤다. 하지만 거란에서도 술을 마시고 사람을 죽여 감옥에 갇히게 되었는데, 야율아보기가 그의 탁월한 무재武才를 알아보고 사면해주었다. 이후 고모한은 거란에서 활약할 기회를 얻었다.

원래 거란은 몽골 고원의 유목 국가, 만주의 고구려와 발해, 그리고 중국이라는 힘센 '고래'들 사이에 낀 '새우' 신세에 지나지 않았다. 한때 고구려에게 복속된 적도 있으니 말이다. 그러나 주변의 강대국들이 점차 쇠하면서 상황이 급변하게 된다. 몽골 고원을 지배하던 위구르가 키르기스 연합군에게 패해 중앙아시아의 오아시스 지대와 당나라의 북쪽 변경으로 뿔뿔이 흩어지자, 몽골 고원은 이후 오래도록 여러 부족들이 다투는 분열의 시대로 접어든다. 또한 10세기에 들어서면서 당나라, 발해, 신라가 마치 약속이나 한 듯 동시에 쇠약해진다. 거란은 이 기회를 틈타 만주와 북아시아를 제패했다.

10세기 초 거란 질랄부의 야율아보기는 당나라 말의 혼란을 피해 도망쳐온 중국인들을 받아들여 농업과 수공업, 소금 생산 등에 종사하게 했다. 그리고 이들의 생산력을 기반으로 힘을 키워 자신의 군주권을 강화한다. 원래 거란은 8개의 부족으로 구성된 부족 연합체로, 각각의 부족들은 선거를 통해 임기 3년의 부족 우두머리 대인大人을 선출했다. 하지만 야율아보기는 각 부족의 대인들을 모두 살해하고 8개 부족을 북원부北院府과 남원부南院府로 통폐합함으로써 기존의 부족 질서를 재편했다. 내부 정비를 마친 뒤에는 발해와 몽골 고원의 유목 민족들을 정복해 거란을 대제국으로 탈바꿈시켰다.

당시 중국은 당나라가 멸망하고 각지의 군벌들이 흥망을 거듭하던 오대십국의 혼란기였다. 오대는 후량後梁, 후당, 후진, 후한, 후주後周 등 황하 유역을 차례로 지배한 다섯 왕조이며, 십국은 북한과 양자강 이남을 할거한 9개 지방 정권을 통칭하는 용어다. 중국에서는 오래도록 오대만을 정통으로 인정해왔는데, 이 가운데 후당, 후진, 후한의 세 왕조는 사타돌궐*이 세웠다. 그러나 중국인들보다 전투에 능했던 사타돌궐조차 막 흥성하기 시작한 거란에게는 꼼짝 못했다.

사타돌궐의 후당은 명군으로 추앙받던 명종明宗이 죽은 뒤 후계 문제로 내분을 겪었다. 명종의 사위이자 조정에 가장 반항적인 존재였던 하동절도사 석경당은 936년에 조정의 군대가 쳐들어오자 거란의 야율덕광에게 원병을 요청했다. 석경당은 자신이 황제가 되면 야율덕광을 아버지로 섬기고, 매년 공물을 바치며, 연운십육주를 할양하겠다고 약속했다. 석경당이 너무나 좋은 조건을 제시하자 야율덕광은 흔쾌히 승낙하고 직접 5만 기병을 이끌고 출정했다. 이로 인해 석경당은 후진을 세우고 황제에 오를 수 있었다. 석경당은 약속한 대로 자신보다 어린 야율덕광을 아버지로 부르고 매년 비단 30만 필을 거란에 바쳤으며 영토를 할양했다.

이때 고모한은 거란군에 종군하며 후당의 명장 장경달張敬達의 군대를 여러 차례 물리치는 공을 세웠다. 야율덕광은 고모한에게 "짐이 기병한 뒤 1백여 차례 싸웠지만 경의 공이 가장 훌륭하며 어떤 맹장도 공을 따를 수 없다."라고 칭찬하며 상장군上將軍으로 삼았다. 전쟁이 끝난 뒤에도 야율덕광은 "짐이 천하를 통일하는 데 고모한의 공이 가장 컸도다."라고 말하니 신하들이 일제히 만세를 외쳤다고 한다.

그런데 석경당이 죽고 뒤이어 후진의 황제에 오른 조카 석중귀石重貴는 거란에 반기를 들었다. 분열의 시기라고는 하지만 중국의 황제가 이민족 군주를 아버지라고 부르며 공물을 바치는 것은 전례가없는 일이었기 때문이다. 또한 석경당이 거란에 할양한 연운십육주는 북방 유목 민족의 침략을 막아내는 데 매우 유리한 지형과 요새를

---

* (앞쪽) 투르크계 유목민 집단으로 중국에는 췰chöl의 음사音寫인 처월處月 혹은 '사막에 사는 사람'이란 뜻의 '사타'로 알려졌다. 당나라가 내란에 휩싸이자 그 우두머리 이극용은 878년에 섬서성 북부의 대동 지방을 차지했으며 황소의 난을 평정하는 데에도 결정적 공을 세웠지만, 후량을 세운 주전충과의 헤게모니 다툼에서 밀렸다. 훗날 이극용의 아들 이존욱李存勗이 후당을 세우고 후량을 멸망시킨 뒤 화북을 통일했다.

갖춘 곳이었다. 이 때문에 훗날 오대십국의 혼란기를 통일한 송나라 조차도 유목민, 특히 거란의 침략에 취약할 수밖에 없었다. 석경당의 행동은 두고두고 후손들의 원망을 받을 만한 일이었던 것이다.

석중귀는 무엇보다 거란에게 칭신稱臣하는 사대事大의 예를 부끄럽게 여겼고, 이를 중단하기 위해 전쟁도 불사했다. 석중귀의 배신에 격노한 야율덕광은 곧바로 정벌군을 편성했는데, 고모한은 통군부사統軍副使로 종군해 큰 전공을 세웠다. 결국 후진은 946년 수도 개봉이 함락됨으로써 멸망했다. 거란은 일시적이지만 자신의 본래 근거지와 중국 대륙의 북부를 동시에 지배한 최초의 이민족 왕조가 되었다.*

야율덕광은 947년에 국호를 '대요大遼'라고 짓고, 개봉에 머물며 중국 지배를 시도했다. 그러나 거란인들은 정주 농경민과의 관계에 서툴렀다. 거란인들은 대개의 유목민들이 그러하듯이 식량과 물자를 '현지 조달'하려 했는데, 이는 실제로 점령지의 백성을 약탈하는 것에 다름없었다. 이러한 약탈을 중국인들은 '타초곡打草穀'이라고 불렀다.

거란인들은 개봉과 낙양 인근의 수백 리 지역에서 재물과 가축을 빼앗았다. 많은 백성들이 재산을 잃고 몰락해 도탄에 빠졌으며, 유랑하다가 죽은 사람들도 부지기수였다. 거란인들의 약탈이 심해지자 처음에 환영하던 중국인들도 그들을 몰아내기 위해 죽을힘을 다하기 시작했다. 각 지방의 장군들도 군대를 일으켜 야율덕광이 머물고 있는 개봉을 향해 진군했다.

야율덕광은 중국 대륙을 지배하려는 원대한 포부를 품고 있었지

---

* 오호십육국 시대에 북방과 서방의 이민족들이 북중국을 지배한 적은 있었지만, 대부분 중국을 지배하느라 본거지인 몽골 고원과 내몽골 지역은 방기했다.

지도 21 야율덕광의 중원 정복

만, 부하들의 약탈로 민심을 잃어 더 이상 중국에서 버틸 수가 없었다. 게다가 여름이 오자 더위를 이기지 못한 거란인들이 중국에 계속 남는 것에 반발했다. 결국 야율덕광은 "비록 덥기는 하지만 일 년 정도만 지나면 거란인들도 적응해 태평세가 도래할 것"이라는 낙관론을 접고 고향으로 돌아가야만 했다. 이를 두고 어떤 학자는 거란 군주권이 지닌 한계를 보여주는 사례로 지적하기도 한다. 거란인들은 회군하면서도 지나는 지방마다 약탈을 일삼아 그들의 악명을 재확인했다.

하지만 거란의 중국 정복에 공을 세워 높은 벼슬에 오른 고모한은
이후에도 승진을 거듭해 우상과 좌상까지 역임했다. 야율덕광이 그
의 초상화를 인각麟閣*에 걸어 그 공적을 후세에 전하게끔 할 정도였
다. 고모한은 훗날 자신의 고향인 동경을 방문했는데, 말 그대로 금
의환향이었다. 발해인들은 그의 공적과 출세를 축하하며 마을의 영
광으로 여겼다. 고모한은 자기 민족의 나라는 아니었으나 거란의 용
병 대장으로서 발해인의 용맹을 중원에 떨친 인물이었다.

거란 치하의 발해인 관리

일반적으로 한 나라가 다른 나라에 정복되면 정복된 나라의 백성
들은 피지배층으로 전락하기 마련이다. 하지만 정복된 나라의 지배
층은 정복국의 정치 제도나 지배 전략에 따라 새로운 지배층으로 흡
수될 수도, 피지배층으로 전락할 수도 있다. 유럽에서 망국의 지배층
은 대부분 철저히 제거되었지만, 중국과 우리나라에서는 정복국의
지배층으로 편입되는 사례가 많았다. 신라가 고구려와 백제의 옛 지
배층을 지배층의 말단으로 편입시킨 것이 대표적인 경우다.

발해의 지배층은 어떠했을까? 거란도 자신들이 정복한 부족이나
나라의 지배층에게 관직을 주어 지배층으로 편입시키곤 했다. 『요
사』 「백관지百官志」에는 발해의 황실에게 거란의 귀족 가문인 요련씨
遙輦氏에 준하는 대우를 했다는 기록이 보인다. 그리고 유목민을 관
할하는 북면관 밑에는 발해장사渤海帳司, 발해근시상온사渤海近侍詳

* 공신들의 초상화를 걸어둔 누각.

穩司, 발해군상온사渤海軍詳穩司, 발해군도지휘사사渤海軍都指揮使司 등 '발해'라는 단어가 포함된 행정 관청과 군대 조직이 존재했으며, 발해재상渤海宰相, 발해태보渤海太保, 발해달마渤海撻馬라는 관직도 있었다. 고영창高永昌의 독립운동에 가담한 발해태보 하행미夏行美가 발해인이었던 사실로 미루어, 아마도 이러한 관직에는 발해인들이 임명되었던 것 같다. 또한 북면관 산하의 속국관屬國官과 제부諸部에 발해부渤海部와 서북발해부西北渤海部가 속해 있었던 것은 일부 발해인들이 반半독립적 집단의 형태로 거란에 복속했음을 알려준다.

거란에서 벼슬한 발해인 관리들의 성姓은 대개 발해의 군주 씨족 대씨大氏와 유력 귀족 고씨高氏였다. 이들이 발해가 망한 뒤에도 여전히 발해인 집단 내에서 정치, 사회적인 영향력을 행사하고 있었다는 사실과 무관하지 않을 것이다. 그럼에도 거란 치하에서 발해인의 정치적인 위상은 썩 높지 않았다. 앞에서 살펴본 고모한을 제외하면 대개의 발해인들은 출세한들 중하급의 관직에 불과했고 열전에 등재된 인물도 매우 드물었다.

그런데 흥미롭게도 『요사』 「능리전能吏傳」에는 선정을 베푼 관리 다섯 명의 업적이 실려 있는데, 그 중 한 명이 발해인 대공정大公鼎 (1043∼1121년)이다. 대공정의 선조는 요양에서 살다가 거란 성종聖宗 시기에 다른 발해 귀족들과 함께 중경도로 이주되었다. 그는 1074년 32세의 나이로 진사과에 합격해 심주의 관찰판관觀察判官에 임명된 뒤, 양현의 현령縣令, 흥국절도부사興國節度副使, 장춘주전백도제점長春州錢帛都提點 등의 지방관을 거쳐 대리경大理卿, 중경유수中京留守 등 고관으로 승진했다.

대공정이 심주에서 일할 때 요동 지방에서는 강의 제방이 허술해 비만 오면 수재가 나서 농사에 피해를 주곤 했는데, 이에 북추밀원은 하천 주변의 백성들을 동원해 제방을 보수하려 했다. 그런데 이 일을 맡은 관리들이 백성들을 심하게 다그치고 혹독하게 공사를 진행시키자, 대공정은 대규모 토목 공사가 나라에 이익이 되지 않고 백성들의 농사에도 도움이 되지 않는다는 이유를 들어 공사의 중단을 건의하는 상소를 올렸다. 상소를 접한 거란 조정은 결국 공사를 중단시켰는데, 마침 이때부터 더 이상 수재가 일어나지 않아 인근 천 리의 백성들이 크게 환영하며 기뻐했다고 한다.

홍국절도부사로 재임할 때는 매를 기르는 관청인 응방鷹坊의 관리들이 농지를 훼손해서 백성들에게 피해를 끼치자 이러한 행위를 규제해야 한다는 상소를 올렸다. 이 덕분에 응방 관리들의 횡포를 줄여 백성들의 고통을 덜어줄 수 있었다. 사냥지로 유명한 장춘주에서 근무할 때도 거란 귀족들의 무리한 요구를 단호히 거절하고 맡은 직무에 충실했다고 한다.

중경유수로 부임하는 길에는 도적을 만나 그들을 제압했는데, 도적들이 앞으로 새사람이 되겠다고 약속하자 본래의 생업으로 돌아갈 수 있도록 배려해주었다. 그리하여 열흘도 채 지나기 전에 중경은 다시 도적 없는 평온한 도시가 될 수 있었다. 이 사실을 전해들은 천조제는 그에게 보절공신保節功臣이라는 칭호를 덧붙여주었다.

발해인의 독립운동

발해인들의 독립운동은 발해가 망한 직후부터 시작되었다. 거란이 많은 발해인들을 서쪽으로 끌고 간 뒤에, 남은 사람들은 정안국定安國(926~1004년)이라는 나라를 세웠다. 정안국은 중국의 송나라와 외교 관계를 맺고 한때 거란을 협공하기로 약속하기도 했다. 그러나 나라의 힘이 미약한 나머지 거란에 조공하게 되었고, 여진과 철리국鐵利國의 침략에 시달리다가 결국 여진에 복속되었다.

한편 대연림, 고욕古欲, 고영창처럼 거란에서 벼슬한 발해인들도 독립을 쟁취하기 위해 목숨을 걸었다.

대연림은 발해의 시조 대조영의 7대 손이었다. 그는 동경의 지방관으로 있다가 1029년에 거란 왕실의 부마이자 동경유수였던 소효선蕭孝仙과 남양공주南陽公主를 감금하고 호부사戶部使 한소훈韓紹勳 등을 살해한 뒤 독립을 선언했다. 국호는 흥요興遼, 연호는 천경天慶*이라 했다. 동경에는 발해인이 많이 살고 있었기 때문에 대연림은 빠르게 세력을 규합할 수 있었다.

발해인들이 대연림을 지지했던 데는 독립에 대한 열망만이 아니라 경제적인 요인도 중요하게 작용했다. 원래 발해에는 술, 소금, 누룩의 유통을 국가가 독점하는 전매 제도가 없었고 세금의 징수가 관대해서 백성들의 살림살이가 여유로운 편이었다. 그래서 거란도 발해인의 반발을 우려해 이 지역을 전매법의 적용 대상에서 제외시킨 바 있었다.

하지만 이러한 특별 대우는 중국인 재정 전문가가 부임해오면서

---

* 『고려사高麗史』에서는 '천흥天興'이라고 한다.

막을 내렸다. 재정을 담당하는 호부사로 부임한 한소훈은 중국인 거주 지역인 연운십육주에서 시행중이던 전매법을 요동에도 똑같이 도입함으로써 발해인들을 자극했다. 게다가 연운십육주에 기근이 들자 왕가王嘉라는 한족 출신 관리는 요동의 발해인들을 동원해 식량을 운반할 배를 만들자고 제안해서 타오르는 불에 기름을 끼얹었다. 강제 노역에 내몰린 발해인들은 피해자가 속출하자 폭정에 항거할 마음을 품게 되었다. 이때 대연림이 한소훈과 왕가를 제거하자 적극적으로 그를 지지하고 나선 것이다.

대연림은 동경의 인근 지역을 장악했을 뿐이었지만, 발해인만이 아니라 여진인과 고려 조정의 지지까지 얻어 거의 독립에 성공하는 것처럼 보였다. 그러나 동생 대연정大延定의 거란 공격이 실패로 돌아가고 고려의 원병마저 거란에 패하자 상황은 급변했다. 고려 조정은 추가 원병 요청을 거절했고, 거란의 반격도 날로 거세어졌다. 이때 대연림의 부하 양상세楊祥世가 거란과 내통해 밤중에 동경성의 문을 열어주었고, 결국 대연림과 다른 지도자들이 모두 사로잡혀 독립운동은 실패하고 말았다.

대연림의 독립운동으로부터 85년이 지난 뒤 고욕이 또 한 차례 발해의 독립을 시도했다. 마침 거란이 여진에 멸망하기 직전이었다. 거란의 학정에 고통 받던 여진인들은 아골타의 지도 아래 봉기해 거란의 군대를 잇달아 격파했다. 이 소식을 들은 고욕은 1115년 발해인 거주지인 요주에서 독립운동을 펼쳤다. 그는 거란군을 두 번이나 물리치며 기세를 올렸지만, 거란군의 집중적인 공격을 받아 다섯 달 만에 몰락하고 만다. 불행하게도 그가 봉기했던 곳이 거란의 수도 임황과 지나치게 가까웠기 때문이었다.

고욕과 거의 같은 시기에 고영창도 독립운동에 나섰다. 그는 거란

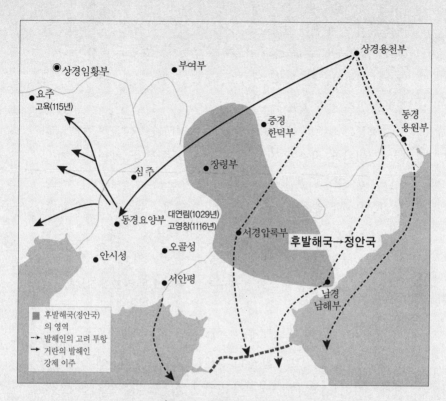

지도 22 발해인의 독립운동

의 관리로서 여진의 공격을 막는 임무를 맡고 있었다. 그런데 대연림의 난 이후 동경에서는 거란인들이 발해인을 폭행하고 살해하는 일이 잦았던 데다, 새로 동경유수에 부임한 소보선蕭保先 또한 발해인들을 가혹하게 다스리고 공공연히 차별했다. 이러한 상황이 고영창 등의 발해인들을 행동에 나서게 만들었던 것이다. 게다가 거란이 여진에게 밀리던 시기였기에 성공을 기대해볼 만도 했다.

고영창은 소보선을 살해한 뒤 다른 발해인들과 함께 동경성을 점령했다. 그는 대발해황제大渤海皇帝을 칭하고 국호를 대원大元, 연호를 융기隆基로 정했다. 고영창의 세력은 봉기한 지 고작 10여 일 만에 요동의 50여 주를 점령하는 위세를 떨쳤다. 하지만 그는 발해인들만의 나라를 만들려다 다른 민족들을 포용하지 못하는 우를 범했다. 그래서 거란인들을 살해하고 해奚인들을 박해한 탓에 다른 민족들의 협력을 전혀 얻지 못했다.

고영창은 심주를 점령하기 위한 두 차례의 전투에서 힘겨운 승리를 거두었지만, 여진의 군대가 한발 먼저 심주를 점령해버린 탓에 헛수고만 한 꼴이 되었다. 이에 그는 여진과 손을 잡으려 했지만 여진은 자신들에게 복속할 것을 요구했다. 고영창은 겉으로는 응하는 척하면서 적절한 때를 기다리려 했다. 그러나 이러한 계략은 곧 발각되어 결국 여진과 정면으로 맞서게 되었는데, 부하의 배신으로 사로잡혀 살해되고 말았다. 이로써 발해인들의 독립운동은 모두 실패로 끝났다.

고영창의 세력은 요동의 50여 주를 휩쓸 만큼 강력했지만, 새롭게 부상하던 여진은 그보다 훨씬 더 강했다. 아골타의 회유에 넘어가 여진에 협력한 발해인의 수가 적지 않았던 것도 또 다른 실패 요인이었다. 발해가 멸망한 지 2백 년이 지난 뒤였기에 나라를 되찾으려는 의지가 이미 한풀 꺾인 것이었다. 이후 여진의 금나라 시기에는 발해인들의 독립운동이 전혀 일어나지 않았다. 그들의 저항 의식이 점차 사라져가고 있었던 것이다.

02 여진의 브레인으로 활약한 발해인들

"말 위에서 나라를 세울 수는 있어도 말 위에서 천하를 통치하기는 어렵다."라는 속담처럼 중국을 정복한 유목민들은 자신들의 힘만으로 중국을 다스릴 수 없었다. 몽골(원나라)의 색목인色目人이 그러했던 것처럼 여진(금나라)의 발해인은 스스로 정복자는 아니었지만, 정복자의 '브레인'으로서 중국의 통치에 중요한 역할을 맡았다.

금나라의 건국과 팽창에 공헌한 발해인들

여진은 우리에게 고려의 북쪽 변경을 괴롭히던 '오랑캐'의 이미지로 가장 먼저 떠오른다. 당시 여진은 거란의 직간접적인 지배를 받고 있었는데, 거란의 직접적인 지배를 받은 남쪽의 무리를 숙여진熟女眞, 형식적으로만 예속되어 있던 북쪽의 무리를 생여진生女眞이라고 불렀다.*

생여진 완안부完顔部의 아골타는 분열되어 있던 여진인들을 규합해서 거란에 맞섰다. 그는 거란의 천조제天祚帝 야율연희가 여진의

---

* 『만주원류고滿州源流考』는 각각을 구여진舊女眞과 신여진新女眞으로 표기했다.

추장들을 불러들여 연회를 베풀었을 때 감히 춤추기를 거부하는 등 일찍부터 반골의 기질을 드러냈다. 아골타는 1114년 영강주(현재의 길림성 부여현)에서 거란군을 격파하고 이듬해 금나라를 세워 황제에 올랐다.

여진인들이 아골타를 따라 봉기한 것은 무엇보다 거란인들의 횡포가 극에 달했기 때문이었다. 거란인들은 여진인들의 거주지에서 사냥을 즐기고 그것도 모자라 매년 사신을 보내 사냥에 쓸 좋은 매를 잡아서 바치라고 요구했다. 이는 여진인들의 생업에 커다란 지장을 초래했다. 또한 거란의 사신들은 잠자리와 먹을 것을 요구하고, 종종 여진 여성들을 강제로 잠자리로 불러들이기까지 했다.

아골타가 훗날 거란을 멸망시키고 한때나마 북중국을 지배하게 된 데에는 철주 출신의 발해인 양박楊朴의 도움이 컸다. 양박은 아골타에게 성과 이름을 각각 왕씨王氏와 민旻으로 바꾸고, 국호를 '대금大金'으로 하며, 연호를 정하고 황제를 칭할 것을 건의했다. 아골타는 양박의 말을 모두 따랐다.

양박은 중국의 관례에 따라 금나라보다 더 힘이 센 거란으로부터 책봉을 받아야 한다고 주장했다. 이에 아골타는 1117년 거란에 사신을 파견해 자신을 대성대명황제大聖大明皇帝로 인정하고, 형으로 섬기며, 황제가 사용하는 수레, 곤룡포, 면류관, 옥새를 내놓고, 은과 비단을 바치고, 영토를 할양하는 등 열 가지 요구 사항을 제시했다.*

거란의 천조제로서는 변방의 땅을 조금 차지했다고 한껏 허세를 부리며 거란을 우습게 여기는 아골타의 요구를 전혀 받아들일 생각

---

* 책봉은 원래 힘센 나라의 군주가 속국의 군주를 자신의 신하로 확인하는 의례였다. 따라서 아골타 측의 요구는 중국식 외교 관례에도 어긋날 뿐 아니라 상식적으로도 말이 안 되는 소리였다.

이 없었다. 거란이 몇 차례 전투에서 패하고 요동을 빼앗기기는 했지만, 아직 망할 위기에 처한 것은 아니었기 때문이다. 천조제는 아골타를 동회국東懷國의 황제로 임명한다는 내용의 서신과 함께 평범한 의복과 수레를 보냈다. 여전히 거란이 금나라보다 우위에 있음을 선언하며 동시에 아골타의 체면을 깎아내리려는 의도였다.

하지만 양박은 천조제의 이러한 대응을 이미 예상하고 있었다. 그는 금나라를 얕잡아본다는 명분으로 거란을 공격할 것을 건의했다. 아골타는 이번에도 그의 말에 따랐고, 결국 1120년 거란의 수도 임황을 점령했다. 그리고 곧이어 중경과 서경까지 점령함으로써 사실상 거란을 멸망시켰다.

양박은 이러한 공을 인정받아 군사와 기밀을 다루는 추밀원樞密院의 장관인 지추밀원사知樞密院事에 발탁되었다. 이후 포찰부蒲察部 출신의 여성을 황후로 책립하는 데 간여하고, 건국 초기의 여러 제도들을 정비하는 데도 기여했다.

한편 철주 출신의 발해인 곽약사郭藥師는 금나라와 송나라 사이에 외교적인 갈등이 발생하자 이를 금나라에 유리하게끔 해결한 사람이다. 그는 원래 거란의 천조제가 금나라에 맞서기 위해 요동의 발해인들을 모아 조직한 원군怨軍의 지휘관이었다. 하지만 원군은 욱일승천하던 금나라군에 패했고, 천조제는 서쪽으로 달아나고 말았다.

거란은 1122년 진진왕秦晉王 야율순이 남경(현재의 북경)에서 황제에 올라 간신히 명맥만을 유지하고 있었다. 야율순은 남경 부근에 주둔하고 있던 원군의 명칭을 상승군常勝軍으로 고치고 곽약사를 제위상장군諸衛上將軍에 발탁했다. 그러나 얼마 후 야율순이 죽고 그의 아내 소씨蕭氏가 정권을 장악하자, 소씨와 사이가 좋지 않던 곽약사는 송나라에 탁주과 역주의 땅을 바치며 투항해버렸다.

이 무렵 송나라는 거란의 남경을 차지하기 위해 15만 대군을 보냈지만, 금나라에게 줄곧 패하기만 하는 '약체' 거란군조차 이기지 못했다. 이런 형편에 곽약사가 영토를 바치며 투항해왔으니 두 손 들어 환영하지 않을 수 없었다. 이제 곽약사는 송나라군을 이끌고 남경 함락에 나섰으나, 수만 많을 뿐 오합지졸에 불과한 송나라군으로는 아무런 성과도 거둘 수 없었다.

송나라는 자신의 힘으로 거란을 제압할 수 없다는 사실을 인정하고 금나라와 동맹을 맺는 새로운 방법을 모색했다. 송나라와 금나라는 거란을 협공하되, 송나라는 연운십육주를 공격해 차지하고 금나라는 그 외의 지역을 공격해 차지한다는 데 서로 합의했다. 이 합의에 따라 금나라군은 1125년 천조제를 생포하고 거란을 가볍게 제압했다. 하지만 송나라군은 연운십육주 수복 작전에서 거란에 계속 패하기만 했다. 보다 못한 금나라가 합의를 깨고 연운십육주마저 점령한 뒤 거란을 멸망시켜버렸다.

그러자 송나라는 금나라에 약속한 땅을 내놓으라고 요구했고, 금나라는 송나라가 연운십육주를 점령하지 못한 책임을 제기했다. 밀고 당기는 협상 끝에 금나라는 송나라로부터 매년 은 2만 냥과 비단 2만 필을 받기로 약속하고 연운십육주 가운데 6주 24현만을 넘겨주었다. 또한 금나라는 송나라에 남경을 넘겨주는 대가로 금나라가 잃게 될 남경의 조세 수입을 은 5만 냥과 비단 5만 필로 계산해서 역시 매년 지불할 것을 요구했다.

송나라로서는 이것만으로도 감지덕지해야 했다. 송나라는 넘겨받은 6주에 연산부로燕山府路라는 행정구역을 설치하고 곽약사와 왕안중王安中에게 지키도록 했다. 그런데 왕안중은 금나라가 거란의 귀순자 장각張覺의 송환을 요구해오자 장각을 죽여 그 시체를 넘겨주어버렸다. 이에 곽약사는 자신도 언젠가는 송나라로부터 버림받을 수 있다고 생각하고 앞날을 걱정하기 시작했다.

금나라는 1125년 송나라를 공격해왔다. 송나라가 두 나라 사이의 협정을 어긴 데다, 금나라에서 반란을 일으키고 송나라로 망명한 장각의 처리 문제로 신뢰를 잃었기 때문이었다. 아골타의 아들 알리부가 이끄는 동군東軍은 남경을 공격했고, 점한粘罕이 이끄는 서군西軍은 태원으로 진격했다.

이때 곽약사는 알리부의 동군에 투항했다. 그런데 금나라는 그를 처벌하기는커녕 연경유수燕京留守에 임명하고 완안完顔이라는 금나라 황실의 성까지 주었다. 환대에 감동한 곽약사는 송나라의 수도 개봉으로 진격하는 금나라군의 길잡이 노릇을 했다. 그는 송나라군 전력의 허실을 잘 알고 있었기 때문에 구체적인 전략을 수립하는 데도 큰 도움이 되었다.

금나라군이 개봉에서 가까운 황하의 북안까지 진격해오자 송나라의 휘종徽宗은 태자에게 황위를 넘기고 책임을 회피하는 데만 급급했다. 그러나 이를 너그러이 봐줄 금나라가 아니었다. 금나라군은 1126년 개봉을 포위하고 각지에서 달려온 원병들을 모두 격파해 농성중인 송나라 황제와 신하들의 사기를 꺾었다.

금나라는 화의의 대가로 가혹한 조건을 제시했다. 금 5백만 냥, 은 5천만 냥, 비단 1백만 필, 소와 말 1만 마리씩을 내놓고, 전략적 요충지인 태원, 중산, 하간의 세 지역을 할양하며, 송나라 황제를 금나라 황제의 조카로 격하할 뿐만 아니라 황제의 아들, 형제와 재상들을 인질로 보낸다는 내용이었다.

송나라로서는 엄청난 치욕이었다. 그러나 휘종을 이어 황제가 된 흠종欽宗은 나라가 망하는 것만은 피하기 위해 이러한 조건을 수락하지 않을 수 없었다. 송나라는 우선 개봉의 민간인들이 가지고 있던 금 20만 냥과 은 4백만 냥을 미리 건네고, 재상 장방창張邦昌을 인질로 보내 화의를 청했다. 그제야 금나라군은 철수했다.

곽약사는 이 협상에서 주도적인 역할을 맡아 금나라가 송나라로부터 더 많은 것을 얻어내는 데 기여했다. 『금사金史』의 편찬자는 "곽약사는 요나라의 유민이고, 송나라의 화근이며, 금나라의 공신이다. 일개 신하의 몸으로 세 나라의 화禍를 제 마음대로 다루었다."라고 평했다.

그러나 송나라는 또 한 번 금나라와의 약속을 어기는 실수를 저질렀다. 서군의 총사령관 점한의 뇌물 요구를 거절하고 그 사신을 억류한 것이 발단이었지만, 어쨌든 조약은 무효화되고 금나라군은 송나라를 다시 침범해왔다. 1127년 1월 금나라군은 흠종을 사로잡았고, 2월에는 전 황제 휘종과 후비后妃들도 포로로 잡았다. 그리고 3월에는 사로잡은 두 명의 황제, 황족과 외척, 신하 등 송나라의 지배층 3천여 명을 끌고 본국으로 돌아가 버렸다. 이때 개봉의 재물이 모두 약탈당하고 함께 끌려간 백성들은 10만여 명에 이르렀다. 역사에서는 이 사건을 정강의 변이라고 한다. 중국인들은 이 일을 원나라에 의한 남송 공종恭宗의 생포 사건, 위왕衛王 조병趙昺*과 충신 육수부陸秀夫의 투신자살, 명나라 영종英宗이 몽골에 붙잡혀간 토목보의 변과 더불어 역사상 가장 치욕적인 사건으로 받아들이고 있다.

금나라는 이로써 송나라를 멸망시키긴 했지만, 재물과 물자에만 욕심을 내었을 뿐 중국을 직접 지배할 의지나 능력을 갖고 있지는 않

* 공종의 동생이다. 남송의 수도 임안이 원나라에 함락된 후 남송의 잔류 세력들에 의해 황제로 옹립되었으나 광동성 애산까지 쫓겨 갔다가 스스로 바다에 몸을 던져 죽었다.

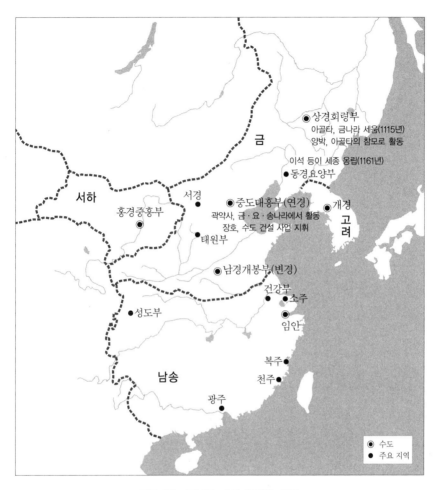

상경회령부
아골타, 금나라 세움(1115년)
양박, 아골타의 참모로 활동

이석 등이 세종 옹립(1161년)
●동경요양부

금

서하

서경

홍경중흥부
◉

●개경

고
려

◉중도대흥부(연경)
곽약사, 금·요·송나라에서 활동
장호, 수도 건설 사업 지휘

●태원부

●남경개봉부(변경)

●건강부
●소주

●성도부

●임안

남송

●복주
●천주

●광주

◉ 수도
● 주요 지역

지도 23 금나라 때의 발해인 활동

았다. 그래서 금나라군은 인질로 붙잡고 있던 장방창을 황제로 삼아 초楚나라라는 괴뢰 국가를 세우고 북쪽으로 돌아가버렸다.

장방창은 강요에 의해 황제가 되기는 했지만 여전히 송나라에 대한 충성심이 가득했기에, 금나라군이 돌아가자마자 곧바로 황제 자리에서 물러났다. 그리고 휘종의 아들 가운데 유일하게 포로로 끌려가지 않은 강왕康王 조구趙構을 송나라의 새로운 황제로 옹립했다. 이 사람이 바로 남송南宋*의 첫 번째 황제 고종高宗이다. 고종은 주전파主戰派**이강李綱을 등용하고 그의 건의에 따라 '불충한' 장방창에게 사약을 내렸다.

송나라는 다시 금나라와 충돌하게 되었다. 금나라는 고종이 자신들이 세운 초나라를 무너뜨리고 장방창을 죽였다는 명분을 내세워 진격해왔다. 금나라가 양자강 이북을 점령하자 고종은 양자강 남쪽의 임안으로 도망쳤다. 임안은 이후 남송의 수도가 된다.

중국을 지배할 마음이 없던 금나라는 또 다시 고심하게 되었다. 이때 발해인 고경예高慶裔는 금나라 태종에게 제2의 괴뢰 국가를 세울 것을 건의했다. 괴뢰 국가를 세움으로써 금나라와 남송의 직접적인 충돌을 피하고, 한족을 통치해야 하는 부담을 줄이며, 한족 통일 국가의 성립도 막을 수 있다는 것이었다.

고경예는 새로운 괴뢰 국가의 황제로 알맞은 인물을 찾아 여러 지역을 돌아다니다 경주 출신의 제남지부濟南知府 유예劉豫를 찾아낸다. 고경예는 1130년 주변 지역 한족들의 추대를 받는 형식으로 유예를 황제로 책봉하고 두 번째 괴뢰 국가인 제齊나라를 수립했다. 제나

---

* 정강의 변 이후 강남으로 쫓겨난 송나라를 남송이라고 부른다.
** 당시 남송의 신하들은 금나라와의 화의를 주장하는 주화파主和派와 군대를 일으켜 잃어버린 땅을 되찾아야 한다는 주전파로 나뉘었다.

라는 황하와 회수 사이의 영토를 다스리게 되었다. 황제가 된 유예는 고경예에게 많은 재물로서 보답했고, 유예의 아들 유인예劉麟猊는 고경예를 은부문생恩府門生*으로 받들었다고 한다.

하지만 유예의 제나라가 남송과의 전투에서 연이어 패하자 금나라는 괴뢰 국가를 계속 유지할 필요를 더 이상 느끼지 못했다. 결국 금나라는 1136년 제나라를 없애고 황하 이남의 땅을 남송에 돌려주어버린다.

한편 양자강 이남에서 숨을 고른 남송은 주전파 악비岳飛, 한세충韓世忠, 장준張浚 등이 북벌을 추진함에 따라 고토 회복의 꿈을 실현하는 듯했다. 악비는 금나라군을 계속 격파하며 옛 수도 개봉에서 45리가량 떨어진 주선진까지 진격했다. 하지만 고종은 악비에게 회군을 명령한다. 설사 옛 영토를 되찾지 못하더라도 자신의 황제 자리를 지키기 위해 더 이상의 싸움을 피하고 싶었던 것이다. 특히 아버지 휘종과 형 흠종을 데려와야 한다는 주전파의 주장은 민감한 정통성의 문제를 건드렸다. 두 명의 전 황제가 돌아오면 고종은 어찌해야 한단 말인가? 최악의 경우 황제에서 물러나게 될지도 몰랐다.

고종은 고심 끝에 1142년 금나라와 강화 조약을 맺는다. 이 조약에 따라 장차 남송의 황제는 금나라 황제의 책봉을 받고 스스로를 신하로 칭하며, 매년 은 25만 냥과 비단 25만 필을 바치고, 회수와 진령산맥, 대산관을 잇는 국경선을 획정해 그 북쪽 지역을 넘겨주어야 했다. 남송에게는 매우 굴욕적인 조건이었다.

그러나 대부분의 권력자들과 마찬가지로 고종에게 가장 중요한

---

* 과거 시험의 합격자가 시험을 주관한 감독관을 스승으로 받드는 관계를 뜻한다. '군사부일체君師父一體'의 관념이 강한 유가 문화권에서, 유인예는 고경예를 자신의 친아버지와 동격으로 대우하겠다는 최고의 존경을 표한 것이다.

것은 나라가 아니라 자신의 권력이었다. 조약이 성립되자 금나라는 죽은 휘종의 시신과 고종의 생모를 남송으로 돌려보냈지만, 아직 살아있던 흠종과 고종의 아내는 돌아오지 못했다. 고종이 형과 아내의 송환을 반대했던 것이다. 고종으로서는 그 편이 훨씬 나았을 것이다. 흠종이 돌아오지 않으면 자신의 정통성이 문제될 리 없고, 이미 새장가를 들었기에 옛 마누라가 보고 싶지 않았기 때문이다.

해릉왕과 세종 때의 발해인 관리들

발해인들이 여진의 금나라에서 유독 두각을 나타낸 이유는 무엇이었을까? 먼저 아골타가 "여진인과 발해인은 본래 일가一家였다."라고 말한 사실이 주목된다. 문자 그대로 해석하면 여진인과 발해인이 동일한 혈통이라는 뜻이며, 말갈인이 발해를 세웠다는 『구당서』와 『신당서』의 기록과도 일치한다. 『금사』와 『만주원류고』 등에도 아골타의 선조이자 금나라의 시조인 함보函普가 고려 혹은 신라로부터 건너왔다는 기록이 등장한다.

그러나 금나라에는 여진인과 발해인을 구분하는 체제가 확립되어 있었기 때문에, 아골타의 말은 정치적 수사에 불과했을 가능성이 크다. 예컨대 여진인은 여진진사과女眞進士科라는 별도의 과거 시험을 통해 등용되었지만, 발해인은 중국인들과 함께 경쟁이 치열한 일반적인 진사과를 치러야 했다. 게다가 대부분의 발해인은 여진인의 호구 조직이자 군사 조직인 맹안猛安, 모극謀克에 포함되지 않았고, 금나라의 희종熙宗은 발해인들을 화북 지방으로 강제 이주시킬 만큼 박해했다. 이러한 상황들을 종합해보면, 아마도 아골타의 발언은 더 많은 표를 얻기 위해 남발하는 현대 정치인들의 공약空約과 같은 것

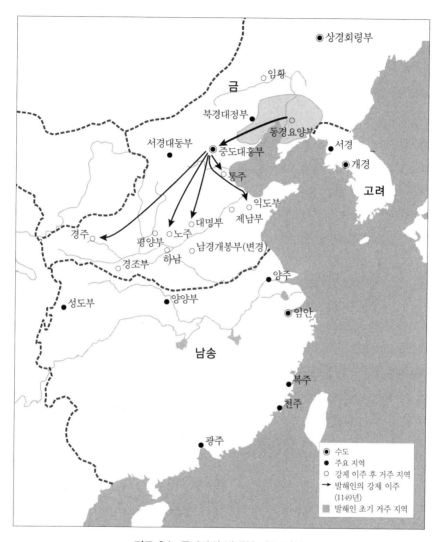

지도 24 금나라의 발해인 거주 지역

이었던 듯하다.

아골타가 그러한 말을 했던 무렵 발해인들은 요동 지방에 거주하고 있었는데, 이곳은 거란의 수도 임황과 가까웠다. 따라서 발해인들을 회유해 요동을 차지한다면 거란에 결정적인 타격을 줄 수 있으리라는 계산을 했을 것이다. 거란에 비해 수적으로 열세였던 여진인들에게 발해인은 중요한 병력 공급원이기도 했다. 발해인 무장 대고大杲와 고표高彪는 금나라가 거란과 송나라를 멸망시키는 데 크게 공헌했다.

또한 여진인들은 본격적인 중국 왕조로 변신할 준비가 될 때까지는 자신들의 풍습과 제도를 크게 바꾸지 않는 선에서 중국의 제도를 선택적으로 받아들이려 했다. 이때 자신들보다는 더 중국화되었으면서도 자신들의 문화를 잘 이해하고 있는 발해인들이 중국 지배의 과도기에 여러모로 도움이 되리라고 판단했다. 발해인들은 정주 농경민의 성격이 강하긴 했지만 수렵민과 유목민의 면모도 어느 정도 지니고 있었기 때문이다.

특히 세종世宗 시기까지는 발해인의 활동이 매우 두드러졌다. 발해인들은 4대 황제 해릉왕海陵王과 5대 황제 세종을 옹립하는 과정에서 핵심적인 '킹메이커'의 역할을 하기도 했다. 발해인 대흥국大興國은 해릉왕이 3대 황제 희종을 살해하는 것을 도와 그의 즉위에 기여했고, 또 다른 발해인들은 해릉왕이 남송 정벌에 나선 사이에 쿠데타를 일으켜 오록烏祿, 즉 세종이 즉위하는 데 결정적인 역할을 했다. 뒤에서 자세히 설명하겠지만 발해인들이 이러한 정변에 적극적으로 개입한 것은 해릉왕과 세종의 친어머니가 모두 발해인이었기 때문이다.

발해인들은 세종 시기까지 최고위직인 상서령 2명, 좌우승상左右

丞相 3명, 평장정사平章政事 3명, 참지정사參知政事 3명, 상서좌우승
尙書左右丞 5명, 어사대부 3명, 추밀원의 고관 3명, 그리고 이부상서
吏部尙書 3명을 포함한 6부의 상서 11명을 배출했다. 또한 4명이 왕
에, 2명이 군왕郡王에, 6명이 국공國公에 봉해졌다.* 이처럼 발해인
들은 고관을 역임하며 관계의 핵심으로 부상했다. 장호張浩는 그 가
운데 가장 대표적인 사람이었다.

장호는 요양에 살던 발해인이었다. 고구려 시조 동명성왕의 후손
으로, 원래 성은 고씨高氏였으나 증조부 고패高霸가 성을 장씨張氏로
바꾸었다.** 그는 아골타 때부터 행정 실무를 맡아보았으며 능력을
인정받아 상서에까지 승진했다. 그러나 희종이 발해인들을 화북의
여러 지역으로 강제 이주시키는 등 박해를 가하자 잠시 지방관이 되
어 몸을 피했다.

희종은 술 마시기를 좋아하고 마음 내키는 대로 사람을 죽이는 폭
군이었으며, 자신의 자리를 노릴 만한 유력한 친척들을 철저히 제거
했다. 신변의 위협을 느낀 사촌 동생 완안량完顏亮은 한발 먼저 희종

---

* 당시 금나라의 관제에서는 상서성尙書省이 행정을 총괄하고, 그 아래 행정 실
무를 담당하는 6부가 있었다. 상서성의 상서령, 상서좌승상, 상서우승상, 평장
정사는 재상宰相이라고 부르고, 참지정사, 상서좌승, 상서우승은 집정執政이라
고 불렀다. 또한 6부의 장관은 상서, 감찰을 담당하는 어사대의 장관은 어사대
부라고 불렀다.
** 성을 바꾼 것은 같은 성끼리의 족내혼을 위장하기 위해서였다. 신라와 고려의
왕실이 같은 혈족끼리 폐쇄적인 혼인 관계를 맺었다는 사실은 잘 알려져 있다.
신라의 왕족 박朴, 석昔, 김金씨는 본래 동일한 씨족인데, 후세의 사람들이 구
별을 위해 3개의 성을 따로 붙인 것이라고 한다. 고려 왕실에서는 심지어 남매
끼리 결혼하는 일도 있었는데, 여성은 외가의 성을 따르게 해 동성혼同姓婚이
아닌 것처럼 위장했다. 장호의 가문도 습속대로 동성끼리 결혼했지만 유가의
윤리에서 이를 금기시했기 때문에 성을 바꾼 것이다.

을 살해하고 스스로 제위에 올랐으니, 그가 바로 해릉왕이다.* 그는 황제가 된 뒤 지방에 내려가 있던 장호를 호부상서戶部尙書로 임명해 다시 조정으로 불러들였다.

해릉왕은 여진의 다른 군주들과 달리 중국의 영토에 관심이 많았다. 그래서 중국을 통치하기에 유리한 곳으로 수도를 옮기려 했다. 당시 수도였던 상경 회령부는 만주의 중심이었지만, 중국을 통치하기에는 너무 동북쪽으로 치우쳐 있었다. 결국 그가 선택한 곳은 연경,** 즉 오늘날의 북경이었다. 연경은 한족과 북방 유목 민족들 사이의 경계 또는 점이 지대였기 때문에 양자를 동시에 통치하기에 적합한 장소였다. 금나라, 원나라, 청나라 등 이민족 왕조의 수도가 모두 오늘날의 북경이었던 것은 단순한 우연의 일치가 아니다.

장호는 새로운 수도의 성곽, 궁궐, 관청 등을 짓는 토목 공사를 감독하는 임무를 성공적으로 수행해서 재상인 평장정사로 승진했다. 또한 연경의 부족한 인구를 채우기 위해 이주해오는 사람들에게 10년 동안 세금을 면제하는 정책을 실시해 천도의 기반을 닦았다. 해릉왕은 이러한 공을 높이 사서 그를 상서우승상 겸 시중으로 임명하고 로왕潞王에 봉했으며, 곧 종1품 좌승상으로 승진시키고 촉왕蜀王에 봉했다.

그런데 해릉왕이 남송을 정벌하기 위해 수도를 또 다시 송나라의 옛 수도인 변경으로 옮기려 하자, 장호는 이에 반대하며 해릉왕과 대립했다. 남송과의 전쟁을 막으려 했기 때문이었다. 장호는 남송의 고

---

* 완안량이 황제가 아니라 왕으로 불린 이유는 그가 죽은 뒤 즉위한 세종이 그를 폄훼해 황제로 인정하지 않았기 때문이다.
** 요나라에서는 원래 남경으로 불렸으나 성종 때 연경으로 이름이 바뀌었고, 금나라 해릉왕이 수도로 정한 뒤에는 중도로 다시 바뀌었다.

종은 아들이 없어 조만간 후계 문제로 분열할 것이기에, 굳이 지금 손을 쓰지 않아도 저절로 복속시킬 수 있을 것이라고 간언했다. 해릉왕은 그의 말에 기뻐하면서도 끝내 수도를 변경으로 옮긴 뒤 남송 정벌에 나섰다. 장호에게는 수석 재상인 상서령이 되어 변경에 머물면서 국정을 책임지고 황후와 태자를 보필하는 임무가 맡겨졌다.

장호가 우려한 대로 해릉왕의 남송 정벌은 성공하지 못했다. 여진의 병사들은 남쪽 지방의 더운 기후에 쉽게 적응하지 못했고, 남송군이 세계 최초로 사용한 화약의 위력에 놀랐는지 예전처럼 압도적인 우세를 보이지 못했다. 급기야 해릉왕에 반대하던 세력들은 1161년에 쿠데타를 일으켜 오록을 새로운 황제로 옹립했다. 해릉왕은 이 소식을 듣고 급히 회군했지만 도중에 살해당하고 만다.

장호는 새 황제에게 협력하는 길을 택했다. 그는 먼저 즉위를 축하하는 글을 지어 부하를 통해 바친 뒤에 세종을 찾아갔는데, 그 덕분인지 상서령에 유임되었다. 상서령은 대개 공석으로 비어두는 자리였기에, 장호가 유임되었다는 사실은 그가 세종에게서도 절대적인 신임을 얻고 있었음을 단적으로 말해준다. 장호는 1163년 병사할 때까지 최고의 권세와 지위를 누렸다. 그의 아들 장여림張汝霖도 평장정사에 올랐다.

한편 또 다른 발해인 이석李石은 세종의 외삼촌으로, 세종의 황제 옹립에 큰 공을 세웠다. 세종은 어려서부터 뛰어난 재능 때문에 희종과 해릉왕의 견제와 위협을 유독 심하게 받았다. 세종이 동경유수로 있을 때 이석은 동경성을 순찰하는 일을 맡았는데, 이석은 해릉왕이 부유수 고존복高存福을 통해 세종을 감시하고 있다는 정보를 입수했다. 그는 세종에게 고존복을 제거하고 거사할 것을 독려했고, 세종은 그의 말을 따라 쿠데타를 일으켜 황제에 올랐다. 이후 세종은 이석의 딸을 원비元妃로 책봉했으니, 이로써 두 사람의 관계는 삼촌과 조카에서 장인과 사위의 관계로 바뀌었다. 이석은 승진을 거듭해 부재상인 참지정사를 거쳐 수석 재상인 상서령에까지 이른다.

그러나 정작 세종의 제위 기간 중에 장호나 이석을 제외한 대부분의 발해인 관리들은 몰락의 길을 걷는다. 발해인들은 세종의 즉위에 핵심적인 기여를 했지만, 세종은 더 이상 발해인을 가까이 하지 않으려 했다. 아마도 발해인 관리들의 정치적인 성장을 경계했기 때문이었을 것이다. 또한 여진의 북중국 지배가 안정됨에 따라, 발해인보다는 유학에 더 능통하고 중국 현지 사정에도 밝은 한족들이 서서히 득세하기 시작했다. 이는 과거 시험의 합격자 수나 고위 관리의 비율 등을 통해 확인할 수 있다.

발해 여성과 금나라의 황제들

발해인들은 여진의 제국 건설에 적극적으로 협조했을 뿐만 아니라 적지 않은 수의 발해 여성들이 여진의 지배층과 혼인을 맺었다. 금나라 황제와의 사이에서 낳은 아들이 차기 황제가 되는 경우도 많았다. 이런 경우 발해 여성들은 황제가 된 아들에 의해 황후로 추존되고 황태후로 대접을 받았다.

금나라에서 황제 및 사후에 추존된 황제들의 황후(황태후)와 비빈이 되었던 발해 여성들의 수는 다음 표와 같다. 즉 정식 황제의 황후와 비빈이 된 발해 여성은 각각 1명과 12명이었고, 사후 추존된 황제의 황후와 비빈은 각각 3명과 2명이었다.* 그런데 여진 여성이 아닌 황후와 비빈의 수가 각각 6명과 29명에 불과했기 때문에, 전체적으로 보면 발해인이 여진인 다음으로 많은 황후와 비빈을 배출했음을

황제	전체		발해 여성	
	황후(황태후)	비빈	황후(황태후)	비빈
태조	4	6	0	0
태종	1	0	0	0
희종	1	4	0	1
해릉왕	1	17	0	7
세종	2	6	1	4
장종	1	9	0	0
위소왕	1	1	0	0
선종	2	2	0	0
애종	1	3	0	0
휘종(희종의 아버지, 추존)	1	0	0	0
덕종(해릉왕의 아버지, 추존)	2	3	1	1
예종(세종의 아버지, 추존)	2	0	1	0
현종(장종의 아버지, 추존)	2	4	1	1
황제의 황후·비빈 합계	14	48	1 (7.1%)	12 (25%)
추존 황제의 황후·비빈 합계	7	7	3 (50%)	4 (28.6%)
전체 황후·비빈 합계	21	55	4 (19%)	14 (25.9%)

금나라 역대 황제들의 황후와 비빈 수

알 수 있다.

발해인 황후와 비빈은 특히 금나라 초기에 많았는데, 이는 발해인 관리들이 활약했던 시기와도 일치한다. 그리고 세종 이후 발해인 관리의 수와 영향력이 감소하는 것과 더불어 황후나 비빈으로 간택되는 발해 여성들의 수도 줄어들게 된다.*

금나라 황제를 아들로 둔 첫 번째 여성은 4대 해릉왕의 어머니 대

* (앞쪽) 선종宣宗의 생모인 소성황후昭聖皇后 유씨劉氏를 발해인이 아니라 한족으로 보는 중국의 학자들도 있다.

씨大氏였다. 그녀는 태조 아골타의 서장자庶長子인 종간宗幹의 둘째 부인이었다. 그녀는 세 아들을 낳았는데, 그 중 맏아들이 훗날의 해릉왕이다. 그녀는 집안의 화목을 위해 종간의 정실부인 도단씨徒單氏와도 사이좋게 지내려고 애를 썼다. 대씨는 1149년 해릉왕이 황제로 즉위해 자신이 황태후가 된 뒤에도 해릉왕에게 도단씨에 대한 효성을 다할 것을 당부했다고 한다. 대씨는 1151년에 죽었고, 2년 후 자헌황후慈憲皇后로 추존되었다.

발해인 어머니의 피가 흘러서인지 해릉왕도 발해 여성을 후궁으로 삼았다. 그는 발해인 관리들의 도움으로 황제가 되었고, 그들을 심복으로 삼았으며, 결국 발해인 곽안국에게 살해되었다. 이처럼 해릉왕의 삶은 발해인들을 빼놓고는 생각할 수 없을 정도였다.

5대 황제 세종의 어머니도 발해인이었다. 세종의 어머니 이씨李氏는 요양에서 태어났으며, 아골타의 아들 종보宗輔*에게 시집와서 세종을 낳았다. 이씨는 아들을 훌륭히 교육시킬 뿐 아니라 자신의 처신에도 극도의 주의를 기울여야 했다. 음모를 통해 황제가 된 희종과 해릉왕은 황족들을 철저히 감시하며 위협이 될 만한 남성들을 모조리 제거했기 때문이다. 세종도 그들의 표적 중 하나였다. 이씨는 황실과의 관계를 원만하게 유지함으로써 아들에 대한 의심과 감시의 시선을 누그러뜨리는 데 중요한 역할을 했다. 또한 스스로 비구니가

---

* (앞쪽) 표에서 따로 밝히지는 않았지만 한족 황후와 비빈들은 금나라 후기인 장종章宗, 위소왕衛紹王, 선종, 애종哀宗의 시기에 많았다. 역시 한족 관리들이 두각을 나타낸 시기와 겹친다. 모든 이민족 정복자들이 중국에는 중국에 동화되었다는 이른바 '한화론漢化論'에 집착하는 중국의 학자들에게는 금나라 황실의 '한화'를 입증할 증거가 될 수도 있겠다.
* 사후에 예종睿宗으로 추존되었다.

되어 아들의 운신의 폭을 더욱 넓혀 주었다. 비구니가 된 뒤에는 고향으로 돌아가 청안선사라는 사찰을 세우고 그곳에서 거처하다가 임종했다. 훗날 정의황후貞懿皇后로 추존되었다.

세종은 여진 여성을 정실부인으로 맞았지만, 원비元妃 장씨張氏, 유비柔妃 대씨大氏, 원비元妃 이씨李氏 등 발해 여성을 세 명이나 비빈으로 맞아들였다. 이 가운데 원비 장씨는 아들 윤중允中과 윤공允功을 낳았고, 원비 이씨도 윤도允蹈, 윤제允濟, 윤덕允德의 세 아들을 낳았다. 여진인 황후가 낳은 태자가 일찍 죽자 아들 가운데 가장 나이가 많은 윤중이 태자가 될 차례였지만, 세종은 죽은 태자의 아들을 황태손으로 삼았으니 그가 훗날의 장종章宗이다. 윤중의 외척들은 이에 불만을 품고 윤중을 황제로 옹립할 음모를 꾸몄지만 사전에 발각되고 만다. 이때 다른 발해 출신 비빈의 아들들도 모두 살해되었는데, 오직 윤제만이 살아남았다. 유약하고 지능이 모자란 바보인 데다 장종과 절친한 사이였기 때문이다.

장종은 아들을 낳지 못하고 죽음에 이르게 되자, 어찌된 영문인지 임종 직전에 숙부 윤제를 자신의 후계자로 삼았다. 원비 이씨와 재상 완안광完顏匡은 장종의 유지를 받들어 위왕을 새로운 황제로 옹립했다. 하지만 황제가 된 위왕을 역사에서는 위소왕이라고 부른다. 해릉왕과 마찬가지로 죽은 뒤 폐위되어 왕으로 격하되었기 때문이다.

실제로 위소왕은 바보라고 불리는 것이 당연할 만큼 멍청했다. 그래서 몽골의 칭기즈칸은 금나라를 더욱 얕잡아 보며 자신감을 얻었다고 한다. 결국 위소왕은 황제가 된 지 5년 만에 몽골의 계속된 공격에 시달리는 것에 불만을 품은 신하들에 의해 살해되었다.

금나라의 시조는 고려인?

『금사』 본기에는 금나라를 세운 완안부의 시조가 고려에서 건너온 함보였다고 기록되어 있다. 함보는 동생 보활리保活里과 함께 고려를 떠나왔으며, 자신은 복알수에 정착하고 동생은 야라에 정착했다고 한다. 함보는 완안부의 여성과 결혼한 뒤 부족의 우두머리로 추대되었고, 그 후손들이 완안부의 족장을 세습했다. 『만주원류고』와 『동국여지승람東國興地勝覽』, 『고려사』에도 이와 비슷한 기록이 남아 있다.

금나라 시조의 이름은 함부哈富인데, 고려에서 와서 완안부 포이갈의 물가에 정착했다. 함부는 두 아들을 낳았으며 장자는 오로烏嚕, 차자는 알로斡嚕였다. 이로써 마침내 완안부의 사람이 되었다. (『만주원류고』)

옛날 황해도 평산에 금준今俊이라는 승려가 살았는데, 여진에 들어가 아지고 마을에 정착했으니, 금나라의 태조 아골타가 그의 후손이다. (『동국여지승람』)

옛날에 우리나라(고려) 평주의 승려 금준이 여진으로 도망쳐 가서 아지고 마을에 정착했으니, 그가 바로 금나라의 시조다. 어떤 이는 평주에 살던 승려 김행金幸의 아들 극수克守가 여진의 아지고 마을에 들어가 여진 여성과 혼인해 아들을 낳았다고도 한다. (『고려사』)

『금사』와 위의 세 기록을 종합해보면, 이름만 다를 뿐 금나라를 세운 완안부의 시조가 고려인이었다는 내용은 모두 동일하다.

한편 우리나라의 한 학자는 고려 태조 왕건의 쿠데타로 쫓겨난 궁예의 일족과 추종 세력이 여진으로 망명해 완안부를 이루었다고 주장하기도 한다. 또한 구한말의 독립운동가 박은식은 『한국통사韓國痛史』에서 꿈속에서 금나라 태조를 만난 일에 대해 썼는데, 그는 완안부가 우리 민족이었음을 확실히 믿고 있었다. 오늘날 대부분의 한국사 연구자들도 이러한 기록들을 사실로 받아들이지만, 함보의 후손들이 과연 고려인의 정체성을 가졌는지에 대해서는 회의적인 견해를 보이고 있다. 핏줄보다는 정체성이 더 중요하다는 논리다.

반면 『만주원류고』의 기록을 애지중지하는 일부 재야사학자들은 고구려와 발해로부터 시작되어 여진족(금나라)과 만주족(청나라)으로 이어지는 한국사의 새로운 계통을 창조해냈다. 이렇게 되면 우리 민족이 유독 평화를 사랑해서 한 번도 다른 나라를 침략한 적이 없다는 신화는 깨어지지만, 중국을 정복한 이민족의 계보에 우리 민족을 포함시킬 수 있게 된다. 어떤 사람들은 가슴이 뿌듯해지기도 할 것이다. 물론 우리가 어떻게 여진 같은 '야만인'들과 한 핏줄일 수 있냐며 입에 거품을 무는 사람들도 적지 않겠지만 말이다.

하지만 이쯤 되면 고구려인을 한족이라고 우기는 중국인들과 무엇이 다를까? 현재로서는 함보와 우리 민족을 굳이 연결시킨들 웃음거리밖에 되지 않을 것이다.

03 몽골에 도취된 임금

1231년 몽골의 침략을 받은 고려는 30년 가까이 끈질기게 저항했지만 결국 원나라의 간섭을 받는 속국으로 전락했다. 그리고 충렬왕 이후 고려의 왕들은 대대로 원나라 황제, 즉 카안의 사위가 되었다. 이들 가운데 충선왕은 특히 원나라에 오래 머물렀던 왕이다.

충선왕과 몽골

충선왕(1275~1325년)은 충렬왕과 쿠빌라이 카안의 딸 제국대장공주齊國大長公主 홀도로게리미실의 사이에서 태어났으며, 쿠빌라이의 증손녀이자 진왕晉王 카말라의 딸 계국대장공주薊國大長公主 보다시리와 결혼했다. 하지만 계국대장공주와의 사이에서는 자녀를 갖지 못했고, 몽골 여성 야속진에게서 2남 1녀를 낳았다. 고려 왕실과 원나라 황실의 혼인 관계는 다음의 표와 같다.

충선왕은 4살 때 원나라에 건너가서 훗날 성종成宗 테무르의 황후가 되는 태자비 불루간으로부터 이지리부카라는 몽골 이름을 하사받았다. 그는 성장기 대부분을 원나라의 수도인 대도(현재의 북경)에서 보냈기에, 몽골의 풍습에 깊이 젖어 있었다. 그는 51년 생애의 3분의

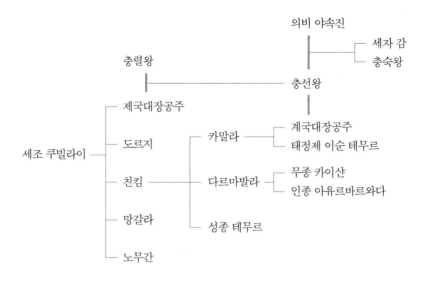

고려와 원나라 황실의 통혼도(─와 |은 혈연 관계, ‖은 결혼 관계)

2가량을 거의 자신의 의지에 따라 원나라에서 살았다.

충선왕은 아버지 충렬왕의 후궁이었던 숙비淑妃(숙창원비淑昌院妃) 김씨金氏를 자신의 후궁으로 맞아들였는데, 이 또한 몽골의 풍습을 따른 것이었다. 충선왕은 충렬왕이 죽은 뒤 빈전*에서 제사를 지내다 숙비와 눈이 맞아 '부적절한 관계'를 맺게 되었고, 아버지가 그러했듯이 그녀와 노느라 정사를 제대로 돌보지 않았다고 한다. 유가 윤리 속에서 살아온 우리에게는 충선왕의 행위가 불륜 또는 패륜으로 보일 수도 있다.

우리는 흔히 조선 후기에야 확립된 '전통적인' 윤리 체계를 단군

---

* 국상 때 상여가 나가기 전까지 관을 놓아두었던 전각.

이래 반만 년 동안 지속되어온 것으로 착각하는 경향이 있다. 남녀 차별과 여성에 대한 속박도 마찬가지다. 하지만 적어도 임진왜란 이전까지는 여성도 부모의 재산을 상속받을 수 있었고, 친정의 족보에 당당히 이름을 올릴 수 있었다. 심지어 "겉보리 서 말만 있어도 처가살이 안 한다."는 속담과 달리 고구려의 데릴사위 풍습도 조선 전기까지 이어졌다. 이른바 '순결'의 문제에 있어서도, 부여와 고구려에서는 축제 때 남녀가 함께 음주가무를 즐기며 자연스럽게 성관계를 맺었고, 지금도 종종 그렇듯이 '사고를 쳐서' 부부가 되었다.

마찬가지로 고구려에는 수계혼이라고 불리는 결혼 제도가 존재했다. 아버지가 죽으면 그 아들이 생모를 제외한 처첩을 취하고, 형이 죽으면 아우가 형의 처첩을 물려받는 풍습이었다. 이는 두 가지 점에서 꽤 유용한 제도였다. 첫째, 과부가 다른 씨족의 남성과 재혼해 죽은 남편의 재산을 가져가서 씨족 재산에 손실이 생기는 것을 막을 수 있다. 둘째, 일종의 사회 복지 제도다. 남편이 죽으면 과부와 어린 자녀가 험한 세상을 살아가기는 무척 어렵다. 칭기즈칸도 어린 시절 아버지가 독살당한 뒤 들판에서 쥐를 잡아먹으며 살지 않았던가? 하지만 남편과 같은 씨족의 남성이 새로운 남편이 되어준다면 든든한 '빽'을 얻을 수 있다. 이미 성적 매력을 잃은 늙은 여성들이 남편 씨족의 젊은 남성들과 결혼하는 일도 꽤 있었다.

중국과 우리나라에서는 유가의 윤리에 따라 과부에게 수절을 강요해서 재산상의 손실을 막았기 때문에 수계혼이라는 '패륜'이 필요 없었다. 하지만 이는 중국에서는 송나라 때 성리학이 힘을 얻은 이후의 일이며, 우리나라에서도 조선 시대에 성리학이 본격적으로 전해진 뒤의 일이다. 실제로 중국의 삼국 시대 촉한蜀漢의 군주 유비劉備는 과부들만을 골라 황후로 삼았는데, 과부의 재혼에 대한 사회적 편견이 있었다면 불가능한 일이었을 것이다.*

이러한 시대적 배경을 감안하면 충선왕의 행위를 단순히 패륜으로 매도할 수만은 없다. 오히려 몽골 문화에 심취한 나머지 몽골의 수계혼 풍습을 일찌감치 받아들였다고 보는 것이 더 적절한 해석일 것이다. 충렬왕이 아들 충선왕과 사이가 멀어지자 며느리 계국대장공주를 왕실 친척인 서흥후瑞興侯 왕전王琠에게 개가시키려는 음모를 꾸몄던 것도 수계혼 풍습의 연장선에서 이해할 수 있을 것이다.

물론 충선왕이 뼛속까지 몽골인이었다는 뜻은 아니다. 그는 중국 문화에도 많은 관심을 갖고 있었다. 충선왕은 두 번 왕위에 오르고 두 번 물러났는데, 두 번째로 물러나 대도로 돌아간 뒤에는 요수姚燧, 염복閻復, 조맹부趙孟頫, 원명선元明善 등의 중국인 학자들을 자신의 집에 초대해 학문을 교류했으며, 총신 이제현李齊賢을 대도로 불러들여 이들과 교제하게 했다. 특히 조맹부는 충선왕이 고려로 돌아갈 때 이별을 아쉬워하는 시를 지어 바칠 만큼 교분이 두터웠다. 이 덕분에 조맹부의 글씨와 그림이 고려로 전해졌고, 고려에서 송설체松雪體로 불리던 조맹부체가 유행하기도 했다.

요컨대 충선왕은 몽골 어머니의 피를 이어받고 몽골의 풍습에 심취했지만, 중국 문화에도 매우 깊은 관심을 가진 국제적 감각의 군주였던 것이다.

---

* 또 다른 오해는 이슬람의 다처 풍습에 관한 것이다. 이슬람 문화권에서는 한 남성이 여러 여성과 결혼할 수 있기 때문에, 이슬람 남성들을 호색한으로 여기기 쉽다. 그러나 이것은 명백한 오해일 뿐이다. 이슬람교를 창시한 무함마드는 전쟁을 통해 아라비아 반도를 통일했는데, 그 와중에 많은 남성들이 죽어 과부가 넘쳐나게 되자 고육지책으로 한 남성이 네 명까지 아내를 둘 수 있도록 했던 것이다. 과부를 구제하기 위한 일종의 사회 복지 정책이었던 셈이다.

임금 노릇하기 힘들었던 충선왕

충선왕의 가정사를 살펴보면 불쌍하다는 생각이 앞선다. 아버지 충렬왕은 어머니 제국대장공주와 몹시 사이가 좋지 않았다. 아들은 당연히 어머니의 편인 법, 아버지가 어머니를 홀대하자 아버지에 대한 증오와 불신은 점점 커져만 갔다. 게다가 여느 나라의 왕실과 마찬가지로 권력 다툼과 주변의 이간질도 심했을 것이다.

충선왕은 정치적으로도 아버지와 대립했다. 그는 원나라에 머물던 1297년 어머니 제국대장공주가 죽자 문상을 명목으로 고려로 귀국한 뒤 아버지의 총애를 받던 무비武妃와 그 일파들을 모조리 죽이거나 귀양 보냈다. 충렬왕은 이 사건에 충격을 받아 왕위에서 물러났고, 충선왕이 새로운 왕으로 즉위했다.

20대의 젊고 패기만만한 충선왕은 정치, 사회, 경제적인 측면에서 당시 고려가 직면한 문제들을 해결하기 위한 개혁을 시도했다. 그는 30여 개 항으로 이루어진 교서를 발표해 백성의 고통을 경감하고, 인사 행정과 지방 행정을 바로잡으며, 권문세가의 힘을 약화시키려 했다. 또한 원나라의 강요에 의해 격하되었던 고려의 관제를 회복시킴으로써, 무신의 난 이후 어지러웠던 정치를 바로잡고 군주권과 자주성을 확립하고자 했다.

원나라의 간섭 이전까지 고려 왕실은 황제만이 쓸 수 있는 용어와 관제를 사용하고 있었다.* 그러나 원나라는 고려의 중서문하성과 상서성을 합쳐 첨의부로 바꾸고, 추밀원은 밀직사로, 6부는 전리사, 군

---

* 일부 학자들은 이를 근거로 고려가 황제국 체제를 지향했다고 주장하기도 한다.

부사, 판도사, 전법사로 각각 바꾸었다. 자신들과 동일한 관제를 사용하지 못하도록 한 것이다. 또한 조祖과 종宗을 붙이던 고려 임금의 묘호廟號*를 '충○왕忠○王'이라는 형식의 왕호로 격하시키고, 선지宣旨, 짐朕, 폐하, 태자와 같은 용어들을 왕지王旨, 고孤, 전하, 세자로 낮추었다.

충선왕이 왕의 호칭과 여러 왕실 용어들까지 회복시켰는지는 알 수 없지만, 관제 개혁을 통해 중서문하성과 상서성, 추밀원 등의 이름을 되찾은 것은 명백히 고려의 자주성을 강조한 것이며, 해석에 따라 반원 정책으로까지 볼 수 있다. 따라서 충선왕이 비록 몽골의 풍습에 도취되어 있었더라도 고려인의 정체성 또한 강하게 가지고 있었음을 알 수 있다. 하지만 충선왕의 개혁은 권문세가라고 불리던 당시 기득권층의 경제적 이해를 침해하는 것이었기에, 이들로부터의 조직적인 저항에 직면한다.

이런 상황에서 아내 계국대장공주와의 불화는 충선왕이 왕위에서 물러나게 되는 결정적인 계기가 되었다. 계국대장공주는 충선왕이 고려인 후궁 조비趙妃를 총애하는 것을 질투한 나머지 원나라의 황태후에게 충선왕의 비리를 고자질했다. 게다가 조비의 어머니가 무당을 불러 충선왕이 자신을 멀리하고 조비만 사랑하게 해달라는 푸닥거리를 했다는 내용의 투서가 궁문에 나붙자 공주는 더욱 충선왕을 몰아세웠다. 결국 충선왕은 충렬왕의 복위를 꾀한 충렬왕파와의 정치 공작에 휘말려 즉위한 지 일곱 달 만에 퇴위하고 만다. 그 후 충선왕은 원나라로 끌려가고 충렬왕이 다시 왕으로 복귀했다.

그러나 1307년에 원나라의 성종 테무르가 죽고 무종武宗 카이샨

* 태묘(종묘)에서 제사지낼 때 사용하는 칭호로 죽은 임금에게 붙여졌다.

이 즉위하자, 카이샨 형제와 절친했던 충선왕의 힘도 커졌다. 충선왕은 곧 아버지 충렬왕을 무력화시킨 뒤 실권을 손에 넣었고, 1308년 충렬왕이 죽자 두 번째로 왕위에 올랐다. 그는 앞서 요동을 다스리는 심양왕瀋陽王에도 봉해졌기 때문에, 명목상 고려와 요동의 왕을 겸하게 되었다.

유럽사에서는 왕이 복수의 작위를 겸해서 동시에 여러 영지를 통치하는 것을 '동군연합同君聯合'이라고 부른다. 예를 들어 오스트리아의 합스부르크 왕가는 보헤미아 왕, 에스파냐 왕, 티롤 공작, 밀라노 공작 등을 겸해 오스트리아와 영토를 접하지 않은 이들 지역을 동시에 지배했다. 정략결혼을 통해 여러 지역을 상속받았기에 가능한 일이었다. 충선왕도 일종의 동군연합의 통치자였던 셈이다. 그러나 두 개의 왕관을 쓰기는 했지만, 자력으로 요동을 정복한 것이 아닌데다 당시 요동은 행정 구역상 원나라의 요양행성遼陽行省에 속했기 때문에, 두 지역을 묶는 하나의 국가가 탄생할 수는 없었다.

충선왕은 두 번째 즉위 후에 관료 기강의 확립, 공평한 조세 징수, 인재 등용, 농업과 상업의 장려, 귀족의 횡포 억제 등을 내용으로 하는 복위 교서를 반포했다. 처음 즉위했을 때와 마찬가지로 고려의 개혁을 지향한 것이다. 하지만 그는 얼마 지나지 않아 제안공齊安公 왕숙王淑에게 자기 대신 나라를 다스리도록 하고 원나라로 돌아가버렸다. 지난 10년 동안 원나라에 살면서 향유한 '몽골 세계 제국'의 과실이 그리웠기 때문이었을까? 이유야 무엇이었든 한 나라의 군주가 다른 나라에 살면서 원격 통치하는 것은 전례가 없는 일이었고, 이로 인해 개혁도 과단성 있게 추진될 수 없었다. 게다가 보고와 명령을 주고받기 위해 고려의 개경에서 원나라의 대도까지 사람을 보내는 데 드는 시간과 비용도 만만치 않았다. 충선왕 개인의 대도 체류를 위한 물자의 양 또한 막대했다.

고려에서는 충선왕의 아들이자 세자인 감鑑을 새로운 왕으로 옹립하려는 움직임이 일어났다. 잘잘못을 떠나 고려왕은 마땅히 고려 땅에 있어야 한다고 생각했기 때문이었다. 이러한 음모를 사전에 알아챈 충선왕은 세자 감과 그 지지 세력을 모두 제거해버렸다. 그러나 귀국을 요구하는 신하들의 압력이 거세지고 원나라 조정조차 귀국을 종용하자, 그는 원나라에 계속 머물기 위해 둘째 아들 강릉대군江陵大君 왕도王燾 즉 충숙왕에게 왕위를 물려준다. 충선왕은 아들의 즉위식을 보기 위해 1313년 4월에 잠시 귀국했다가 이듬해 다시 원나라로 돌아갔다.

충선왕은 곧 조카 왕고王暠를 양자로 삼아 요동을 다스리는 심양왕의 자리마저 물려준다. 그러나 이 결정은 그의 가장 큰 실책이었다. 심양왕이 된 왕고가 고려왕의 자리까지 차지하기 위해 원나라 카안에게 충숙왕을 모함함으로써, 둘 사이의 갈등과 정쟁이 유발되었기 때문이다.

충선왕의 이국 생활

『고려사』「충선왕세가」는 충선왕을 곁에서 보필했던 이제현의 기록을 바탕으로 쓰였다. 이에 따르면 충선왕은 원나라 황족인 카이샨과 아유르바르와다 형제와 숙식을 함께 할 만큼 가까운 사이였다고 한다.

원나라에서는 1307년 테무르가 죽자 계승 분쟁이 벌어졌고, 귀족들은 카이샨 지지파와 아난다 지지파로 분열했다. 충선왕은 당연히 카이샨 지지파에 가담했다. 치열한 다툼 끝에 카이샨이 새로운 카안이 되었으니, 그가 곧 무종이다. 절친한 친구가 카안이 되자 충선왕의 입지는 강화되었다. 카이샨은 1308년에 충선왕을 심양왕에 봉해 우정을 더욱 돈독히 했다.

카이샨이 죽은 뒤 동생 아유르바르와다가 즉위했으니, 바로 인종仁宗이다. 충선왕은 두 형제와 두루 친했으므로 그의 입지는 여전히 굳건했다. 아유르바르와다는 충선왕을 매우 신임해서 그를 신하 가운데 최고의 지위인 우승상에 임명하려 했지만, 충선왕이 사양했다고 한다. 아유르바르와다도 충선왕의 성품을 잘 알았던지라 더 이상 권하지 않았다.

여기까지가 『고려사』 「충선왕세가」의 내용이다. 그러나 일부 학자들은 이를 상당히 과장된 것으로 보고 있다. 충선왕이 대도에 머무르던 때 카이샨은 몽골 고원으로 출정을 나가 있었고, 아유르바르와다는 테무르의 명령으로 황하 북안의 회주로 쫓겨 가 있었기 때문이다. 따라서 충선왕이 이들과 숙식을 함께하는 것은 불가능했다. 또 『원사元史』에는 충선왕이 카이샨의 즉위 과정에서 가장 큰 공을 세웠다는 기록이 존재하지 않는다. 물론 전혀 가담하지 않았다는 뜻은 아니다. 이제현이 자신의 주군에게 충성한 나머지 그 역할을 다분히 과장했다는 것이다.

쿠빌라이의 뒤를 이은 테무르에게는 아들이 없었다. 그래서 테무르가 병에 들자 그의 아내 불루간은 카툰, 즉 황후의 자격으로 권력을 장악하고 자신이 조종하기 쉬운 아난다를 후계자로 삼으려 했다. 불루간은 아난다의 유력한 경쟁자인 카이샨을 몽골 고원으로 출정보내고, 카이샨의 동생 아유르바르와다는 황하의 북안으로 쫓아냈다.

하지만 테무르가 죽자 대신들은 아유르바르와다를 카안으로 추대하기로 결의하고 궁정 쿠데타를 일으켰다. 그들이 불루간과 그 일파를 구금하자, 아유르바르와다는 즉위를 위해 대도로 돌아왔다. 그러나 전쟁을 위해 알타이 산맥의 서쪽에 나가 있던 카이샨은 동생에게 카안 자리를 양보할 생각이 전혀 없었다. 그는 휘하의 장군들과 상의한 끝에 방어에 필요한 최소한의 부대만을 남겨둔 채 대부분의 병력을 이끌고 동쪽으로 향했다. 그가 지나오는 길의 몽골인들을 카이샨을 열렬히 환영했다. 최전선의 사령관으로 근무한 덕에 그에게 유리한 여론이 조성되고 있었던 것이다.

카이샨의 군대가 몽골의 옛 수도 카라코룸을 거쳐 대도로 남하하자 아유르바르와다 세력은 카이샨의 정예 부대와 맞서기보다 항복하기로 결정했다. 아유르바르와다는 형에게 카안의 자리를 넘겨주었다. 일본의 한 학자에 따르면 카이샨은 매우 오랜만에 몽골 제국 전체로부터 인정받은 카안이었다고 한다. 1259년 쿠빌라이의 쿠데타* 이후 사이가 틀어졌던 차가다이 울루스와 조치 울루스**를 비롯해 훌레구 울루스***에서도 대규모 사절단을 보내 새로운 카안의 즉위를 축하했다.

카이샨은 오랜 내전을 종식시키고 쿠빌라이가 구상했던 유라시아 교역권을 실현시켰다. 정치적, 군사적인 안정 덕분에 육지와 바다의

---

* 뭉케 카안이 남송 원정 도중에 전염병으로 죽은 뒤 쿠빌라이가 일으킨 계승 분쟁이다. 원래는 몽골 본토에 있던 뭉케의 막내 동생 아릭부케가 몽골인들 대부분의 지지를 얻어 카안으로 즉위할 분위기였다. 그러나 쿠빌라이는 이에 불복하고 금련천이라는 초원에서 독자적인 쿠릴타이를 열어 대카안으로 즉위했다. 아릭부케 또한 카라코룸 부근에서 즉위한 뒤 쿠빌라이와 여러 차례 전투를 벌였지만 1264년 항복함으로써 쿠빌라이의 승리로 귀결되었다.
** 흔히 킵차크한국이라고 하지만 잘못된 표현이다.
*** 일한국이라고도 한다.

동서 교역로는 활기를 띠게 되었다. 그러나 몽골 제국의 통합은 공짜로 이루어진 것이 아니었다. 카이샨은 제국을 하나로 유지하기 위해 제국 전역의 몽골인들에게 막대한 재물을 나누어주어 환심을 사야 했는데, 이것이 국가 재정에는 큰 부담이 되었다.

불행히도 카이샨은 즉위한 지 4년 만인 1311년 1월에 급사했다. 병에 걸려 누운 지 고작 일주일 만의 일이었다. 카이샨이 죽자 그를 지지하던 대신들은 모두 숙청되었고 3월에 아유르바르와다가 새로운 카안으로 즉위했다. 『원사』에 상세한 기록은 없지만 정황에 비추어 아유르바르와다가 형 카이샨을 암살하고 쿠데타를 일으켰으리라고 보는 학자들도 있다.

이러한 과정을 따라가보면 충선왕이 계승 분쟁의 주역으로 참여했을 가능성은 작아 보인다. 가담했다 해도 조연이나 엑스트라에 불과했을 것이다. 하지만 충선왕이 원나라의 여러 정책 결정 과정에 간여했던 것은 사실이다. 몽골의 한 승려가 티베트의 종교 지도자 팍파의 사당을 공자의 사당에 준하는 규모로 지을 것을 건의하자, 충선왕은 원나라의 중신 양안보楊安普에게 그 부당함을 역설했다. 또한 유학자 요수와 함께 아유르바르와다에게 과거 제도를 도입할 것을 진언해 긍정적인 답변을 끌어내기도 했다.

충선왕이 대도에만 머물렀던 것은 아니다. 1319년에는 아유르바르와다의 허락을 얻어 강남 일대를 여행했는데, 이때 절강성 정해현의 보타산에 있는 보타관음사를 비롯해 소주과 항주 등 강남의 여러 명승고적을 둘러보았다. 이 여행의 기록은 『행록行錄』이라는 제목의 책으로 편찬되었다.

충선왕은 1320년 아유르바르와다가 죽고 그의 아들 영종英宗 시데발라가 즉위함에 따라 정치적 기반을 잃게 된다. 그는 고려 출신

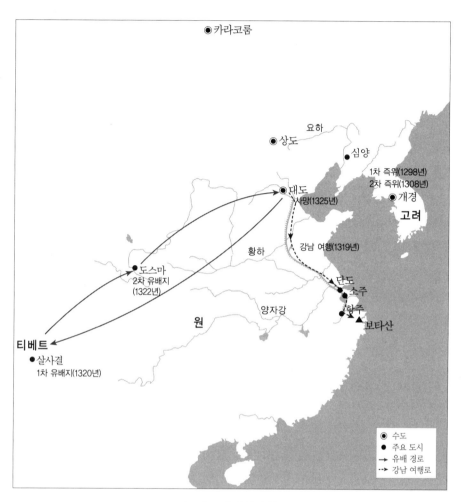

●카라코룸

요하

●상도

●심양

1차 즉위(1298년)
2차 즉위(1308년)

대도
사망(1325년)

●개경

고려

황하

강남 여행(1319년)

●도스마
2차 유배지
(1322년)

단도
●소주
●항주
▲보타산

양자강

원

티베트

●살사결
1차 유배지(1320년)

◉ 수도
● 주요 도시
→ 유배 경로
--▶ 강남 여행로

지도 25 충선왕의 활동

환관 임백안독고사任伯顔禿古思의 모함을 받자 두 번째 강남 여행을 떠난다. 하지만 금산사에서 붙잡혀 대도로 끌려왔다. 아유르바르와다는 임백안독고사의 의견에 따라 충선왕을 고려로 돌려보내려 했지만, 충선왕이 따르지 않자 출가를 명목으로 머리를 깎인 뒤 티베트로 보내버렸다. 사실상의 귀양이었다. 대도로부터 1만 5천 리나 떨어진 곳이었다.

다행히 이제현과 고려의 재상들이 억울함을 호소하고 원나라의 승상 배주拜住가 힘을 써준 덕분에 유배지는 감숙성의 도스마(타사마)로 옮겨졌다. 얼마 후 아유르바르와다가 살해되고 태정제泰定帝 이순 테무르가 즉위하자 상황은 한층 더 유리해졌다. 이순 테무르는 충선왕의 아내 계국대장공주와 남매 사이였기 때문이다. 이순 테무르는 충선왕을 다시 대도로 불러들였다. 충선왕은 대도에서 1년 6개월을 더 살다가 1325년에 죽었으며, 유해는 고려로 옮겨져 덕릉에 안치되었다. 살아생전 그토록 돌아가기 싫어했던 고국에 죽은 뒤에야 비로소 돌아간 것이다.

이제현의 중국 여행

　이제현은 1287년에 고려의 개성에서 태어나 어려서부터 학문과 문학에 두각을 나타냈다. 충선왕과의 첫 만남은 충선왕의 필요에 의해 이루어졌다. 충선왕은 대도에 머물면서 만권당과 독서당을 짓고 원나라 학계를 대표하는 인물들과 교류했는데, 고려인 가운데 그들에게 자랑할 만한 재주를 지닌 사람이 필요했던 것이다. 이 기회를 통해 이제현은 고작 28세의 나이에 원나라의 기라성 같은 학자들과 어깨를 나란히 할 수 있었다. 원나라 학자들은 그의 뛰어난 학문과 글재주에 크게 감탄했다고 한다.

　충선왕은 이제현을 무척 아꼈다. 그는 1320년의 강남* 여행 도중에 아름다운 풍경들을 만나자 이제현이 떠올라 당장 그를 불러들였고, 이제현이 도착하니 항주의 유명한 화가를 데려다 그의 초상화를 그리도록 했다. 이 초상화는 오늘날 대한민국의 국보로 지정되어 있다. 충선왕의 지극한 총애를 받았기에 이제현도 목숨까지 버릴 각오로 충성을 다했던 것이다. 그는 개경과 대도를 여덟 차례나 오갔으며, 충선왕의 명령으로 혹은 귀양 간 충선왕을 만나기 위해 중국 내지의 아미산, 보타산, 도스마 등을 다녀왔다. 그가 여행한 거리는 무려 40,350킬로미터에 이른다.

　이제현은 중국을 여행하면서 역참驛站(몽골어로는 '잠치')이라는 원나라 교통 체계의 도움을 크게 받았다. 원나라는 광대한 영역을 통

---

* 강남은 양자강의 남쪽이라는 뜻이며, 특히 양자강 하류의 삼각주 지역을 가리킨다. 당시 강남은 중국 경제의 중심지였고, 호수가 많고 풍광이 몹시 아름다워서 많은 문학 작품의 소재가 되기도 했다.

치하기 위해 수도와 각 지방을 연결하는 릴레이식 교통 체계를 만들어냈다. 조선 시대에 각지에 역을 설치해 문서를 전달하거나 공무로 여행하는 관리들이 말을 갈아타고 숙식을 해결하도록 했던 것을 연상하면 쉽게 이해할 수 있을 것이다. 원나라의 역참은 말을 구비한 육참陸站(마참馬站이라고도 한다. 몽골어로는 '모린 잠')만이 아니라, 소를 이용하는 우참牛站, 가마나 작은 수레를 이용하는 교참轎站, 선박을 이용하는 수참水站 또는 해참海站, 개가 끄는 썰매를 이용하는 구참狗站 등이 있었다. 이러한 역참을 운영하기 위해 말 5만 필, 노새 6천7백 필, 수레 4천 량, 배 6천 척이 필요했다고 한다.

원나라의 관리가 역참을 이용하려면 통행 증명서인 포마성지鋪馬聖旨 또는 패자牌子를 지참해야 했다. 포마성지는 일반적인 공무를 수행하는 관리에게 지급되었고, 패자는 그 외의 시급한 용무를 위해 지급되었다. 특히 패자는 조선의 마패처럼 둥글게 생겼기 때문에 원패圓牌라고도 불렸으며, 등급별로는 중앙의 관리가 사용하는 금자원부金字圓符와 제왕, 공주, 부마, 군사령관 등이 사용하는 은자원부銀字圓符로 나뉘었다. 당연하게도 등급에 따라 역참에서 제공받는 말과 음식, 잠자리의 질이 달랐다.

이제현은 1316년 충선왕의 명령으로 불교 성지인 아미산에 제사를 지내기 위해 파견되었다. 현재의 사천성 성도에서도 배를 타고 7일을 더 가야 하는 왕복 5,100킬로미터의 긴 여정으로, 육참과 수참을 여러 차례 이용해야 했다. 『익제난고益齋亂藁』에 따르면 충선왕은 포마성지 6통과 은자원부 3개를 발급받았는데, 이제현은 그 중 일부를 사용했을 것이다.

이제현은 아미산으로 가는 길에 만난 아름다운 풍광과 옛 유적들을 보며 시를 지었고, 급체포急遞鋪를 통해 이를 충선왕에게 보냈다.

급체포는 중앙과 지방 관청, 혹은 지방 관청들 사이에 긴급한 문서를 주고받기 위한 통신 체계로, 릴레이식으로 문서를 전달했다. 명나라 때는 10리(약 6킬로미터)마다 역이 설치되어 있었으며, 한 구간을 지나는 데 약 45분이 걸렸다. 아마 원나라 때도 거의 비슷했을 것이다. 이제현은 원나라의 편리한 교통 및 통신 체계를 이용하는 특권을 누린 셈이었다. 그가 충선왕에게 보낸 시들은 『서정록西征錄』이라는 책으로 간행되었다.

이제현은 1321년 가을 고려에서 원나라로 가던 중에 충선왕이 티베트로 귀양을 떠났다는 소식을 들었다. 그는 대도에 도착한 뒤 최성지崔誠之 등과 함께 충선왕의 구명을 위해 백방으로 뛰어다녔다. 이들이 충선왕을 대도로 돌아오게 할 수는 없었지만, 유배지를 대도에서 더 가까운 도스마로 옮길 수는 있었다. 이제현은 충선왕을 만나기 위해 혼자서 도스마를 찾아갔으며, 이때 지은 시들은 『후서정록後西征錄』이라는 문집으로 묶어냈다. 충선왕은 얼마 후 대도로 돌아오지만 곧 세상을 떠난다. 충선왕이 없는 대도는 이제현에게 아무런 의미가 없었기에 그 역시 귀국길에 오른다.

이제현은 훗날 충혜왕이 대도로 압송되자 다시 한 번 원나라에 들어가 카안에게 억울함을 호소했다. 원나라 조정은 그의 상주문을 읽고 자초지종을 파악한 뒤에 충혜왕을 석방해주었다. 그 후 이제현은 고려에서 벼슬하며 충렬왕, 충선왕, 충숙왕의 실록을 편찬했고, 고려의 역사를 정리한 『기년전지紀年傳志』를 편찬하려 했으나 완성하지는 못했다. 고려의 정치와 경제를 개혁하기 위해서도 많은 노력을 기울였지만 안타깝게도 그의 주장은 받아들여지지 않았다. 그저 지배층의 부정과 부패를 비판하는 문장들로 스스로의 마음을 달래는 수밖에 없었다.

04 호가호위를 즐긴 사람들

'호가호위狐假虎威'는 여우가 호랑이의 위세를 이용해 다른 동물들 위에 군림한다는 이야기에서 나온 사자성어다. 고려 시대의 홍복원 가문처럼 외세를 등에 업고 동족을 괴롭히는 사람들에게도 딱 알맞은 표현이다.

홍복원 가문과 고려의 악연

홍복원洪福源(1206~1258년)은 원래 당성(현재의 경기도 화성시 남양면 일대) 사람이며, 그의 아버지 홍대순洪大純은 고려에서 인주도령麟州都領을 지냈다. 도령은 지방의 군사 지휘관이었는데, 특히 북쪽 변방 지역의 도령들은 토착 세력의 우두머리인 경우가 많았다. 즉 외적을 막기 위해 국경을 지키는 역할을 맡고 있었지만, 종종 조정에 반항하거나 반란을 일으키기도 했던 것이다. 홍대순은 몽골군이 고려 영토로 넘어온 거란인들을 토벌하기 위해 쳐들어왔을 때 항복한 전력이 있었다. 아들 홍복원 또한 1231년의 몽골 침입 당시 1,500호를 이끌고 항복한 뒤 조국을 침략하는 데 앞장섰다.

홍복원 부자는 왜 고려를 배신하고 몽골의 앞잡이가 되었을까? 단

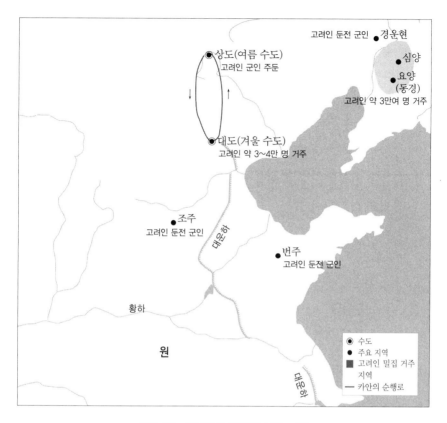

지도 26 원나라의 고려인 거주 지역

순히 애국심이 부족했다거나 '매국노의 유전자' 같은 것 때문이라고
말할 수도 있을 것이다. 하지만 이들 부자 외에도 몽골에 항복하거나
반란을 일으킨 북쪽 변방의 토착 세력이 적지 않았던 것으로 보아,
고려 조정과 이 지역 사이에 고질적인 갈등과 반목이 존재했던 것 같
다.

　　홍복원은 몽골에 항복한 40여 성城의 고려 군민軍民들을 거느리는
동경총관東京總管이 되어 위세를 떨쳤다. 그리고 몽골군과 함께 조국

을 유린하고 비방했다. 당시 무신 정권의 실세였던 최이崔怡(최우崔瑀)는 홍복원을 두려워한 나머지 투옥되어 있던 홍복원의 아버지 홍대순을 대장군에, 승려였던 숙부 홍백수洪百壽를 낭장郎將에 임명하고, 홍복원에게 뇌물을 주어 환심을 사려 했다.

그러나 홍복원의 위세는 그리 오래가지 못했다. 그는 당시 몽골에 인질로 와 있던 영녕공永寧公 왕준王綧과 요동에 살고 있는 고려인들에 대한 통치권을 두고 대립했다. 그러나 왕준은 홍복원이 건드려서는 안 되는 거물이었다.

왕준(1223~1283년)은 고려 왕족 청화후淸化侯 왕경王璟의 아들이었는데, 『원사』에는 고종의 아들로 잘못 기록되어 있다. 왕준이 고려 왕의 아들로 위장했기 때문이다. 그는 당올대가 이끄는 몽골군이 고려를 유린하던 1241년에 인질로 끌려갔다. 훗날 고려의 왕자가 아니라는 사실이 들통 나자, 그는 기지를 발휘해 "신이 어려서부터 궁중에서 자라 왕을 아버지, 왕후를 어머니라고 불렀기에 왕의 친아들인 줄만 알았습니다."라는 말로 간신히 위기를 모면했다. 몽골의 뭉케 카안은 "네가 비록 왕자는 아닐지라도 왕족이며 우리나라에 오래 있었으니 우리나라 사람이다."라고 말했다고 한다.

왕준은 몽골에 투항한 고려인들을 통치하는 고려군민총관高麗軍民總管이라는 직책을 맡았다. 품계는 높지 않았지만 몽골에 와 있는 모든 고려인들을 감독하는 자리였기 때문에 고려인으로서는 최고의 벼슬이었다. 홍복원과 대립하게 된 것도 바로 이 직책 때문이었다. 게다가 왕준은 몽골에 처음 왔을 때 홍복원의 집에 머물며 후한 대접을 받았는데, 고마움을 모르고 불평만 늘어놓아 두 사람의 관계는 더욱 틀어지게 되었다.

홍복원은 왕준의 나무 인형을 만들어서 손을 묶고 머리에 못을 박아 땅에 묻거나 우물에 던지는 방식으로 저주했다. 이러한 사실이 카안의 귀에 들어가자 홍복원은 악귀를 쫓기 위한 액땜일 뿐이라고 둘러댔다. 그리고 왕준에게 찾아가 "그대는 나에게 신세진 일도 있는데 왜 나를 모함하는가? 기르는 개가 도리어 주인을 무는 격이로구나."라고 쏘아붙였다.

불행히도 몽골 여성인 왕준의 아내가 이 말을 듣고 크게 노해 카안에게 일러바치려고 나가버렸다. 홍복원은 일이 커지는 것이 두려워 뇌물로 무마하려 했고, 뇌물에 화를 푼 왕준도 아내를 말리러 따라나섰다. 그러나 왕준이 길에서 만난 것은 아내가 아니라 카안이 보낸 사신이었다. 사신은 홍복원을 발로 짓밟아 죽이고 가산을 몰수한 뒤 아들들을 붙잡아 돌아갔다. 왕준의 완승이었다. 하지만 이 승리는 오래가지 않았다. 머지않아 홍복원의 아들 홍다구洪茶丘와 홍군상洪君祥은 카안의 신임을 회복했고, 왕준은 홍다구의 모함으로 벼슬에서 물러나게 된다.

홍다구(1244~1291년)는 몽골에서 태어나 자랐다. 그는 어려서부터 군대에 들어가 용맹을 떨쳤고, 그 덕분에 쿠빌라이의 총애를 받았다. 1261년에는 지난날 아버지 홍복원이 맡았던 동경총관의 자리를 물려받았고, 1263년에는 왕준을 쫓아내고 고려군민총관에 올랐다.

하지만 고려인들에 대한 홍다구의 횡포는 아버지보다 더 심했다. 그는 쿠빌라이의 조서를 들고 고려로 가서 숙부 홍백수를 찾아내라고 요구했는데, 고려 조정에서 홍백수를 보내주려 해도 일부러 시간을 끌어 카안의 노여움을 사게끔 만들었다. 또한 고려의 봉주(현재의 황해도 봉산)에 군대를 주둔시키고 고려 내부의 친원 세력들을 지원했다. 고려군의 삼별초 진압 작전 때도 일가친척과 무뢰배를 몰고 가 현지인들을 못살게 굴었다.

1274년에는 고려에서 일본 원정을 준비하기 위해 배를 건조하고 군량을 조달하는 일을 감독하게 되었는데, 기한을 매우 촉박하게 정하고 심하게 독촉해서 고려인들의 원성을 샀다. 물론 그 자신은 빠른 시일 안에 9백 척의 전함을 건조한 공으로 쿠빌라이의 신임을 얻을 수 있었다. 그 후 일본 원정에도 따라갔으나 원정군이 태풍에 몰살하자 원나라로 돌아갔다. 1277년에는 두 번째 일본 원정을 준비하는 책임을 맡았고, 또 다시 4만 군사를 이끌고 범문호范文虎의 10만 군사와 더불어 일본 원정에 나섰지만 이번에도 태풍을 만나 전함과 군사를 거의 잃고 돌아왔다.

홍다구는 1291년 48세의 나이로 죽음을 맞았다. 그러나 고려가 한숨 돌릴 만한 상황이 되지는 않았다. '매국노의 유전자'는 더욱 진화했기 때문이다. 그의 아들 홍중희洪重熙는 아버지보다 더욱 악질이었다.

홍중희(?~1310년)는 1281년 아버지 홍다구의 벼슬을 물려받아 고려군민총관이 되었다. 그는 1287년 아버지를 따라 나얀의 반란을 진압하는 데 참여했고, 연이은 전공으로 승진을 거듭했다. 또한 정2품 요양행성우승遼陽行省右丞을 겸해 요양 지방에 대한 통치권도 가지게 되었다. 그러나 고려의 충선왕이 심양왕에 봉해지면서, 홍중희의 권력은 줄어들고 충선왕에게 예속되는 처지에 놓였다.

이에 홍중희는 1309년 원나라 조정에서 배를 건조하려 하자, 백두산의 나무를 베어 고려로 운반한 뒤 그곳에서 만드는 것이 좋겠다고 건의했다. 충선왕을 골탕 먹이려고 꾸민 일이었지만, 고려 백성들에게도 커다란 고통을 안겨주었다. 또한 충선왕이 고려의 관제를 마음대로 고치려 한다고 원나라에 고자질했고, 심지어 1312년에는 고려를 없애고 그 땅에 원나라의 지방 행정 구역인 행성行省을 설치하자고 건의했다. 다행히 원나라 조정이 그의 건의를 받아들이지는 않았지만, 이 사건은 홍중희가 저지른 매국 행위의 절정이었다고 할 수 있다.

『고려사』와 『원사』의 기록을 통해 홍복원 3대의 행적을 살펴보았는데, 읽으면 읽을수록 섬뜩한 느낌이 든다. 중국인들도 홍복원의 매국 행위를 잘 알고 있었던 것 같다. 『신원사新元史』「홍복원전」의 기록자는 마지막 부분에서 홍복원을 신랄하게 야유했다. 그는 홍복원을 춘추 시대 노魯나라의 공손불뉴公孫弗狃에 비유했다. 공손불뉴는 노나라의 권력자 계씨季氏의 신하였다. 그런데 계씨의 또 다른 신하 양호陽虎가 반란을 일으키자, 그는 양호의 편에 서서 계씨를 치려다 실패한 뒤 도망쳤다. 춘추 시대의 전형적인 하극상 사건이었다.*

하지만 당시 원나라 조정으로서는 홍복원 일가가 고려의 왕과 백성들을 무고하고 몹시 못살게 굴더라도, 이를 '군기잡기'의 일환으로 이해했을 것이다. 혹은 '이이제이以夷制夷'라는 중국인들의 장기를 시도한 것이었을 수도 있다. 다시 말해 자신의 조국에 나쁜 감정을 가지고 있는 고려인에게 고려와 관련된 일을 맡기면, 고려 조정과 결탁해 자신들을 속이는 일 없이 충성을 다하리라는 것을 감각적으로 알았던 것이다. 또한 몽골인과 고려인의 갈등이 아닌 고려인들 사이의 갈등으로 몰아가면, 원나라의 지배에 대한 고려인들의 원망이 분산되는 효과도 있었다. 만약의 경우 고려인들이 증오하는 홍복원

* 『신원사』는 20세기 초에 『원사』의 부족한 점을 보완해 새로 편찬한 역사서다. 남송 이후 중국에서는 대의명분을 강조하는 성리학이 학계의 주류를 이루었고 이러한 지적 분위기가 20세기 초의 지식인들에게까지 이어졌기 때문에, 충효라는 유가 이념에 어긋난 홍복원 일가의 행위를 부정적으로 묘사한 것은 어떻게 보면 당연한 일이었다.

일가를 희생양 삼아 내칠 수도 있었다.

매국노 가문의 별종 홍군상

홍복원의 아들임에도 아버지와는 전혀 다르게 처신한 사람도 있었다. 바로 홍군상(?~1309년)이다. 그는 일찍이 원나라의 관리로서도 매우 중요한 역할들을 성공적으로 수행했다.

쿠빌라이는 몽골어로 '현명한 카안'이라는 뜻을 지닌 세첸 칸으로도 불렸다. 쿠빌라이의 형 뭉케는 여러 언어를 구사하고 유클리드 기하학 등 동서고금의 학문에 통달한 이른바 '준비된 카안'이었다. 반면 쿠빌라이는 위구르 문자와 그 영향을 받은 몽골 문자만 읽을 수있었고 중국어와 한문에 서툴러서, 한족 유학자들로부터 교육을 받을 때도 몽골어 통역을 거쳐야만 했다. 하지만 '지혜'에 있어서라면 쿠빌라이가 뭉케보다 훨씬 뛰어났다.

한 일본 학자에 따르면, 쿠빌라이는 유목민의 군사력, 중국의 경제력, 그리고 유라시아 전역의 교역망을 결합해 몽골 제국을 통상 국가로 변화시키려는 '대통합 계획'을 세웠다고 한다. 그런데 이를 위해서는 상업과 교역의 중심지 기능을 할 도시를 건설하고, 당시 세계에서 가장 부유한 지역이었던 중국의 강남 지방을 차지하기 위해 남송을 정복해야 했다. 홍군상은 쿠빌라이의 위대한 '대통합 계획'의 제1막이라 할 수 있는 대도와 통혜하의 건설 과정에 참여해, 대도에 만수산을 쌓고 통주에 운하를 건설하는 일 등을 맡았다.

쿠빌라이는 1266년에 옛 금나라의 수도인 중도(현재의 북경)의 동북쪽 교외에 새로운 거대 성곽 도시를 건설했다. 중국인들은 이 도시를 대도라고 했고, 아랍인과 유럽인들은 칸발릭, 즉 '카안의 도시'라

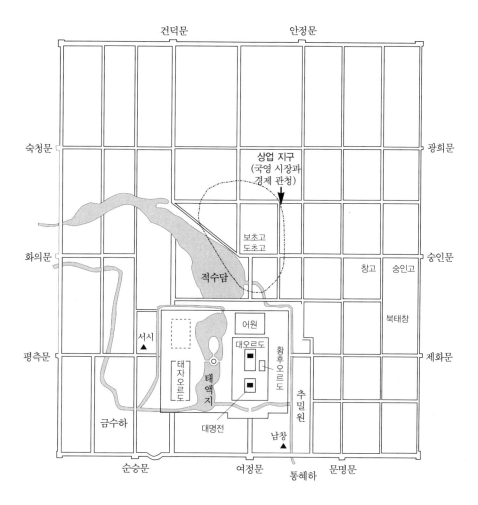

건덕문   안정문

숙청문   광희문

상업 지구
(국영 시장과
경제 관청)

보초고
도초고

화의문   숭인문

적수담

창고   숭인고

북태창

어원

서시
▲

대오르도

황후오르도

태자오르도

태액지

금수하

대명전

추밀원

남창
▲

평측문   제화문

순승문   여정문   통혜하   문명문

* 격자형 도로 사이에 있는 사각형 모양의 지역을 방坊이라 하는데, 그 안에는 각종 관청과 사원, 시장과
도시민의 거주지가 있었다.

지도 27 원나라의 수도 대도

고 불렀다. 사각형 형태의 성벽 안쪽 중앙에는 적수담이라는 거대한 인공 호수가 만들어졌고, 이 호수는 통혜하를 통해 대운하와 연결되었다. 대도는 『주례周禮』「고공기考工記」에 등장하는 이상적인 도성의 구조를 본떠 만든 계획도시였다.

쿠빌라이는 대도에 대명전이라는 거대한 궁전을 세웠지만 궁전에서는 거의 생활하지 않고 그 대신 궁전 옆의 풀밭에 몽골의 이동식 천막인 게르를 치고 살았다. 또한 대도에 계속 머물지 않고 여름 수도인 상도를 매년 정기적으로 오갔다. 본래 유목민들은 계절에 따라 목초지를 옮겨 다녔는데,* 유목민 군주들도 그러한 생활 습성을 유지했던 것이다. 거란의 날발**과 몽골의 사계순행四季巡幸***이 대표적인 사례다.

그런데 쿠빌라이는 왜 자신이 들어가서 살지도 않을 궁전과 성곽도시를 지은 것일까? 그것은 자신이 꿈꾸던 통상 국가를 실현하기 위해서였다. 적수담의 동북쪽에는 국영 시장 및 경제와 관련된 관청들이 모여 있어서, 대운하를 통해 배로 운반해온 물자들을 하역하는 항구의 기능을 했다. 또한 대도는 당시 유라시아의 동서 교역로인 초원의 길, 오아시스길, 바닷길이 한데 만나는 교통의 중심지로서, 전세계의 물자가 모이는 상업의 중심지로 설계된 것이었다.

일반적으로 유목민이라고 하면 파괴와 약탈만을 일삼는 야만인을

* 유목민들은 매년 여름 목초지인 하영지夏營地와 겨울 목초지인 동영지冬營地의 두 곳을 왕래하거나, 혹은 봄의 춘영지春營地와 가을의 추영지秋營地를 포함해 네 곳을 옮겨 다니곤 했다.
** 한자로는 행영行營 혹은 행재소行在所로 쓴다. 거란의 군주들이 계절에 따라 옮겨 다니던 장소를 가리킨다.
*** 몽골의 군주들이 카라코룸에 수도를 정한 뒤 계절에 따라 부근을 옮겨 다니며 사냥을 즐기고 생활하던 것을 가리킨다.

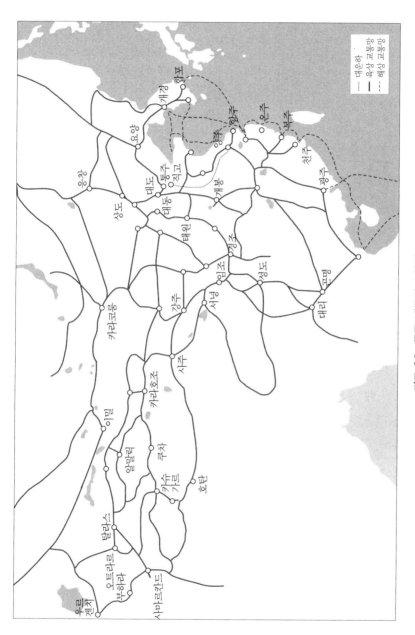

카라코룸

사마르칸트
부하라
오트라르
탈라스
우르겐치

이밀
알말릭
카슈가르
호탄
쿠차

사주
카라호조

상주

경주
서녕

성도

임조
경조
태원
개봉
매린
대동

상도
매도
직고
통주
요주
요양

개경
청포

요주
역주
밀주
복주
천주
광주

대리
곤명

지도 28 몽골 제국의 교통망

떠올리기가 쉽지만, 흉노, 돌궐, 위구르 등 몽골 고원을 지배했던 유목 국가들은 초원의 길을 통해 비단과 같은 중국의 특산물들을 유럽과 중앙아시아로 가져가서 판매하는 원격지 교역을 통해 막대한 부를 축적했다. 쿠빌라이는 이러한 기존의 원격지 교역에 해상 교역을 새롭게 결합시킨 것이다. 물을 싫어한 나머지 김포반도와 강화도 사이의 좁은 바다조차 건너지 못해 쩔쩔매던 몽골인의 이미지와는 정반대다.

홍군상은 1270년에 '대통합 계획'의 제2막이라 할 수 있는 남송 정벌에도 종군했다. 원나라군은 첫 번째 전투인 양양 포위전에서는 다소 고전했지만 그 후 남송의 영토를 파죽지세로 장악해갔다. 쿠빌라이는 강남 지역의 경제적인 피해를 최소화하면서 정복하는 것을 최우선 과제로 삼았는데, 홍군상은 남송의 관리들을 항복시키는 임무를 맡아 성공적으로 수행했다고 한다. 남송의 마지막 황제 공제恭帝와 두 명의 태후를 포로로 잡는 공도 세웠다.

1287년에는 쿠빌라이 정권의 최대 위기였던 나얀의 반란을 진압하는 데 참여했다. 나얀은 칭기즈칸의 동생 옷치킨 가문의 우두머리로, 칭기즈칸의 동생 가문들로 이루어진 동방 3왕가를 이끌고 있었다. 동방 3왕가는 원래 쿠빌라이를 지지하는 핵심 세력이었고, 쿠빌라이가 동생 아릭부케와의 계승 분쟁에서 승리할 수 있었던 것도 이들의 도움 덕분이었다. 따라서 서방의 우구데이와 차가다이 가문이 이미 반기를 든 상황에서, 나얀의 반란으로 인한 동방 3왕가의 이탈은 곧 쿠빌라이 정권의 붕괴를 의미했다. 쿠빌라이가 군이 친정親征에 나선 것도 이 사태의 정치적 또는 군사적인 의미를 충분히 이해하고 있었기 때문이다.

홍군상의 생애 후반부는 조국 고려와도 많은 관련이 있었다. 쿠빌라이는 일본 원정에 두 차례나 실패한 뒤에도 끝내 포기하지 않고 1292년에 세 번째 원정의 준비에 착수했고,* 고려 조정에는 원정에 사용할 배의 건조를 명했다. 하지만 앞선 두 차례의 원정 준비로 이미 피폐해진 고려에게는 지나치게 무리한 요구였다. 이때 홍군상이 완고한 쿠빌라이를 설득하기 위해 나섰다. 그는 "마땅히 먼저 사신을 파견해 고려의 의견을 물은 다음에 실행하셔야 합니다."라고 건의했다. 쿠빌라이는 홍군상을 고려에 보내 배의 건조와 관련된 일들을 직접 협의하도록 했다.

홍군상은 이 과정에서 고려의 입장을 배려하면서도 쿠빌라이를 화나게 하지 않으며 원만히 일을 처리했다. 그리고 1294년 쿠빌라이가 죽자 승상 완택完澤에게 일본 원정을 중단할 것을 건의해 결국 세 번째 원정을 취소시켰다. 고려인들이 만세를 부를 만한 상황이었다. 고려의 충렬왕은 홍군상의 공을 기려 삼한벽상공신三韓壁上功臣이라는 공신의 칭호와 정1품 삼중대광三重大匡 익성후益城侯라는 벼슬을 내리고 임안공臨安公에 봉했다.

여기서 과연 원나라 조정이 홍군상의 말을 듣고 일본 원정을 포기할 만큼 그의 정치적 위상이 높았을까 하는 의문을 품을 수 있다. 그러나 그가 원나라 카안의 숙위였다는 사실을 감안하면 충분히 납득할 만한 일이다. 홍군상은 1278년 중위친군부도지휘사中衛親軍副都指揮使에 올랐는데, 이 관직은 쿠빌라이 시기의 시위군侍衛軍 5위衛에 속하는 것이었다.

* 현재 세 번째 원정의 정확한 이유는 알 수 없는데, 마르코 폴로의 『동방견문록』에 따르면 지팡구(일본)의 황금이 그 목적이었다고도 한다. 한편 어떤 일본 학자는 남송을 정복한 뒤 쓸모없어진 남송의 군인들을 소모하기 위해 벌인 전쟁이었다고 주장하기도 한다.

『원사』「병지兵志」는 시위군 5위의 위상을 다소 애매하게 서술하고 있다. 시위군 5위는 명목상 중국식의 친위대로, 카안에 직속해 그의 신변을 경호하며 수도의 수비와 순라를 담당했다. 다만 이들이 칭기즈칸 이래 카안의 친위대이자 권력의 핵심이었던 케식에 속하는지는 확실치 않다.

케식은 몽골의 전투 단위인 백호, 천호, 만호의 우두머리를 비롯한 고관의 자제들로 이루어진 카안의 친위대였다. 일반적으로 유목 군주들은 휘하의 여러 집단으로부터 충성을 담보하기 위해 집단 우두머리의 아들이나 가까운 친척을 인질로 요구했는데, 이러한 인질들은 유목 군주와 생활을 함께하며 가장 충성스런 심복이 되었다. 이들은 군주를 호위할 뿐 아니라 군주의 일상사 및 국가의 정치에도 간여했다. 케식이라는 말이 원래 '은총을 받은 자'라는 뜻이었던 만큼, 실제로도 '낙하산 인사'를 통해 고위 관직을 독점하고 카안과 독대하며 직접 상주하는 등 엄청난 특권을 누렸다.

홍군상은 14살 때 형 홍다구와 함께 상도에서 처음으로 쿠빌라이를 알현했는데, 나이로 보아 인질이자 동시에 카안의 최측근으로 봉사하는 케식에 뽑혔을 가능성이 있다. 물론 시위군 5위가 케식과는 별개의, 또는 케식보다 급이 낮은 친위대였을 수도 있다. 어찌됐든 『원사』에서는 홍군상을 카안의 친위대 소속이자 가까운 측근으로 묘사하고 있다.

홍군상은 나얀의 반란 당시 쿠빌라이의 거처를 수레로 빙 둘러싸 반란군의 공격에 대비했다고 하는데, 이는 그가 이미 숙위군을 지휘하는 지위에 올라 있었음을 알려준다. 조카 홍중희 역시 숙위군이었던 것으로 보아, 아마도 홍복원 일가 모두가 친위대의 한 자리를 차지했던 것 같다. 그래서 고려인임에도 불구하고 이들의 발언권과 정치적 영향력이 강할 수 있었던 것이다. 다만 홍군상은 자신의 힘을 동포의 부담을 덜어주기 위해 사용했고, 다른 이들은 동포를 괴롭히는 데 악용했다는 차이가 있을 뿐이다.

홍군상의 또 다른 조카 홍파두아洪波豆兒도 고려인들의 편에 섰다. 홍파두아는 제3차 일본 원정에 사용할 배를 건조하는 작업을 감독하기 위해 고려에 파견되었을 때, "내가 비단옷을 입고 고향에 돌아오기는 했지만 백성을 괴롭히는 자리에 있으니 참으로 부끄럽구나."라고 말하며 눈물을 흘렸다고 한다. 그는 고려의 관리들에게도 예의를 갖추어 매우 공손하게 대했다.

이밖에 고려 출신 환관 방신우方臣祐도 위기에 처한 조국과 군주를 위해 적극적으로 나선 사람이었다. 방신우는 본래 고려에서 제국대장공주의 시중을 드는 환관이었으나, 공주를 따라 원나라로 간 뒤 망고태라는 몽골 이름을 하사받고 황궁에서 수원황태후壽元皇太后의 시중을 들게 되었다. 이 덕분에 장작원사將作院使를 거쳐 재상인 평장정사에까지 승진했다.

그는 홍중희가 충선왕의 죄를 날조해 원나라의 카안이 충선왕을 불러들이는 사태가 벌어지자, 이 소환이 곧 폐위를 뜻한다는 것을 알고 수원황태후와 카안에게 나아가 충선왕의 무죄를 변호했다. 이로써 충선왕의 결백이 밝혀지고 오히려 홍중희가 유배에 처해졌다. 또한 원나라 조정에서 고려에 행성을 설치하자는 논의가 일어나자, 고려는 영토가 좁은 데다 산이 많고 들이 적기 때문에 경제적으로 쓸모가 없는 땅이라고 설득해서 행성의 설치를 막는 데 힘을 보탰다. 이러한 사실을 전해 들은 고려의 충숙왕은 방신우를 상락부원군上洛府院君에 봉하고 공신으로 삼아 그의 충절을 기렸다고 한다.

홍군상과 홍파두아를 제외한 홍복원 일가를 지나치게 매도한 감도 있다. 이들이라고 이유가 없었겠는가? 고려 조정이 서북 지역 사람들을 홀대하고 경제적으로 착취했던 것도 그 이유 가운데 하나였을 것이다. 그러나 일제 강점기의 많은 독립운동가들이 조선 시대 내내 푸대접을 받아온 평안도, 황해도, 함경도 출신이었다는 사실을 고려하면 썩 그럴듯한 변명은 되지 못하는 것 같다. 어찌됐든 외세의 힘을 빌려 동족에게 못된 짓을 하는 사람들은 예나 지금이나 적잖이 존재한다.

기황후를 등에 업고 난을 일으킨 최유

홍복원 일가 못지않게 조국 고려를 괴롭힌 사람이 또 있으니, 공민왕 때 원나라군을 이끌고 고려를 침략해온 최유崔濡다. 최유는 동지밀직사사同知密直司事 최안도崔安道의 아들로, 몽골 이름은 테무르부카였다. 그는 충혜왕 때 고려에서 여러 관직을 지냈으며, 조적曹頔의 반란*이 일어났을 때 왕을 시종해 1등 공신이 되었고, 훗날 충정왕이 즉위하는 데도 공을 세웠다. 그러나 개인적인 처신에는 문제가 많아서, 과부와 유부녀를 겁탈해 곤장을 맞거나 대신과 관리들을 구타해서 물의를 일으키기도 했다. 그러다 동생이 죄를 지어 투옥되었다가 탈옥하는 일까지 벌어지자 결국 고려를 떠나 원나라로 가게 되었다.

최유는 원나라에서 벼슬을 하게 되었는데, 대도에 머물다 즉위를 위해 고려로 돌아오는 공민왕을 호위해 함께 돌아오다가 요양에서 이탈해 원나라로 돌아가버렸다. 그는 이때부터 공민왕과 고려에 대해 앙심을 품기 시작했고, 김원지첩목아金元之帖木兒 등과 함께 고려 조정을 헐뜯는 데 앞장섰다. 예컨대 단지 고려를 괴롭히려는 목적으로 원나라 순제順帝 토곤 테무르에게 남방 토벌군** 10만 명을 고려인 가운데 뽑도록 건의하기도 했다. 남방 토벌군 문제는 원나라에 있던 다른 고려인들이 고려는 영토가 좁고 너무 멀리 떨어져 있기에 적절하지 않다고 간언함에 따라 간신히 없던 일로 되었다.

---

* 1339년 충숙왕이 죽자 충혜왕과 심양왕 왕고가 서로 왕위를 다퉜는데, 조적은 왕고를 옹립하기 위해 반란을 일으켰다가 충혜왕의 반격으로 실패했다.
** 원나라 말 홍건적 등의 반란을 토벌하기 위해 특별히 편성한 군대.

원나라 기황후奇皇后의 일족이 고려에서 반역을 도모하다 공민왕에 의해 축출되었을 때도, 최유는 기황후와 토곤 테무르에게 공민왕을 갈아치우라고 충동질했다. 결국 최유는 덕흥군德興君을 고려의 새 왕으로 삼고 자신은 좌정승이 되어 군대를 이끌고 고려로 쳐들어왔다. 다행히 존망의 위기에 처한 고려에는 최영이라는 구국의 영웅이 있었다. 최영은 수주와 원주에서 최유의 군대를 크게 물리쳤다. 전세가 불리해지자 최유는 원나라로 도망쳐 돌아갔는데, 대도까지 살아 돌아온 병사가 고작 17명에 불과했다고 한다.

　하지만 최유는 여전히 정신을 차리지 못하고 복수심에 불타 고려를 침략할 궁리만 했고, 토곤 테무르에게 계속해서 고려를 정벌하라고 부추기는 매국노 짓을 서슴지 않았다. 그러나 토곤 테무르는 감찰어사 뉴련紐憐의 보고로 그간의 정황을 모두 알게 되자 최유를 붙잡아 형틀에 묶은 채로 고려로 압송했다. 그는 고려에서 사형에 처해졌다.

05 몽골 제국을 뒤흔든 여성

중국의 황후가 된 우리나라 여성들을 모두 열거하자면, 북위 선무제의 생모 효문소황후 고조용과 선무제의 황후 고영, 금나라 해릉왕의 생모 자헌황후 대씨, 세종의 생모 정의황후 이씨, 선종의 생모 소성황후 유씨, 그리고 원나라 토곤 테무르의 황후 기씨奇氏 등이 있다. 이 가운데 고영과 기황후만이 생전에 황후가 되었으며, 특히 중국 전역을 지배한 제국의 황후는 기황후가 유일하다.

기황후와 공녀

기황후는 기자오奇子敖의 막내딸로 고려의 행주(현재의 경기도 고양시)에서 태어났다. 기자오의 집안은 무신의 난 때 최충헌에게 아부해 출세한 신흥 세력 가운데 하나였다.

기씨가 원나라의 황후가 될 수 있었던 것은 공녀로 뽑혀갔기 때문이었다. 공녀 제도는 원나라가 투항해온 남송의 병사들과 결혼시키기 위해 고려에 140명의 여성을 요구한 것이 그 시초였다. 고려에서는 처음에 독신녀, 파계승의 딸, 역적의 아내 등을 보냈지만, '수요'가 점차 늘어나자 젊은 미혼 여성들까지 끌려가게 되었다. 지배층도 예외가 될 수 없었기에 세력가였던 기자오조차 자신의 딸을 공녀로 내놓아야 했던 것이다.

오늘날 우리나라의 권력층 중에는 어떠한 수단을 써서라도 아들을 군대에 보내지 않으려는 사람들이 많다. 그러나 고려 시대에는 그러한 편법이 통하지 않았다. 예컨대 홍규洪奎는 무신 정권을 타도하고 왕의 권위를 다시 세우는 데 큰 공을 세워 추밀부사樞密副使의 벼슬에 올랐지만, 자신의 딸이 공녀가 되는 것을 막을 수 없었다. 홍규는 뇌물로도 효과를 보지 못하자 아예 딸의 머리를 깎아 비구니로 만들었다. 하지만 이 사실이 충렬왕의 왕비 제국대장공주의 귀에 들어가 홍규는 외딴 섬으로 유배되고 딸은 공녀로 끌려가게 되었다.

평범한 사람들에게도 자신의 딸을 다른 나라로 시집보내는 것은 윤리적으로 받아들일 수 없는 일이었다. 그래서 당시 고려에는 데릴사위 제도가 더욱 성행하게 되었고, 조혼早婚의 관습이 생겨나 후세에까지 큰 영향을 미쳤다. 딸이 태어나면 애초부터 남의 눈에 띄지 않도록 숨기는 경우도 많았다.

공녀 문제를 해결하기 위한 방안을 제시한 관리들도 있었다. 충렬왕 때의 박유는 고위 관리부터 평민에 이르기까지 모든 남성들이 둘 이상의 아내를 둘 수 있도록 해야 한다고 주장했다. 그렇게 하면 여성들이 원나라에 끌려가는 일도 막을 수 있고, 더불어 인구도 자연스럽게 증가해서 나라의 재정 확보에도 도움이 되리라는 것이었다. 그러나 이 소식을 전해들은 고관대작의 부인들은 백주 대낮에 박검을 붙잡아 두들겨 패며 무력시위를 벌였고, 결국 그의 제안은 실현되지 못했다.

또 다른 방안은 공녀 제도를 없애달라고 원나라에 청원하는 것이었다. 이곡李穀은 원나라의 카안에게 공녀의 폐지를 요청하는 장문의 상소를 올렸다. 그러나 이러한 노력에도 불구하고 공녀 제도는 명나라 초기까지 지속되었다.

그런데 시간이 지날수록 고려 사회에서 공녀에 대한 부정적 인식은 점차 약해져 갔다. 특히 기씨의 출세가 결정적인 계기였다. 공녀로 끌려간 기씨가 원나라의 황후가 되어 그 일족이 부귀영화를 누리게 되자, 일부 몰지각한 사람들은 서로 앞다퉈 딸을 팔아 출세하려고 했다. 게다가 기황후는 원나라의 귀족 남성들에게 아름다운 고려 여성을 정실부인이나 첩으로 삼을 것을 요구해, 원나라 사회에서도 고려 여성을 아내로 삼지 못하면 명가名家로 인정받지 못하는 풍조가 나타났다. 이처럼 양측의 이해가 맞아떨어지면서 고려에서는 자진해서 딸을 바치는 납녀納女의 풍습이 유행하게 된다. 공녀 제도의 희생자였음에도 황후가 된 뒤 그것을 폐지하기보다 오히려 더욱 부추긴 기황후가 야속하기만 하다.

돌이켜보면 우리나라의 남성들은 자신들이 저지른 잘못의 대가를 여성들에게 전가하기만 했다. 공녀 제도도 따지고 보면 고려의 남성들이 몽골군을 막아내지 못한 결과가 여성들에게 고스란히 전가된 것이다. 훗날 병자호란 때도 많은 조선 여성들이 청나라군에 의해 만주로 끌려갔다. 아버지와 오빠, 남편들은 막대한 뇌물과 몸값을 지불하고 그녀들을 되찾아오기는 했다. 그러나 "오랑캐에게 몸을 더럽혔다." 혹은 "오랑캐의 씨를 배고 있다."는 이유로 자결을 요구했다. '화냥년'이라는 욕설이 당시의 환향녀還鄕女에서 유래했음은 알 만한 사람들이 다 아는 일이다. 자신들의 책임은 까맣게 잊은 채 고작 알량한 '정절'을 지키지 못했다는 이유로 죄 없는 여성들을 희생시킨 것이다.

20세기에는 이른바 '종군 위안부' 문제가 있었다. 물론 남성들도 총알받이나 일꾼으로 끌려갔기 때문에 똑같은 피해자라고 할 수도 있다. 그러나 일제의 앞잡이가 되어 여성들을 '공출'하는 데 협력한 조선인 관리나 경찰들 가운데 자신의 잘못을 시인하고 용서를 구한 사람이 있다는 이야기는 듣지 못했다.

어찌됐든 기황후처럼 운이 좋은 일부 공녀들은 원나라에 가서 황제나 고관의 아내가 될 수 있었다. 게다가 공녀로 끌려간 고려의 여성들은 한결같이 아름답고 성품이 훌륭해 가는 곳마다 사랑을 독차지했다고 한다. 그 덕분에 원나라의 지배층 사이에는 고려의 의복, 물품, 먹을거리 등이 널리 퍼지게 되었다. 이를 고려양高麗樣이라고 한다. 공녀 제도의 쓸쓸한 순기능이었던 셈이다.

기씨, 황후가 되다

공녀 기씨는 고려인 환관의 도움으로 원나라 황궁의 궁녀가 되었다. 궁녀는 대개 미모가 빼어난 여성들만이 될 수 있었으므로, 그녀 역시 상당한 미녀였을 것이다. 그녀는 토곤 테무르에게 찻물을 바치는 일을 하게 되었는데, 이를 계기로 그의 총애를 받아 아들 아유르시리다라를 낳았다. 아유르시리다라는 훗날 토곤 테무르를 이어 카안에 오른다.

토곤 테무르는 자신의 아들을 낳아준 기씨를 황후로 삼으려 했지만 대부분의 신하들이 이에 반대하고 나섰다. 원래 몽골에서는 콩기라트(옹기라트) 부족의 여성만이 황후가 될 수 있었기 때문이다. 원나라 말에는 몇몇 예외가 생기기도 했는데, 예컨대 토곤 테무르의 정실부인 답납실리 황후는 킵차크 초원 투르크 집단의 우두머리 엘 테무르의 딸이었다. 하지만 기씨는 콩기라트 부족은커녕 몽골인조차 아니었고, 아무런 권력이나 배경도 없었다. 그러나 토곤 테무르는 자신의 뜻에 반대하는 신하를 모두 쫓아내고 다른 신하의 주청을 받아들이는 형식으로 기어이 기씨를 두 번째 황후로 삼았다.

황후가 된 기씨는 황후궁과 관련된 사무를 전담하는 자정원資政院이라는 관청을 설치하고, 강남의 20여 만 호로부터 각종 조세를 거두어 그 재정을 충당했다. 또한 고려인 환관 박불화朴不花와 고룡보高龍普를 자정원의 고위직에 앉혀 자신의 수족으로 삼았다. 이후 기황후의 세력은 매우 강력해져서 몽골 귀족들도 그녀의 눈치를 보게 되었다.

『원사』는 기황후를 매우 정숙하고 덕이 있는 인물로 묘사했다. 그녀는 『여효경女孝經』과 많은 역사서를 읽으며 역대 황후들의 현명한 행동을 본받으려 했고, 지방에서 올라온 공물이나 맛있는 음식은 반드시 먼저 태묘*에 바친 뒤에 먹었다. 또한 1358년에 대기근이 들자 관리들을 시켜 굶주린 백성을 구휼하도록 했고, 환관 박불화를 통해 자신의 금과 은, 곡식과 비단을 풀어서 죽은 사람들을 장사지낼 수 있도록 했다. 어쩌면 고려 출신이라는 약점 때문에 더욱 몸을 낮추고 인심을 얻기 위해 힘썼을 수도 있다.

중국의 많은 역사가들은 토곤 테무르를 원나라의 '마지막 황제'이며,** 명나라의 마지막 황제 의종毅宗과 마찬가지로 목수 일에 취미

---

* 종묘와 같은 뜻으로, 역대 황제와 황후의 위패를 모신 황실의 사당.
** 중국인들은 1368년 명나라에 의해 북쪽으로 쫓겨난 뒤의 원나라를 '북원北元'이라는 이름으로 폄훼했다. 정통성을 잃은 변방의 일개 유목 국가라는 의미가 담긴 이름이었다. 그러나 이후에도 몽골의 카안들은 여전히 자신들이 칭기즈칸의 몽골 제국을 계승하고 있다고 생각했으며, 스스로를 대원大元의 카안이라는 뜻의 '다얀칸'으로 불렀다.

가 있었다고 기록했다. 정치를 돌보기보다는 신하들의 집을 설계해 주거나 나무를 만지며 노는 것을 더 좋아했다는 것이다. 심지어는 토곤 테무르가 몽골인이 아니라 한족이며 남송 황제의 후손이라고 주장하는 기록도 남아 있다. 대개 왕조의 마지막 황제들은 무능하고 방탕하고 포악한 인물로 묘사된다. 그래야만 새로운 왕조 설립의 명분이 생기는 까닭이다. 하지만 원나라가 쇠퇴하게 된 데에는 황제 개인의 실정만이 아니라 많은 문제들이 복합적으로 얽혀 있었다.

몽골 제국의 분열은 칭기즈칸의 후손들이 각자 자립하려는 경향 때문이었다. 칭기즈칸의 손자 뭉케가 죽고 막내아들 아릭부케가 후계자로 추대되자, 뭉케의 동생 쿠빌라이는 불복하고 반란을 일으켜 새로운 카안이 되었다. 이 과정에서 서쪽의 여러 집단들이 쿠빌라이로부터 자립하게 되었고, 쿠빌라이 사후에도 이러한 계승 분쟁은 끊이지 않고 이어졌다.

중국인들은 전통적으로 맏아들이 가문의 재산과 제사를 물려받는 장자 상속제를 따랐다.* 황실에서도 황후가 낳은 황제의 적장자가 다음 황제로 즉위하는 것이 원칙이었다. 적장자가 없는 경우에는 후궁이 낳은 장자에게 순서가 돌아갔다. 이러한 원칙이 언제나 지켜진 것은 아니지만, 정변이 일어나지 않는 한 아들이 아버지의 뒤를 잇는 부자 상속만은 유지되었다. 그러나 대부분의 유목 국가에는 장자 상속이나 부자 상속과 같은 계승 원칙이 없었고, 황실의 남성들 가운데 능력이 가장 뛰어난 사람을 새로운 군주로 뽑았다. 그래서 군주가 바뀔 때마다 계승 분쟁이 끊이지 않았던 것이다.

* 기원전 2세기 무렵부터 재산의 장자 상속제가 약화되고 형제가 고르게 상속받는 균분 상속이 확대되었지만, 제사를 지내는 맏아들을 존중하는 관습은 계속 유지되었다.

원나라도 마찬가지였다. 쿠빌라이의 손자 테무르 이후 카안이 바뀔 때마다 빠짐없이 계승 분쟁이 일어났다. 심지어 시데발라가 귀족들에 의해 암살된 1323년부터 토곤 테무르가 즉위한 1333년까지 고작 10년 사이에 4명의 카안이 교체되었다. 이러한 상황에서 카안은 무력한 허수아비로 전락하고 실제 권력은 킵차크, 아스, 캉글리 등의 투르크계 군벌에게 넘어갔다.

토곤 테무르도 성품이 유약하고 우유부단했기에 권력을 되찾으려는 의지가 거의 없었고, 라마교와 주색에 빠져 있는 시간이 많았다. 토곤 테무르가 정치에 관심을 갖지 않자 기황후가 아들 아유르시리다라와 더불어 정치에 간여하기 시작했다. 심지어 그녀는 토곤 테무르를 쫓아내고 아들을 카안으로 옹립하려는 계략을 꾸미기도 했다. 그녀는 박불화를 승상 태평太平에게 보내 거사에 동참할 것을 종용했지만, 태평이 거절하고 승상에서 물러나버리는 바람에 무위에 그쳤다. 하지만 기황후는 토곤 테무르를 압박해 1365년에 두 번째 황후에서 첫 번째 황후로 승격되는 정치적인 승리를 거두었다.

이 무렵 원나라에는 자연재해가 빈발하고 전염병이 창궐해 민심이 몹시 흉흉했다. 이로 인해 홍건적의 난이나 장사성張士誠의 봉기 같은 큰 반란이 일어났고, 힘의 공백을 틈타 남방의 여러 군벌들도 흥망을 거듭했다. 하지만 원나라 조정은 여전히 정신을 차리지 못했다. 차간 테무르, 볼로드 테무르, 쿠쿠 테무르 등의 몽골 귀족들은 권력 투쟁에만 골몰할 뿐, 반란을 진압하는 데는 그다지 관심을 두지 않았다.

여러 반란 세력 가운데 한때 구걸승이었던 주원장朱元璋은 1356년 금릉 즉 오늘날의 남경에 도읍을 정하고 스스로 오왕吳王을 칭했다. 그는 1368년 다른 군벌들을 차례로 토벌한 뒤 한족 왕조 명나라

를 세우고 황제로 즉위했다. 그리고 같은 해 장군 서달徐達과 상우춘
常遇春을 보내 몽골인들을 몰아내기 위한 북벌에 나섰다. 토곤 테무
르는 대도와 멀지 않은 통주에서 장군 부얀 테무르가 서달의 명나라
군에 패해 살해되었다는 소식을 듣고 응창으로 달아났다. 아유르시
리다라는 아버지보다 한발 먼저 달아났다. 명나라군은 8월에 대도를
장악했다.

정치적인 격변 속에서 기황후는 점차 권력으로부터 소외되어 갔
다. 그녀는 볼로드 테무르의 협박에 자신의 수족과 다를 바 없는 박
불화를 내어주고 그가 죽는 것을 지켜봐야 했다. 그리고 박불화가 죽
고 나자 더 이상 정치에 간여할 수 없었다. 그녀는 토곤 테무르를 따
라 응창으로 피난 갔다가, 이듬해인 1369년에 죽었다.

토곤 테무르도 1370년 5월 응창에서 죽었다. 사실 '순제'는 명나
라에서 그에게 붙인 시호로, 천명天命에 순응해 물러났다는 뜻을 지
녔다. 순제는 애제哀帝, 공제恭帝와 더불어 왕조의 마지막 황제들에
게 흔히 붙여지던 시호였다.

토곤 테무르의 뒤를 이어 아유르시리다라가 카안으로 즉위했지
만, 그 또한 1378년에 죽었다. 몽골인들은 그에게 빌릭투 카안이라는
시호를 붙였고, 명나라 사람들은 북원 소종昭宗이라는 시호를 붙였
다. 아유르시리다라의 동생 투쿠스 테무르는 즉위한 후 명나라를 공
격하려 했지만, 잘라이르 부족의 우두머리 나가추가 식량 부족 때문
에 명나라에 투항함에 따라 뜻이 꺾이고 만다. 오히려 투쿠스 테무르
는 1388년에 명나라의 장군 남옥藍玉의 공격을 받아 대패했다. 이로
써 몽골인들은 중국을 다시 정복하려는 야망을 포기할 수밖에 없었
다.

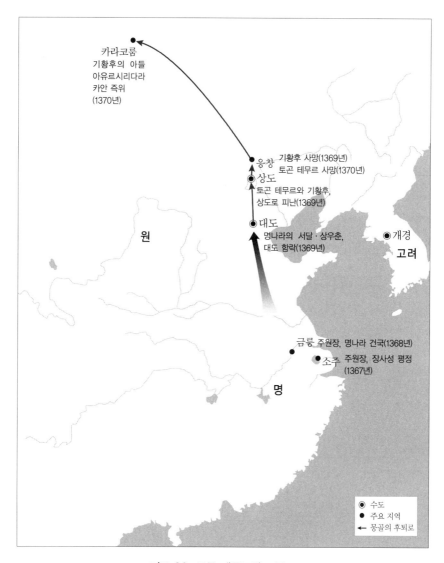

카라코룸
기황후의 아들
아유르시리다라
카안 즉위
(1370년)

원

응창 기황후 사망(1369년)
상도 토곤 테무르 사망(1370년)

토곤 테무르와 기황후,
상도로 피난(1369년)

대도
명나라의 서달·상우춘,
대도 함락(1369년)

개경
고려

금릉 주원장, 명나라 건국(1368년)
소주 주원장, 장사성 평정
(1367년)

명

◉ 수도
● 주요 지역
← 몽골의 후퇴로

지도 29 토곤 테무르의 도주로

기황후의 심복 박불화

고려는 여성들만이 아니라 거세한 남성들도 원나라에 바쳐야 했다. 몽골인들이 한족을 견제하기 위해 고려인 환관을 선호했기 때문이다. 쿠빌라이 때부터 원나라에 건너간 고려인 환관들은 점차 카안과 황후의 신임을 얻어 출세하게 되었다. 특히 테무르의 제위 이후에는 고려인 환관의 수와 영향력이 한족 환관들을 압도하게 된다. 고려의 왕조차 원나라 카안을 만나기 위해 고려인 환관들의 비위를 맞춰야 할 지경이었다. 고려왕은 힘 있는 환관들은 군君으로 봉하고 다른 이들에게도 고려의 벼슬을 내리곤 했다.

이들 가운데 박불화가 가장 유명했다. 불화는 몽골어 '부카'의 음사였다. 박불화는 오랫동안 섬겨온 기황후가 제2황후에 오르자 자신도 종1품 영록대부榮祿大夫 자정원사資政院使로 승진했다. 기황후는 여성의 몸으로 정치에 간여하기 위해 환관들의 도움이 절실했는데, 특히 박불화는 기황후와 고향이 같은 행주 출신이었기 때문에 다른 환관들보다 더 큰 신임을 받았다.

1358년에 큰 기근이 들어 하남, 하북, 산동 등지의 유민들이 대도로 몰려들었다. 박불화는 이를 좋은 평판을 쌓을 수 있는 기회로 여겨 토곤 테무르에게 구휼 사업을 벌일 것을 청했다. 카안과 황후, 태자를 비롯해 많은 고관들은 금, 은, 보석과 다양한 물자를 내놓았고, 박불화 자신도 상당한 재물을 보탠 뒤 이 사업을 직접 관장했다. 그는 유민들을 위해 노구교 부근에 땅을 파서 샘을 만들었고, 가난한 사람들과 죽은 자들을 위한 법회를 열었으며, 병든 사람에게는 약을 주고 돈이 없어 장례를 치르지 못한 사람들의 장례를 치러주었다. 이 일을 계기로 박불화에 대한 신임은 더욱 두터워졌다.

토곤 테무르는 기황후가 자신을 몰아내고 아들을 옹립하려 했던 사실을 알게 된 뒤 더욱 정치에 대한 환멸이 커졌다. 박불화는 이 기회를 놓치지 않고 승상과 작당해 정치를 좌지우지하기 시작했다. 심지어는 지방에서 올라온 상주문들을 카안에게 전하지 않고 가로챌 정도였다. 대신들이 어사대를 중심으로 박불화의 전횡을 비판하는 상소를 올렸지만 토곤 테무르와 기황후는 오히려 박불화를 두둔하며 상소를 올린 사람들을 모조리 좌천시켰다. 박불화의 승승장구는 끝이 없는 것처럼 보였다. 그는 기황후의 후원으로 집현원대학사集賢院大學士 숭정원사崇政院使에 임명되었다.

그러나 제멋대로 권력을 농단하던 박불화에게도 마침내 종말의 때가 찾아왔다. 토곤 테무르는 사실상 재위 기간 내내 기황후, 태자, 그리고 여러 귀족과 대신들의 눈치만 보며 살아왔다. 특히 1354년에 승상 톡토가 실각하자 원나라의 권력 집단들은 토곤 테무르의 존재에 아랑곳없이 치열한 권력 투쟁에 돌입했다. 이때 박불화는 차간 테무르의 편에 서서 볼로드 테무르에 맞섰는데, 그에게는 불운하게도 싸움의 승자는 볼로드 테무르였다. 볼로드 테무르의 군대는 대도를 포위한 채 토곤 테무르에게 철군의 조건으로 박불화를 죽일 것을 요구했다. 토곤 테무르는 어쩔 수 없이 박불화를 내어주었고, 그는 곧 살해되었다.

누이 덕에 나발 분 기철

기황후가 원나라에서 황후에 올라 정치적으로 막강한 권력을 휘두르던 때, 고려에 있던 그녀의 가족들은 어떻게 살아가고 있었을까?

기황후의 고조부 기윤숙奇允肅은 최충헌에게 아부해 정2품 문하시랑평장사門下侍郎平章事라는 벼슬에 올랐고, 그 덕분에 기황후의 아버지 기자오도 음관으로 낮은 벼슬을 지닐 수 있었다. 그러다 원나라에 공녀로 보낸 딸이 제2황후가 되고, 그 아들이 태자로 옹립되자 기씨 가문은 일약 번창하기 시작했다.

토곤 테무르는 고려에 사신을 보내 이미 죽은 기자오를 영안왕榮安王으로 추증하고, 어머니 이씨李氏에게도 영안왕대부인榮安王大夫人의 칭호를 내렸으며, 형제들에게도 원나라의 벼슬을 주었다. 원나라의 간섭을 받던 고려 조정 또한 형제들을 군君에 봉하고 높은 벼슬을 내려 우대했다.

벼락출세를 하게 된 기씨 가문 사람들은 기황후의 권세를 믿고 오만방자한 나머지 많은 불법과 만행을 저질렀다. 특히 기황후의 오빠 기철奇轍의 전횡이 가장 극심했다. 『고려사』「기철전」에 따르면, 기철은 다른 사람의 아내를 취하고 땅을 빼앗는 일을 예사로 여겼으며, 부정하게 모은 재산을 과시하기 위해 철마다 호화판 잔치를 열어 백성들의 공분을 샀다.

기철은 왕의 권위조차 무시하기 일쑤여서 공민왕과 나란히 말을 타고 걸어가는 무례를 거리낌 없이 저질렀다. 심지어는 왕의 옹립과 폐위에도 개입해서, 원나라의 힘을 빌려 자신과 사이가 틀어진 충렬왕을 폐위시켜버리기도 했다. 나아가 공민왕까지 쫓아내고 스스로 왕이 되려다 몰락을 자초한다.

반원 정책을 비롯한 여러 개혁들을 적극적으로 추진하던 공민왕과 외세를 등에 업은 기철의 충돌은 필연적이었다. 기철은 자신과 마찬가지로 원나라에 딸을 바치고 높은 벼슬에 오른 권겸權謙, 노책盧頙 등을 측근으로 두었는데, 이 친원 세력들은 원나라를 등에 업고 공민왕을 제거한 뒤 기철을 왕으로 세우려 했다. 그러나 한발 먼저 이들의 음모를 간파한 공민왕은 큰 연회를 열어 기철 일당을 모두 초대한 뒤 그들을 한꺼번에 제거했다.

공민왕은 기철 일당을 죽인 뒤에 조서를 내려 기철의 여러 죄상을 낱낱이 밝혔다.

기철은 원나라 조정의 뜻과 선왕이 세운 국법을 무시했고, 임금을 업신여기며 위세를 부렸고, 백성들에게도 해악을 끼쳤다. 나는 기철이 원나라 황제의 외척인 점을 감안해 그의 말을 일일이 다 들어주었으나, 그는 그것으로 모자라 반역을 도모해 우리나라의 사직을 위태롭게 했다.

공민왕은 기씨 가문을 모두 숙청하고, 강탈한 토지와 재물을 원래의 주인에게 돌려주었으며, 강제로 붙잡혀 있던 사람들을 모두 풀어주었다. 하지만 공민왕 역시 이 일의 대가를 단단히 치러야 했다. 오빠와 가족들이 살해되었다는 소식을 들은 기황후는 최유를 시켜 군대를 이끌고 가 고려를 치도록 했다. 다행히 최유는 최영과 이성계李成桂의 반격에 물러났지만, 그 뒤에도 기씨 일족인 기새인첩목아奇賽仁帖木兒가 요동의 동녕부에서 원나라의 패잔병을 규합해 여러 차례 고려의 국경을 침범했다. 고려 조정과 백성들의 입장에서는 기황후와 그 일족들이 결코 달가운 존재가 아니었던 것이다.

명나라 영락제의 생모 공비

공녀 제도는 원나라가 망하고 명나라가 들어선 뒤에도 한동안 계속되었다. 지금까지 알려진 바에 따르면 적어도 4명 이상의 고려와 조선 여성이 명나라의 태조太祖 홍무제洪武帝와 영락제永樂帝의 비가 되었다고 한다.

이들 가운데 홍무제, 즉 명나라를 세운 주원장의 후궁이었던 공비碩妃 장씨張氏가 가장 눈길을 끈다. 영락제가 그녀의 아들이었다는 설이 있기 때문이다. 명나라의 정사正史인 『명사明史』에는 영락제가 홍무제의 정처正妻인 효자고황후孝慈高皇后 마씨馬氏의 아들로 기록되어 있지만, 한치윤韓致奫은 『해동역사海東繹史』에서 중국의 야사野史인 『정지거시화靜志居詩話』와 『남경태상지南京太常志』를 인용해 고려 여성 공비가 영락제의 생모라고 주장했다. 이진화李晉華라는 중국 학자 또한 공비가 영락제와 그 동생인 주왕周王 주숙朱橚의 생모라는 주장을 내놓은 바 있다.

중국에서는 첩의 자식을 정처의 자식으로 족보에 올리는 일이 흔했기 때문에 충분히 있었을 법한 일이다. 한족 황제에게 이민족의 피가 섞였다는 것은 정통성과 관련된 민감한 문제였기에 쉽게 드러내기 어려웠을 것이다. 홍무제는 공비 외에도 한씨韓氏라는 고려 또는 조선 여성을 후궁으로 두었다. 『엄주별집弇州別集』 등의 야사에 따르면 영락제 또한 권씨權氏와 임씨任氏라는 두 명의 조선 여성을 비로 두었다고 한다.

홍무제는 한나라 고조高祖 유방劉邦과 더불어 농민 출신으로 황제에 오른 인물이었다. 유방은 그나마 '동네 깡패' 출신으로 지역에서 얼마간의 영향력을 행사했고 치안을 담당하는 정장亭長이라는 벼슬도 해보았기 때문에, 원래의 사회적 지위를 중농 이상으로 볼 수 있다. 하지만 주원장은 굶주림을 피해 중이 되었다가 절에서도 배고픔을 해결하지 못해 도적이 되었고, 훗날 반란군의 우두머리를 거쳐 황제로까지 출세한 입지전적인 인물이었다. 이처럼 주원장과 그 측근들이 모두 사회 하층민 출신이었기에, 적어도 왕조를 창업한 초기에는 이전 왕조인 원나라의 제도를 거의 그대로 가져다 쓸 수밖에 없었다. 명나라의 초기 관제에서 우승상이 좌승상보다 높았던 것도 오른쪽을 왼쪽보다 중시하는 몽골의 문화의 영향이었다.

공녀 제도도 마찬가지였다. 주원장은 고려가 원나라에 바치던 공녀를 한동안 명나라에도 바치도록 했고, 그래서 고려의 여성들이 명나라 황제의 후궁이나 (야사의 기록이 사실이라면) 어머니가 될 수 있었던 것이다. 그러나 현재로서는 한치윤의 기록 이외에 영락제의 어머니가 고려인 또는 조선인이었다는 증거를 찾기는 어렵다.

혈통 문제를 논외로 하더라도 영락제는 중국과 여러 이민족의 문화를 동시에 향유한 인물이었다. 그는 황제가 되기 전에 연왕燕王에 봉해져 원나라의 옛 수도였던 북평*에 주둔했는데, 그곳에서 친분을 쌓은 몽골인들의 도움으로 조카 건문제建文帝와의 전쟁(정난의 변)에서 승리할 수 있었다. 황제가 된 뒤에도 일반적으로 한족 황제들이 금기시하던 친정親征을 감행해 여러 차례의 막북漠北 원정에 직접 나섰고, 환관 정화鄭和를 총사령관으로 삼아 남중국해와 인도양을 원정하기도 했다. 아버지 홍무제가 외국과의 교류를 금지하는 쇄국정책을 취한 것과 달리, 아들 영락제는 대외 팽창과 교류에 매우 깊

* 명나라는 원나라의 수도 대도를 함락한 후 북평으로 이름을 바꾸었다. 현재의 북경이다.

은 관심을 보인 것이다. 일부 학자들은 영락제가 쿠빌라이와 마찬가지로 유라시아 교역권을 지배하는 통상 제국을 건설하려 했다고 주장하기도 한다.

영락제가 이처럼 국제적인 안목과 시야를 가졌던 것으로 미루어, 순수 혈통의 한족이 아니었다는 주장도 어느 정도 설득력이 있지는 않을까? 물론 생물학적 혈통보다는 본인 스스로의 민족 정체성이 더 중요한 것이겠지만 말이다.

4부

조선 시대
그리고
명나라, 청나라 시대

1 368년 몽골 제국을 북아시아의 초원 지대로 몰아내고 명나라를 세운 주원장은 농업 중심의 경제와 쇄국 정책을 통치의 기본으로 삼았다. 명나라는 중기 이후 상공업이 발전하고 사람들의 심성이 부의 축적을 중시하는 방향으로 변함으로써 경제 규모가 세계 최고 수준에 이르렀을 때에도 쇄국 정책만은 변경하지 않았다. 명나라는 주변 나라들과의 조공 무역, 그리고 조공을 바치러 온 사신들에 의한 사무역만을 제한적으로 허용했다. 그밖에 여진, 일본, 유구, 유럽인들과의 무역을 잠시 허용하기도 했지만 개방과는 매우 거리가 멀었다.

청나라는 만주에 살던 여진인들이 세운 나라다. 여진인들은 이후 자신들의 이름을 '만주滿洲'로 바꾸었다. 이들은 중국 본토만이 아니라 몽골 고원, 중앙아시아, 티베트 지역까지 포괄하는 대제국을 건설했지만, 명나라로부터 이어받은 쇄국 정책은 변함이 없었다.

이러한 쇄국 정책 때문에 조선 시대에는 소수의 사신단 일행과 표류자, 망명자 정도만이 중국을 방문할 수 있었다. 일찍이 원나라 때 요동 지방으로 이주하거나 도망갔던 고려인들이 여전히 전통적인 언어와 문화를 보존하며 그곳에 머무르고 있었지만, 이들 가운데 이성

량, 이여송 부자를 제외하면 중국의 역사에 뚜렷한 자취를 남긴 사람
은 많지 않다. 그래서 4부에는 일정한 기간 동안 중국에 체류했던 사
람들의 이야기가 다수를 차지한다.

01 조선 사대부의 중국 여행

중국과 중앙아시아를 지배하던 몽골 제국은 14세기 후반부터 쇠퇴하기 시작했다. 중국인들은 몽골의 지배에서 벗어나 명나라를 세웠고, 고려도 몽골의 간섭에서 벗어났다. 이후 명나라와 조선은 공식적으로 쇄국 정책과 농업 위주의 자급자족 경제를 지향했다. 상업과 통상, 교류를 강조하던 몽골 제국에 대한 반동적인 조치였다. 따라서 중국에 파견되는 사신단에 포함되지 않는 한 조선인이 중국에 갈 수 있는 기회는 거의 없었다. 다만 배를 타고 가다 표류해서 의도치 않게 중국의 해안에 닿는 사람들이 종종 있었는데, 이번에 소개할 최부崔溥가 바로 그러한 경우였다. 조선 사대부의 중국 여행을 따라가보자.

최부와 『표해록』

최부(1454~1504년)는 1478년 25세의 나이에 국립 대학인 성균관成均館에 들어가 사림파士林派의 거두인 김종직金宗直의 문하생이 되었고, 이후 진사과와 친시문과에 급제한 뒤 여러 관직을 거쳐 1487년 종5품 홍문관부교리弘文館副校理에 올랐다. 그리고 같은 해 도망간 노비들을 잡아들이는 임무를 띤 추쇄경차관推刷敬差官에 임명되어 제주도로 파견되었다. 그는 이듬해 부친상 소식을 전해 듣고 수행원들과 함께 배를 타고 고향 나주로 향했는데, 태풍을 만나 14일 동안 바다에 표류하다 중국 절강성 태주부 임해현에 이르렀다. 이후 7개월 간 중국에 머무르다 조선에 돌아온 뒤에 성종의 명을 받아 체류 기간 동안 보고 듣고 느낀 바를 책으로 만들어 바쳤는데, 이것이 『표해록漂海錄』이다.

그런데 최부는 귀국한 뒤 곧바로 고향에 내려가 부친상을 치르지 않고 한양에 남아서 『표해록』을 썼다는 이유로 세상의 비난을 받았다. 이 일은 그의 경력에 커다란 오점으로 남아 두고두고 그를 괴롭혔다. 예를 들어 1491년 최부가 모친상을 치르고 돌아오자 성종은 그를 사헌부司憲府 지평持平에 임명하려 했지만, 사헌부에서 서경署經*을 거부했다. 이듬해에도 정5품 홍문관교리弘文館校理에 임명하고 경연관經筵官으로 추천하려 했지만, 다시 논란이 벌어져 승문원교리承文院校理로 만족해야 했다.

1493년 성종은 또다시 최부를 세자시강원문학世子侍講院文學에 이어 홍문관교리에 임명하려 했다. 사헌부의 고관들은 여전히 부친상 문제로 트집을 잡았는데, 이번에는 홍문관의 여러 관리들이 "최부는 부친상과 모친상을 연이어 당한 뒤 지난 4년 동안 단 한 번도 집에 들어가지 않고 초막에서 지낸 자로, 효성이 무척 대단하옵니다. 함께 일할 수 있도록 해주시옵소서."라며 옹호하고 나섰다. 이 덕분에 마침내 1494년 5월 최부는 홍문관교리에 임명되었고, 8월에는 종4품

* 사간원과 사헌부가 5품 이하의 관리 후보자를 조사해 임명 동의권을 행사하는 것을 가리킨다.

부응교副應敎 겸 예문관응교藝文館應敎가 될 수 있었다. 그리고 1496년에는 종3품 사간司諫으로 승진했다. 이후 그의 관운은 순탄했다고 볼 수 있다. 그가 거친 관직들은 판서 이상의 고관에 오를 수 있는 엘리트 코스였다.

그러나 1498년에 무오사화戊午士禍가 일어나면서 그의 벼슬길에는 다시 어둠이 드리운다. 최부의 스승 김종직은 일찍이 「조의제문弔義帝文」*이라는 글을 지은 바 있었는데, 사관史官 김일손金馹孫이 이 글을 사초史草**에 적어 넣은 것이 화근이었다. 원래 사초는 사관만이 볼 수 있고, 왕이나 다른 신하들은 볼 수 없었다. 그런데 1498년 실록청實錄廳 당상관堂上官 이극돈李克墩이 『성종실록』을 편찬하던 중에 사초에 실려 있던 「조의제문」을 연산군에게 보여준 것이다. 이극돈이 보기에는 이 글이 세조가 단종으로부터 왕위를 찬탈한 사건을 중국의 옛 역사에 빗대어 비난함으로써 조선의 왕실을 모욕했기 때문이었다.

연산군은 김일손 등을 심문해 귀양 보내고, 이미 죽은 김종직의 관을 파헤쳐 시체의 목을 베는 부관참시 형에 처했다. 이 일을 무오사화라고 하는데, 당시 기득권층이었던 훈구파勳舊派가 새롭게 부상

* 조의제문은 의제義帝를 조상弔喪하는 글이라는 뜻이다. 의제는 중국 진나라와 한나라의 교체기에 초楚나라의 왕이었던 회왕懷王을 가리킨다. 회왕은 진나라의 수도 함양을 먼저 점령하는 장군을 관중왕關中王에 봉하겠다고 약속했다. 그러나 항우項羽는 유방劉邦보다 더 늦게 함양에 들어갔으면서도 회왕의 약속을 무시하고 유방을 파촉 지방으로 내쫓았다. 항우는 곧 회왕을 암살하고 서초西楚의 패왕覇王을 자처하며 한동안 천하를 주름잡았지만, 결국 유방에게 패해 도망치다가 자살하고 만다.
** 왕과 신하들의 언행과 교지, 상소문 등 실록 편찬을 위한 기본 자료 일체를 말한다.

하기 시작한 사림파 세력을 제거하려 했던 것이다. 이때 최부도 김종직의 문집인『점필재집佔畢齋集』을 가지고 있다는 이유로 고문을 당하고 함경도 단천으로 유배되었고, 1504년 갑자사화甲子士禍*가 일어나자 또다시 투옥되어 처형되었다. 그리고 1506년 중종반정中宗反正이 일어나 연산군이 쫓겨난 뒤에야 사면 복권되어 승정원承政院 도승지都承旨로 추증되었다.

앞서 언급했듯이『표해록』은 최부가 성종의 명을 받아 중국 체류 기간 동안 겪은 일들을 일기체의 형식으로 정리한 3권 2책의 여행기다. 최부는 중국어를 하지 못했기 때문에 필담筆談을 통해 중국인들과 의사소통을 했다. 필담은 종이에 한문을 써서 대화하는 것을 뜻한다.

『표해록』은 처음에 조선 조정에서 동활자로 간행되었으며, 선조 초기에 최부의 외손자 유희춘柳希春이 평안도 관찰사를 역임하던 중 정주定州에서 목판본으로 다시 간행했고(정주본), 전라도 관찰사 이양원李陽元도 목판본 3권을 간행했다(남원본). 이밖에도『표해록』은 양반들 사이에서 인기가 높아서 조선 시대 내내 여러 차례 간행되었다.

조선 시대에 간행된 중국 여행기는 모두 407편인데, 그 가운데 최부의『표해록』이 유독 돋보이는 이유는 그가 조선인으로서 드물게 북경 이외의 여러 지역들을 여행하고 그 경험을 기록으로 남겼기 때문이다.**

한 중국 학자는 외국인이 쓴 중국 여행기 중에서 가장 우수한 4편

---

* 임사홍任士洪 등이 연산군의 친어머니 윤씨尹氏의 폐립과 사사賜死에 얽힌 내력을 고발하자, 연산군이 이와 관련된 성종의 후궁과 신하들을 박해한 사건.

을 꼽았다. 시대 순으로 나열해보면, 일본 승려 원인이 쓴 『입당구법순례행기』, 이탈리아 상인 마르코 폴로의 『동방견문록』, 중앙아시아의 사이드 알리 악바르 카타이가 쓴 『중국기행』, 그리고 마지막으로 조선의 관리 최부가 쓴 『표해록』이다. 특히 최부의 여행기는 중국의 역사와 문화를 충분히 이해한 바탕 위에서 씌었을 뿐만 아니라, 중국의 다른 역사서에서 언급되지 않는 당시의 사회, 풍속, 교통, 지리 등에 대해 상세하고 정확하게 기록하고 있기 때문에 사료적 가치가 다른 여행기들보다 더 높다.*

『표해록』은 여러 나라에서 다양한 언어로 번역 출간되었다. 일본에서는 1769년에 기요타 기미카네淸田君錦가 『당토행정기唐土行程記』라는 제목으로 번역했고, 미국에서는 1965년에 존 메스킬John Meskill 교수가, 중국에서는 2002년에 갈진가葛振家 교수가 각각 번역 출간했다. 또한 북한에서는 1964년에, 우리나라에서는 1976년에 한글로 번역되었다. 근래 한중 관계사의 바람을 타고 본격적인 완역 역주본이 2004년에 처음으로 출간되었으며,** 2006년에는 2종의 번역본이 더 출간되었다.***

** (앞쪽) 명나라를 세운 주원장은 수도를 강남의 정치적 중심지인 남경에 두었지만, 아들 영락제가 1421년에 북경으로 천도했다. 이 사이 50여 년 동안 명나라로 파견된 사신들은 강남 지방을 오갔다. 권근權近의 『봉사록奉使錄』과 이첨李詹의 『관광록觀光錄』이 이 시기의 대표적인 기행문이다. 그러나 북경 천도 이후 강남 지방을 다녀온 사람은 거의 없었으며, 최부의 『표해록』 이외에 19세기 초 강남에 표류했던 최두찬崔斗燦이 지은 『승사록乘槎錄』이 최근 들어 학계의 주목을 받는 정도다.
* 특히 『표해록』에 수록된 한 비문의 내용은 중국의 역사서나 다른 기록에서 찾아볼 수 없던 것으로, 대운하 연구의 귀중한 사료로 평가받고 있다.
** 『표해록』(서인범 · 주성지 옮김, 한길사).

최부의 중국 여행

　최부는 제주도에 파견되어 있던 1488년 1월 아버지가 돌아가셨다는 소식을 전해 듣고 윤1월 3일에 43명의 수행원들과 함께 배를 타고 고향 나주로 향한다. 이들 일행은 바다에서 갑자기 태풍을 만나 9일간의 표류 끝에 중국 절강성 영파부 앞바다의 작은 섬에 이르렀지만, 설상가상으로 해적을 만나 모든 소지품을 빼앗기고 다시 사흘을 더 바다에서 표류하다 윤1월 17일 태주부 임해현의 해안에 간신히 상륙한다. 그러나 이곳에서도 이들을 기다리고 있던 것은 약탈에 혈안이 된 중국인들이었다. 최부가 조선의 관리라는 사실을 밝혔음에도 그들은 배에 올라타 약탈할 만한 것이 없는지 찾을 뿐이었다.

　생명의 위협을 느낀 최부 일행은 배에서 내려 해안의 마을로 들어갔다. 그러나 왜구倭寇로 오인되어 들어가는 마을마다 쫓겨났고, 왜구가 침입했다는 신고를 받고 달려온 천호千戶 허청許淸과 휘하의 병사들에게 체포된다. 허청은 일행을 도저소桃渚所라는 군대 주둔지로 데려갔다. 최부는 이곳에서야 필담을 통해 해안에서 만난 사람들이 자신들 일행을 왜구로 허위 신고한 뒤 토벌 명령이 내려오면 모두 죽이고 왜구를 토벌했다는 공을 세우려 했음을 알게 되었다.

　최부 일행은 곧 육로로 영파를 거쳐 소흥까지 가서 명나라 관리들의 심문을 받았다. 그리고 2월 13일에 항주에서 배를 타고 대운하를 따라 북상해서, 운하 연변의 소주, 상주, 진강, 양주揚州, 고우, 회안, 서주, 제령, 임청, 창주, 천진 등을 거쳐 3월 28일에 북경에 도착했

***　(앞쪽)『표해록, 조선 선비 중국을 표류하다』(김찬순 옮김, 보리)와 『최부 표해록 역주』(박원호 옮김, 고려대학교출판부). 이 책에서는 『표해록, 조선 선비 중국을 표류하다』를 참고했다.

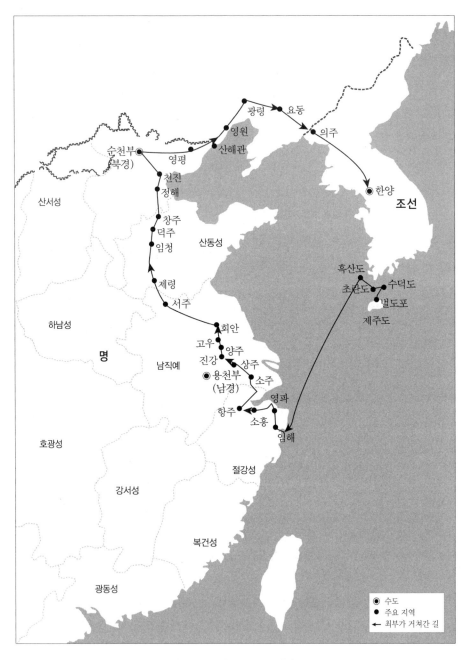

지도 30 최부의 중국 여행

다. 최부 자신은 약 6천 리를 이동했다고 생각했지만, 한 학자의 계산에 따르면 일행은 47일 동안 항주에서 북경까지 2,090킬로미터 (3,621리)를 이동했다고 한다. 영파에서부터 따지면 2,340킬로미터 (4,064리)였다.

최부는 대운하에 깊이 매료되었다. 대운하는 본래 수나라 양제煬帝가 황하, 회수, 양자강을 잇는 기존의 수로들을 개보수하거나 새로 파서 610년에 개통했다. 당시에는 황하 중류의 낙양과 개봉을 중심으로 남쪽으로는 여항(현재의 항주)에서부터 북쪽으로는 탁군(현재의 북경)까지 이어졌다. 원나라 때는 경제의 중심지였던 강남에서 거둔 조세와 물자를 수도인 대도로 수송하기 위해 운하를 개보수했다. 이때는 강남의 항주, 소주와 대도를 남북으로 연결했기 때문에 수나라 때와 물길이 달라졌다.* 이후 한동안 사용되지 않던 대운하를 다시 개통시킨 사람은 명나라 영락제였다. 영락제도 대운하를 통해 강남의 풍부한 물자를 수도인 북경으로 수송하고자 했다.

최부는 3월 5일 서주 협구역 부근의 황가갑을 지날 때 "갑관이 갑문을 열고 사람들을 시켜 우리가 탄 배를 끌어올려서 통과시켜 주었다."라고 기록했다. 대운하는 고도가 서로 다른 지역들을 연결하기 때문에 갑문을 통해 수면의 높이를 조절하는 기술이 필요했다. 배가 낮은 곳에서 높은 곳으로 올라갈 때는 먼저 수면이 높은 쪽의 갑문을 열어 수면이 낮은 쪽으로 물을 흘려보내서 양쪽 수면의 높이가 같아지게 만든다. 그러면 배는 마치 엘리베이터를 타는 것처럼 간단히 높은 곳으로 올라갈 수 있는 것이다. 갑문으로도 고도 차이를 극복할

---

* 중국에서는 북경과 항주를 잇는 운하라는 뜻의 경항대운하京杭大運河라고 부른다.

수 없을 때는 체운소라는 곳에서 배를 갈아타야 했다.

3월 6일의 기록에 따르면, 호송 책임자였던 부영傳榮은 최부에게 "대운하 덕분에 안전한 선박 운행이 가능해져서 백성들이 이익을 누리게 되었다."고 자랑했다. 최부 역시 "만일 이 수로가 없었다면 우리는 기구한 만 리 육로에서 갖은 고난을 다 겪었을 터인데, 지금은 배 안에 편히 누워 노독으로 쓰러질 걱정을 모르고 먼 길을 수월하게 가게 되었으니 우리에게도 혜택이 큽니다."라고 흔쾌히 동의했다.*

최부 일행은 북경에 도착해 약 한 달을 더 체류한 뒤 4월 24일 드디어 조선으로 돌아오기 위해 출발했다. 돌아오는 길은 요동을 거치는 육로를 통했다. 4월 27일에는 어양에서 조선의 사신단을 만났고, 4월 29일에는 옥전현에서 조선에 다녀오는 명나라 사신을 만났다. 그리고 5월 16일에는 광령에서 참판參判 채수蔡壽가 이끄는 조선 사신단을 만나 회포를 풀었다. 5월 23일 요동의 중심지 요양에 닿았고, 6월 4일 마침내 압록강을 건넜다.

명나라 관리들과의 정보전

『표해록』을 읽다보면 최부와 명나라 관리들이 서로 상대 나라의 정보를 캐내기 위해 치밀한 신경전을 벌였음을 알 수 있다. 이러한

---

* 그러나 이것은 당시의, 그리고 중국의 대운하에만 해당하는 이야기다. 근래 우리 정부에서 추진하고 있는 경부운하는 이미 많은 문제점들을 노출하고 있다. 특히 고도 차이가 약 55미터에 불과한 중국의 대운하와 달리, 백두대간을 관통하는 경부운하는 수백 미터나 되는 고도 차이를 극복해야 한다. 또한 어떠한 환경 재앙을 가져올지도 예측이 불가능하다. 건설과 토목이 경제의 전부라고 생각하는 대통령에게 제발 운하 건설만은 그만두어 달라고 간청하고 싶다.

'정보전'은 최부의 사례가 처음이 아니었다. 『신당서』「백관지」병부
兵部 직방낭중조職方郎中條에 따르면, 당나라의 홍려시라는 관청에
서는 외국의 사신이나 상인들에게 그 나라의 지형과 풍토를 물어 지
도로 작성해서 상부에 보고하곤 했다. 또한 당나라와 풍습이 크게 다
른 먼 나라의 사신이 입조入朝하면 그들의 외모와 의복을 그림으로
그려 보존했다. 이는 당나라 이전에도 마찬가지였을 것이다.

역대 중국의 역사서에도 주변국들에 관한 기록이 수록되어 있다.
예컨대 『삼국지』「동이전東夷傳」*에는 고구려와 부여 등에 관한 기록
이 있고, 『구당서』와 『신당서』에는 고구려, 백제, 신라의 열전이 있
다. 여기에는 각국의 간략한 역사와 풍속, 법률, 지리에 관한 정보가
담겨 있는데, 중국을 방문한 사신들로부터 얻거나 그 나라로 파견된
중국의 사신들이 가져온 정보들을 바탕으로 작성했을 것이다. 6세기
에 양梁나라를 방문한 백제, 왜 등의 사신을 그린 「양직공도梁職貢
圖」는 전자에 해당하고, 송나라의 서긍徐兢이 고려에 사신으로 다녀
온 뒤 남긴 『선화봉사고려도경宣和奉使高麗圖經』은 후자에 해당한다.

주변국의 정보를 캐내는 데 혈안이 되었던 것은 중국만이 아니다.
중국에 파견된 우리나라의 사신들도 정보 수집을 위해 애썼다. 고려
의 사신단은 송나라의 수도 개봉으로 가는 길에 보고 들은 일들을 상
세히 기록하고 있었는데, 송나라의 한 지방관이 만약 그 기록을 보여
주면 관청에 보관하고 있는 자료들을 볼 수 있게 해주겠다며 속여 기
록을 빼앗아 없애버린 사건도 있었다.

송나라의 위대한 문장가 소식蘇軾은 고려와의 교역을 반대하는 글
을 남긴 바 있다. 고려의 사신들이 송나라의 자연 환경과 지형 등을

* 우리나라에서는 일반적으로 『삼국지위지동이전』이라고 한다.

그림으로 그리고 글로 적어 송나라의 허실虛實을 정탐한다는 이유 때문이었다. 또한 1092년 송나라 조정은 고려의 사신들이 정치적 현안이나 변방 문제를 다룬 것을 제외한 모든 책을 자유롭게 구입할 수 있도록 허용했는데, 소식은 책이 고려로 대량 유출되면 나라의 기밀이 누설될 수 있다며 이 조치에 크게 반대했다. 소식의 주장에는 노골적인 국수주의적인 시각이 담겨 있지만, 고려인들이 책을 통해 많은 중국 관련 정보들을 수집한 것도 분명한 사실이다.

조선 시대에도 중국에 관한 정보 수집은 계속되었다. 여전히 가장 일반적인 방법은 사신을 통한 것이었다. 사신단에 포함되어 있던 서장관書狀官은 일정의 상세한 기록을 작성해 왕에게 바치는 임무를 맡았는데,* 이를 통해 조선 조정은 많은 정보를 획득할 수 있었다. 물론 대개는 압록강에서 북경에 이르는 사신단의 행로에 국한된 것이었지만 말이다.

최부와 명나라 관리들의 사이에는 상대로부터 최대한 정보를 캐내고 상대에게 가급적 정보를 주지 않기 위한 신경전이 벌어졌다. 윤 1월 20일 도저소의 천호 진화陳華는 조선에서 금과 은이 나는지를 물었다. 최부는 금과 은은 생산되지 않고 중국에서 모두 수입하기 때문에 매우 귀하다고 대답했다. 물론 거짓말이었다.

조선 조정은 명나라가 금과 은을 조공으로 바치라고 요구하자 조

* 명나라를 다녀온 사신들의 기록은 조천록朝天錄, 청나라를 다녀온 사신들의 기록은 연행록燕行錄이라 한다. '조천'은 명나라 조정에 조회하러 간다는 뜻으로, 당시 명나라 조정을 '천조天朝'라고 부른 데서 유래했다. 명나라에 대한 사대주의에서 나온 이름이라고 할 수 있다. 반면 청나라는 야만인인 만주족이 세운 나라라며 멸시했다. 그럼에도 사신은 보내야 했고, 사신들의 여행기도 조정에 제출되었다. 연행록의 명칭은 단순히 청나라의 수도 북경의 별칭인 연경燕京을 간다行는 뜻을 지녔다.

선에서 나지 않는다는 이유를 들어 거부했고, 결국 두 나라는 1429년 조공 품목에서 금과 은을 제외하기로 합의한 바 있었다. 명나라는 훗날 임진왜란 때 파병 온 장군들을 통해서야 비로소 조선에서 금과 은이 많이 난다는 사실을 알게 되었고, 배신감이 컸는지 이후 막대한 양의 은을 조공으로 요구했다. 최부도 이러한 상황을 익히 알고 있었기 때문에 국익을 위해 거짓말을 했던 것이다.

윤1월 21일에는 영파에서 파총관把總官 유택劉澤의 심문을 받았다. 그는 최부에게 이름과 경력, 가족 관계, 중국 해안에 표류하게 된 경위 등을 물었다. 이어서 조선 영토의 면적, 부府와 주州의 수, 군량의 규모, 특산물, 의관, 예악, 중시하는 경전을 묻고, 고려, 일본, 유구琉球(현재의 오키나와)와의 외교 관계에 대해서도 질문했다. 최부가 조선 사람인지를 확인하기 위한 절차였지만, 민감한 국가 기밀과 관련된 내용도 포함되어 있었다. 최부는 어떻게 답했을까?

우리나라의 강토는 무려 수천 리고, 행정 구역은 8도에 주, 부, 군, 현이 3백 개가 넘으며, 특산물은 목재, 오곡, 말, 소, 개, 닭 등입니다. 사서오경을 중시하며, 의관과 예악은 대체로 옛 제도를 따릅니다. 군량에 대해서는 문신文臣이라 잘 알지 못합니다.

일본과 유구는 모두 동남쪽 큰 바다 가운데 멀리 떨어져 있어서 우리나라와는 서로 인연이 없고, 고려는 예전 왕조의 이름으로 지금의 우리 조선입니다.

최부는 첫 번째 진술에서 대략적인 사항만을 답하고 군사 기밀에 해당하는 군량에 대해서는 함구했다. 두 번째 진술에서는 당시 조선이 일본, 유구와 외교 관계를 맺어 사신을 주고받고 있었음에도 이를 부인했다.

다음날은 설민薛旻이 "당신은 군자감軍資監 주부主簿를 지냈다면서 왜 군량의 규모를 모른다고 하시오?"라고 따졌다. 최부는 "군자감에 배치된 지 한 달도 안 돼서 다른 곳으로 옮겼기 때문에 군량에 대해서는 잘 모릅니다."라는 재치 있는 대답으로 상황을 모면했다.

2월 4일에는 절강성 소흥부로 가서 왜구를 막는 일을 맡고 있는 총독비왜서도지휘첨사總督備倭署都指揮僉事 황종黃宗 등의 심문을 받았다. 이들은 최부가 조선인인지 확인하려 한다며 조선의 역사, 수도, 지형, 인물, 풍속, 관혼상제, 호구, 병역, 토지, 조세, 복식 등에 대해 자세히 쓰라고 명령했다. 이번에도 최부는 대략적인 역사와 유명한 산과 강, 인물들에 대해 서술했을 뿐 호구, 병제, 토지, 조세 등은 자신이 유신儒臣이라 잘 모른다고 답했다. 또한 조선의 한양에서 북경까지의 거리는 적었지만, 중국과 제주도의 거리를 묻자 모른다고 답했다. 그들이 이미 알고 있을 만한 내용을 제외하고는 모르쇠로 일관했던 것이다.

2월 17일 소주에 도착한 뒤에는 안찰어사按察御史 왕씨王氏와 송씨宋氏가 최부를 예빈관禮賓館으로 초대해 여러 가지를 물었다. 이들은 특히 수나라와 당나라를 물리칠 수 있었던 군사 전략을 설명해달라고 요구했다. 최부는 다음과 같이 답했다.

지략 있는 신하와 용맹한 장수가 통솔했기에 모든 병사들이 충심으로 순종하며 오직 나라를 위해 목숨 바쳐 싸운 까닭입니다. 한낱 작은 나라인 고구려가 천하에 위세를 떨친 수나라와 당나라의 백만 대군을 거듭 물리쳤습니다. 하물며 지금은 신라, 백제, 고구려의 세 나라가 하나로 합쳐졌으니 어떻겠습니까? 산물이 많고, 영토가 넓으며, 국고가 풍부하고, 병력이 강대하며, 충성심과 지혜가 뛰어난 인재들을 이루 헤아릴 수가 없습니다.

최부는 여전히 원론적인 이야기 외에는 입을 열지 않았다. 게다가 혹시라도 조선을 침략할 생각을 품지 말라고 일침까지 놓았다.

최부를 지나치게 높이 평가하는 것일 수도 있다. 『표해록』은 왕에게 제출하는 보고서였기 때문에, 명나라 관리들에게 말한 바를 사실대로 기록하지 않았을 수 있기 때문이다. 진실은 최부와 그가 만난 중국인들, 그리고 신만이 알 일이다. 그러나 최소한 조선에서 금과 은이 나지 않는다고 말한 것만은 분명한 사실이었을 것이다. 그렇지 않았다면 중국인들이 임진왜란 때 처음으로 조선에서 금과 은이 난다는 것을 알았을 리 없기 때문이다. 하나의 사례일 뿐이지만 나머지 질문에 대해서도 국익을 위해 침묵했을 가능성이 크다.

다른 한편 최부는 중국에 관한 정보도 최대한 수집하려고 애썼다. 물론 명나라의 관리들도 바보는 아니었다. 윤1월 20일의 기록에 따르면 "숱한 사람들이 종이와 붓을 들고 다투어 모여들어 이것저것을 물어오니 다 대답할 수가 없었다. 이때 한 관리가 넌지시 글을 써 보여주었는데, 여기 사람들은 교활하니 한담을 나누지 말라고 적혀 있었다."고 한다. 2월 7일에도 무림역의 고벽顧璧이라는 관리가 "이곳 사람들은 모두 한인閑人*이므로 필담을 나눠봐야 부질없이 기운만 빠질 것"이라며 대화를 하지 말라고 당부했다. 궁색한 핑계를 대긴 했지만 최부가 중국에 관한 정보를 얻을까봐 견제한 것이었다.

* 건달이나 하는 일 없이 노는 사람을 뜻한다.

명나라의 법률이 엄했던 까닭도 있었다. 최부는 이튿날 고벽에게 "이 나라에 온 뒤로 나는 말이 달라서 실로 소경이나 귀머거리와 다름없게 되었으니, 멀리 이국에서 온 사람의 처지를 불쌍히 여겨 우리와 관련된 일을 듣게 되면 있는 그대로 알려주시기 바랍니다."라고 부탁했다. 하지만 고벽은 "국법이 엄하고 규율이 매우 중해서 관가의 비밀을 누설하면 새로운 법에 따라 군대로 끌려가게 됩니다. 나와 필담한 내용은 무엇이든 다른 사람에게 보이지 말고 혼자만 아십시오." 라고 말하고 돌아가버렸다. 다른 관원들이 최부에게 주의를 주었던 것도 같은 이유 때문이었을지 모른다.

명나라에서는 외국인과 사신들이 자국에 대한 정보를 수집하는 것을 막기 위해 그들의 행동을 제한하려 했다. 이를 문금門禁 정책이라고 한다. 특히 수도 북경에서는 이 정책이 매우 엄격하게 시행되고 있었다. 최부는 북경에 도착한 뒤 회동관會同館*의 옥하관玉河館**에 머물렀는데, 사실상 감금된 것과 다름없어서 북경 시내를 전혀 구경할 수 없었다. 최부가 북경에 대해 좋은 감정을 갖지 못한 것도 이 일과 무관하지 않을 것이다. 그는 당시의 심경을 다음과 같이 토로했다.

명나라 조정은 우리를 바다에 표류해온 외국인으로 여겨 관부館夫 유현劉顯 등을 보내 감시했다. 상급 관청에서 온 공문을 받으러 갈 때가 아니면 마음대로 출입할 수도 없었고, 심지어 거간꾼이 들고나거나 외부와 연락하는 것도 금지되었다. 감시가 이렇게 심하고 통역조차

* 현재의 북경시 왕부정에 위치했으며, 명나라 초기에는 역마驛馬를 기르던 곳이었지만 1441년부터 사신을 접대하는 장소로 사용되었다.
** 조선 사신들이 주로 머물던 숙소였다.

없어서 소경이나 귀머거리와 마찬가지였으니, 설령 명나라 조정에 무슨 일이 생겨도 얻어들을 방법이 없었다.

그러나 최부는 이와 같은 제약 속에서도 명나라의 지형과 지리, 풍속 등 다양한 정보를 수집했다. 특히 부영에게서 배운 수차水車의 제작법은 조선의 가뭄 피해를 줄이는 데 커다란 도움을 주었다. 그는 조선에 돌아온 뒤 손수 수차를 제작해 조정에 바쳤으며, 연산군은 1496년 호서 지방에 큰 가뭄이 들자 최부를 현지로 보내 수차 제작법을 가르치도록 했다.

중국어를 할 줄 몰랐기에 정보를 얻는 방법은 당연히 필담이었다. 많은 중국인들은 평생 처음 구경하는 조선인에 대한 호기심으로 인해, 혹은 한문과 중국 고전에 능통한 학자적 풍모에 반해 최부를 만나려 했다. 그러한 사람들은 최부에게 상대적으로 호의적이었기 때문에 그의 질문에 성심껏 답해주었을 것이다.

최부가 관찰한 중국 사회

최부는 북부와 남부 중국을 모두 여행해본 매우 운이 좋은 조선인이었다. 그는 중국의 여러 지역을 두루 둘러보면서 지역마다의 상이한 특색을 실감할 수 있었다.

최부 일행을 호송한 부영은 북부와 남부의 인심 차이를 다음과 같이 설명했다.

중국의 인심을 논한다면 북방 사람은 모질고 남방 사람은 유순합니다. 영파에서 만난 도적들은 강남 사람이므로 아무리 도적이라도 물건만 빼앗을 뿐 사람을 죽이지는 않습니다. 그래서 당신들도 목숨을 보전한 것입니다. 하지만 북방 사람들은 약탈한 뒤에 반드시 사람을 죽여 구덩이 파묻거나 강이나 바다에 던져버립니다. 오늘 강에 떠 있는 시체를 보면 알 만하시지요?

최부는 이에 더해 중국을 북부와 남부, 그리고 북경 동쪽의 세 지역으로 나누어 설명했다. 부영이 가보지 못했던 북경의 동쪽, 즉 현재의 하북성 동북부와 요령성 일대를 지나며 자세히 관찰한 덕분이었다.

예를 들어 회수의 남쪽은 논이 많고 땅이 기름져서 쌀이 흔하지만, 북쪽은 논이 없었다. 또한 북경의 동쪽 지역은 일찍 추워지기 때문에 오곡을 재배하는 데 적합하지 않아서 기장과 조를 많이 심는다고 기록했다. 도시와 촌락의 분포에서도 양자강 남쪽은 가장 도시화되어 번화했고 기와와 벽돌을 써서 집을 지었다. 반면에 양자강 북쪽은 운하 주변의 도시들을 제외하곤 남쪽만 못했고 작은 초가집들이 거의 절반을 차지했다. 북경의 동쪽 지역은 가면 갈수록 인가가 줄어들고, 마을이라고 해봐야 초가집 두어 채 규모에 불과했다. 의복도 강북과 강남이 차이를 보였으며, 산해관 동쪽의 사람들은 모두 추잡하고 의복도 남루했다. 특히 석문령 남쪽에서 압록강 사이의 지역은 조선인들이 많이 이주해 살고 있어서 의복이 조선과 비슷했다.

인정도 세 지역은 차이가 있었다. 강남 사람들은 성품이 온화해서 형제나 사촌, 육촌끼리도 한 집에서 화목하게 살지만, 강북 사람들은 집안이 화목하지 못해 다투는 소리가 도처에서 요란했다고 한다. 그리고 산해관 동쪽 사람들의 품성은 마치 야만인처럼 매우 포악했다. 군사적인 측면에서도 강남의 군인들은 활과 전투용 말을 사용하지

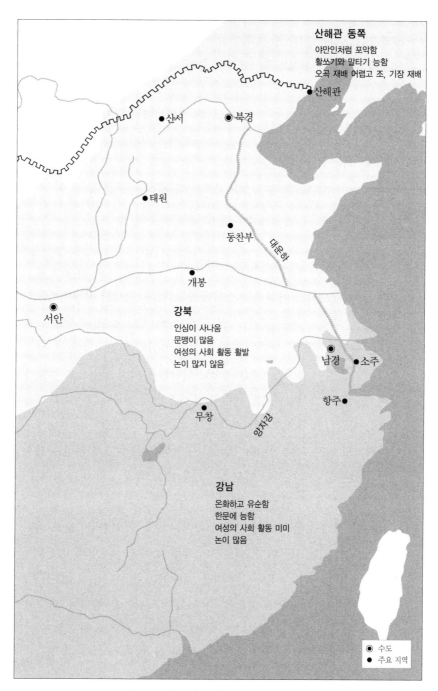

산해관 동쪽

야만인처럼 포악함
활쏘기와 말타기 능함
오곡 재배 어렵고 조, 기장 재배

산서 • 북경 • 산해관 •

태원 •

동찬부 •

개봉 •

서안 ◉

강북

인심이 사나움
문맹이 많음
여성의 사회 활동 활발
논이 많지 않음

남경 ◉ 소주 •

항주 •

무창 •

양자강

강남

온화하고 유순함
한문에 능함
여성의 사회 활동 미미
논이 많음

◉ 수도
• 주요 지역

지도 31 최부가 느낀 중국의 지역적 차이

않았지만, 강북에서는 활과 화살을 사용했다. 그리고 통주의 동쪽과 요동의 군인들은 활쏘기와 말타기에 능했다.

이처럼 『표해록』에 따르면 북경의 동쪽에서 요동에 이르는 지역은 유목민 또는 이민족의 풍습이 통용되던 지역이었음을 일관되게 확인할 수 있다. 이 지역은 오랫동안 거란(요나라), 여진(금나라), 몽골(원나라) 등 이민족의 지배를 받아오다가 명나라가 세워진 뒤에야 비로소 한족의 통치 영역에 포함되었다. 그래서 최부와 같은 이방인도 중국 본토와의 이질성을 쉽게 간파할 수 있었던 것이다.

최부는 특유의 예리한 관찰력으로 부영이 설명해준 것 이외에 강남과 강북의 또 다른 차이점을 읽어낼 수 있었다. 강남의 시장에서는 금과 은을 화폐로 사용했지만 강북에서는 동전을 사용했다. 강남 사람들은 농업, 수공업, 상업을 가리지 않고 열심히 일했지만 강북 사람들은 놀고먹는 경우가 많았다. 강남 사람들은 독서를 업으로 삼았기에 아이들과 뱃사람까지도 글자를 알았던 반면 강북에는 무식하고 문맹인 사람들이 많아서 필담에 어려움을 느낄 정도였다. 여성들의 행동거지도 남과 북이 달랐다. 강남의 여성들은 집 밖에서 일하는 경우가 없었는데 강북에서는 여성들이 밭을 매고 배의 노를 젓는 등 훨씬 적극적으로 사회 활동을 했다.

회수를 경계로 한 강북과 강남의 차이는 오늘날의 중국인들도 피부로 느끼고 있는 사실이다. 예로부터 회수 북쪽에서는 밀과 보리를 재배하는 밭농사가, 남쪽에서는 벼를 재배하는 논농사가 주로 이루어졌다. 이는 식생활에도 영향을 주어 북방 사람들은 빵이나 국수, 만두 등 밀가루 음식을 즐겼지만, 남방 사람들은 쌀밥과 쌀국수, 떡 등을 주로 먹었다. 식생활은 다시 사람들의 체질에 영향을 주어 밀과 보리를 많이 섭취한 북방 사람들은 키가 크고, 쌀을 많이 먹는 남방 사람들은 키가 작았다.

원래 당나라 중기까지는 황하 유역의 화북 지방이 중국의 정치, 군사, 경제, 문화적 중심지였다. 그러나 안사의 난 이후 사람들이 남쪽으로 대거 이주함에 따라 양자강 유역이 개발되기 시작했다. 특히 송나라 때는 양자강 유역의 소주와 항주를 중심으로 한 협의의 강남 지역이 다른 지역들을 경제적으로 압도했다. "소주와 호주에 풍년이 들면 천하가 풍족하다."(蘇湖熟天下足)라는 속담이 과장이 아니었던 것이다.

이는 중국 역사상 가장 큰 변화였다. 박정희 정권 시절의 강남 개발로 서울의 강남이 우리나라의 경제 중심지가 된 것처럼, 중국의 강남도 새로운 경제, 문화, 학술의 중심지로 변모했다. 서울의 강남 출신 학생들의 명문대 합격률이 높은 것처럼 송나라 때부터 청나라 때까지 중국의 강남 출신이 대거 과거 시험에 합격했다. 강남의 독주를 막기 위해 일종의 지역 할당제를 실시해야 할 정도였다.

한편 최부는 중국인 모두의 공통점도 몇 가지 지적했다. 그에 따르면 모든 중국인은 "귀신을 모시고 도교와 불교를 숭상했다." 이는 조선과는 매우 상이한 점이었다. 성리학에 외골수가 된 조선의 유학자들과 달리 성리학 본고장의 중국인들은 상당한 융통성이 있었다. 물론 최부는 미신을 배격하는 성리학자로서의 자세를 꿋꿋이 지켰다. 최부 일행을 호송하던 명나라 관리들이 용왕묘에서 제사를 지내려 하자 최부는 다음과 같이 말하며 참여를 거부했다.

산천에 제사하는 것은 제후의 일이고 양반과 평민들은 다만 조상에 제사할 뿐입니다. 조금이라도 분수를 넘는다면 예禮가 아닐 것입니다. 예가 아닌 제사는 사람들이 비웃고 귀신도 받질 않습니다. 내가 본국에 있을 때 산천의 신들에게 절한 적이 없는데 하물며 다른 나라의 신당에 절할 리가 있겠습니까?

또한 최부는 모든 중국인들이 "장사를 업으로 삼아 습속처럼 되었기 때문에 벼슬아치나 큰 집에 사는 사람일지라도 손수 저울을 가지고 다니며 하찮은 이익까지 따진다."고 기록했다. 명나라 중기 이후 상업과 상인에 대한 사회적 인식이 긍정적으로 변화하고 있던 분위기를 감지한 것이다. 신분의 차별을 강조하던 조선에서는 상인이 아무리 많은 돈을 벌더라도 사농공상士農工商의 신분 구조의 가장 밑바닥을 벗어날 수 없었다. 하지만 당시 중국에서는 일종의 '황금만능'의 풍조가 확산되고 있었다. 심지어 어떠한 경우에도 상인들의 과거(문과) 응시를 허용하지 않던 조선과 달리, 중국의 상인들은 신사紳士(당시 중국의 지식인 지배층)의 보증만 받으면 누구든 과거에 응시해 관직에 나설 수 있었다. 이와 같은 상업과 상인과 대한 대우의 차이는 훗날 두 나라의 경제적 발전에도 상당한 영향을 끼쳤다.

요동의 조선인들

『표해록』에는 드물지만 중국에서 만난 우리나라 사람들에 대한 언급이 있다. 최부가 요양에 머무르고 있을 때 조선말을 쓰는 계면戒勉이라는 중이 찾아와 다음과 같이 말했다.

저는 중인데 본래 조선 사람입니다. 소승의 할아버지가 이곳으로 도망쳐 온 지 이미 3대째입니다. 이 지방(요동)은 조선과 가깝기 때문에 왕래하는 조선 사람들이 매우 많습니다. 중국 사람들은 겁이 많고 용맹하지 못해서 도적을 만나면 모두 창을 던지고 도망쳐 숨기에 바쁘며, 활을 잘 쏘는 사람도 없습니다. 그래서 군대에서는 반드시 조선 사람 중에 귀화한 자를 뽑아 정병精兵으로 삼고 선봉을 맡깁니다. 우리 조선 사람 한 명이 중국 사람 열 명, 혹은 백 명을 당할 수 있습니다. 이 지방은 옛날에 고구려 땅이었으나 중국 땅이 된 지 천 년이 넘었습니다. 하지만 고구려의 풍속이 아직도 남아 있어 고려사高麗祠를 세워 정성껏 제사를 지내며 전통을 잊지 않고 있습니다. 새가 날면 고향으로 가고 토끼가 죽으면 굴 쪽으로 머리를 둔다지요! 언제나 고국이 그리워 돌아가 살고 싶지만, 고국에서 나를 중국 사람으로 취급해 돌려보낸다면 다른 나라로 탈출한 죄를 받아 몸과 머리가 따로 구르게 될 것이니 마음은 가고 싶어도 발이 주저합니다.

계면의 이야기는 당시 요동 지역에 많은 조선인들이 살고 있었음을 보여준다. 특히 요동의 조선인들 가운데 상당수가 군대에 투신했다는 진술은 명나라 중기에 요동의 명장으로 활약한 이성량李成梁

가문의 존재에서도 확인된다.

특히 시선을 끄는 점은 오늘날에도 재일 교포 혹은 재미 교포 2~3세 중에 우리말을 유창하게 하는 사람이 드문데, 이민 3세인 계면이 조선말을 유창하게 구사했다는 것이다. 또한 최부가 북경에 있을 때 찾아왔던 왕능王能이라는 사람도 조선말을 매우 잘했는데, 그 역시 요동의 동팔참에 살면서 조선의 의주를 왕래했던 고려인의 후예라고 털어놓았다. 왕능도 계면처럼 우리말을 잊지 않은 이민 3세였던 것이다.

대다수의 중국 학자들은 역사적으로 중국에 들어온 이민족들은 모두 한족에 동화되었다고 주장해왔다. 한족이라는 망망대해에 소수의 이민족들이 섬처럼 고립되어 있다보면 결국은 고유의 언어와 문화를 잊고 한족에 흡수될 수밖에 없다는 것이다. 동의하기는 싫지만 마땅히 반론을 제기하기도 어려운 주장이다. 그러나 요동의 조선인들 중에 적어도 일부는 한족의 바다에서 익사하지 않고 자신의 문화적 정체성을 유지하며 살아왔음을 알 수 있다.

최부는 6월 4일의 기록 뒤에 중국의 지리와 풍속 등에 대해 따로 적어 놓았는데, 마지막에 다음과 같은 구절이 있다.

해주*와 요동에는 중국인과 우리나라 사람, 여진인 등이 섞여 살고 있다. 특히 석문령 남쪽에서 압록강까지는 어느 곳이든 우리나라에서 이주해온 사람들이 살고 있어서, 의복, 말씨, 여자들의 머리 모양까지 모두 우리나라와 같다.

* 우리나라의 황해도 해주가 아니라 당시 요동의 해주위(현재의 요령성 해성현)를 가리킨다.

이들은 대개 몽골이 고려를 침략했을 때 끌려간 사람들이었다. 1330년 당시 이 지역의 고려인 호구는 5,183호였다. 1호를 5명으로 계산하면 약 2만 6천 명의 고려인이 요동에서 살고 있었던 셈이다. 원나라의 호구 조사가 정확하지 않았음을 고려한다면 실제는 더 많았을 것이다. 이들 중 일부는 훗날 고려 또는 조선으로 귀국했지만, 일부는 계속 남아 있었다.

조선왕조실록에서도 이러한 사실을 확인할 수 있다. 『세조실록世祖實錄』 세조 10년(1464년) 8월의 기록에 따르면, 요동의 주민은 중국인이 70퍼센트 정도였고, 고려인과 귀부한 여진인이 30퍼센트를 차지했다고 한다. 또한 1469년 공조판서工曹判書 양성지梁誠之는 평안도민 가운데 부역을 피해 요동으로 도망간 자들이 동쪽으로는 개주開州, 서쪽으로는 요하, 남쪽으로는 해주와 개주蓋州에 걸쳐 살고 있으며, 그 수가 수천 혹은 수만인지 헤아릴 수 없다고 말했다. 성종 때의 신숙주申叔舟도 중국을 자주 오가며, 요동의 언어와 의복, 음식 등이 우리나라와 같고 중국말을 모르는 조선인들도 살고 있다는 사실을 발견했다.

적어도 조선 전기까지는 많은 조선인들이 이러저러한 이유로 요동 지방에 이주해 살고 있었으며, 이들은 고유의 말과 문화를 간직한 채 중국인에 완전히 동화되지 않았던 것이다.

02 나라를 살린 역관 홍순언

역사는 대개 지배층의 관점에서 기록되기 마련이다. 특히 개인들의 기록보다 국가에서 편찬한 정사正史의 비중이 높은 우리나라와 중국에서는 더욱 그러하다. 조선 전기의 중요 외교 현안이었던 종계변무宗系辨誣 문제를 해결하고 임진왜란 당시 명나라의 파병 결정을 이끌어내는 등 커다란 업적을 쌓았음에도 신분의 제약으로 인해 정사에서 제대로 다루어지지 않은 인물이 있다. 서얼 출신 역관 홍순언洪純彦의 활약상을 살펴보자.

조선왕조실록의 홍순언 관련 기록

우선 조선왕조실록에 실린 홍순언과 관련된 기록들을 연대순으로 정리해보자.

> 1561년(명종 16년)
> 길례吉禮*에 쓸 물품 구입을 담당하는 요동 압해관押解官에 임명되었다.
> 1572년(선조 5년)

명나라 사신이 들어오자 예조판서禮曹判書 박영준朴永俊이 종계변무에 관한 글을 쓰고 좌의정 홍섬洪暹이 다듬은 뒤, 홍순언에게 중국어로 통역하도록 했다.

1582년(선조 15년)

명나라 사신이 황제의 명령이 담긴 조서詔書를 전하고 돌아갔다. 사신이 원접사遠接使 이이李珥의 자격을 힐난하자 통역을 맡은 홍순언이 이이를 변호했다.

1584년(선조 17년)

종계宗系 및 악명惡名 변무주청사辨誣奏請使 황정욱黃廷彧과 서장관書狀官 한응인韓應寅이 명나라 황제의 칙서와 수정된 『대명회전大明會典』을 받아서 돌아왔다. 선조는 이 일을 경축하기 위해 백관百官의 품계를 올리고 죄인을 사면했다. 또한 황정욱, 한응인과 상통사上通事 홍순언 등의 품계를 높이고 노비와 토지, 집과 재물 등을 하사했다.

1590년(선조 23년)

선조는 광국공신光國功臣*과 평난공신平難功臣**에게 녹권錄卷***을 하사하고 잔치를 베풀었다. 이때 홍순언은 종계변무의 공으로 광국공신 가운데 두 번째 등급인 수충공성익모광국공신輸忠貢誠翼謨光國功臣에 봉해졌다.

1591년(선조 24년)

* (앞쪽) 상례喪禮와 장례葬禮 등을 제외한 대부분의 국가 제사를 가리킨다.
* 종계변무의 공을 세운 신하들에게 내린 공신의 칭호로, 세 등급으로 나뉘었다. 모두 19명이 광국공신의 칭호를 받았으며 군君으로 봉해졌다.
** 정여립鄭汝立의 반란을 평정하는 데 공을 세운 22명에게 내린 공신의 칭호다.
*** 공신으로 책봉된 사람에게 주는 문서. 공신의 이름과 직책, 책봉된 경위와 주어지는 특권이 기록되어 있다.

2월 10일 사간원은 홍순언의 출신이 한미함을 이유로 정3품 우림위장羽林衛將에서 파직할 것을 주청했다. 선조는 홍순언이 공신이며 가선대부嘉善大夫임을 들어 거부했다.

4월 12일 사간원은 홍순언이 서얼이라는 이유로 파직할 것을 주청했다. 선조는 그가 공신임을 들어 거부했다.

4월 13일 사간원이 어제의 일을 다시 주청하니 선조는 어제 답한 대로 처리하라고 지시했다.

11월 2일 김응남金應南이 명나라 황제의 칙서를 받아서 돌아오니, 백관의 품계를 더하고 죄인을 사면했다. 김응남은 그 해 10월 24일 조선이 왜와 손잡고 명나라를 공격할 것이라는 잘못된 정보를 해명하기 위해 성절사聖節使*를 이끌고 명나라에 갔었다. 명나라 조정은 유구의 사신들과 조선 사신들의 보고가 일치하자 조선에 대한 의심과 오해를 풀었다. 김응남을 비롯해 서장관 황치경黃致敬, 역관 홍순언의 품계를 특별히 더 높인 것은 이러한 공적에 대한 보답이었다.

1592년(선조 25년)

7월 24일 사은사謝恩使 신점申點 일행을 따라 명나라에 다녀왔다.

10월 4일 임진왜란이 터지자 명나라에 원병을 요청하기 위해 파견되어 이날 돌아올 예정이었다.

1593년(선조 26년)

1월 19일 명나라 관리가 황제에게 올리는 상주문인 주본奏本을 가지고 지나가자, 홍순언이 선조에게 주본을 보면 말에서 내려야 한다고 말해 선조가 말에서 내렸다.

1월 21일 사간원이 이틀 전 홍순언이 선조에게 무례를 저질렀음을

* 명나라와 청나라의 황제나 황후의 생일을 축하하기 위해 보낸 사신.

지적하며 파직할 것을 청하자 선조가 이에 따랐다.

3월 7일 조선의 대신들이 명나라의 제독 이여송 李如松에게 왜군을 공격할 것을 요청하자 이여송은 홍순언을 불러 자신의 고충을 털어놓았다. 이에 홍순언은 진격해서 왜군을 섬멸하고, 포로로 붙잡힌 두 왕자에게 선처를 베풀 것을 요구하는 격문을 적진에 보내도록 이여송을 구슬렸다.

3월 24일 선조가 평양으로 행차해 직접 이여송을 만나서 진격할 것을 간청했다. 홍순언은 통역으로 배석했다. 이여송은 홍순언에게 자신이 경략 經略* 송응창 宋應昌의 지휘를 받고 있기에 마음대로 진격할 수 없다고 토로하면서, 조선의 왕과 신하들이 눈물을 흘리며 간청하는 것에 감동을 받았다고 말했다.

3월 29일 선조가 명나라의 통판 通判 왕군영 王君榮을 만났다. 홍순언은 통역으로 배석했다. 왕군영은 송응창이 왜군과 강화할 생각임을 전했다.

1603년(선조 36년)

선조가 임진왜란 때 명나라에 원병을 청하러 갔던 사신과 통사들의 공을 기록하라고 명했다. 공신도감 功臣都監은 한윤보 韓潤甫, 이해룡 李海龍, 임춘발 林春發, 홍순언, 표헌 表憲 등 5명의 통사를 공신으로 등재했다.

홍순언의 기록은 1561년부터 1603년까지 43년 간 『명종실록』, 『선조실록』, 『선조수정실록』에 20여 차례 등장한다. 이 단편적인 기록들을 퍼즐 맞추듯이 잘 엮어보면 홍순언의 일대기를 재구성할 수

---

* 명나라 때 임시로 변방에 파견했던 군 사령관.

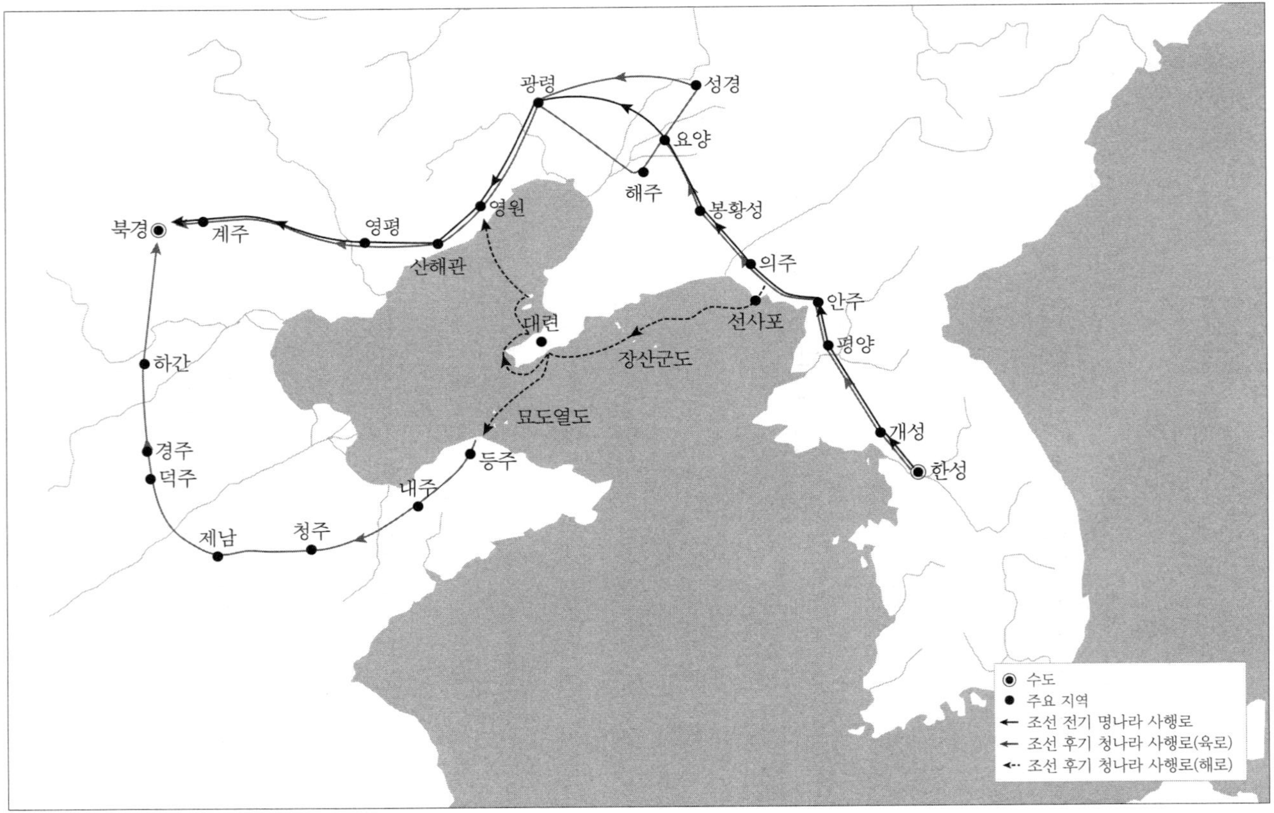

지도 32 조선 시대의 중국 사행로

있다.

우선 홍순언이 언제 태어나고 언제 죽었는지에 대한 기록은 없다. 하지만 서얼 출신의 역관이었으며, 사신단의 통역으로 여러 차례 조선과 명나라를 오갔던 사실은 알 수 있다. 1584년 종계변무의 공을 세워 노비, 집, 토지와 다양한 선물을 하사받았고, 1590년에 광국공신 가운데 2등 공신으로 인정받아 녹권을 받았다. 1584년과 1590년 사이에는 당릉군唐陵君에 봉해지고 종2품 가선대부에 임명되었다.

종계변무는 당시 조선 조정의 매우 중대한 외교 현안이었다. 명나라의 제도를 다룬 『대명회전』에는 조선을 창건한 이성계가 고려 말의 권신權臣 이인임李仁任의 아들이며, 우왕, 창왕, 공양왕, 공양왕의 세자를 시해하고 조선의 왕이 되었다는 기록이 있었다. 이성계가 이인임의 아들이라는 것은 잘못이었지만, 우왕 이하 네 명을 시해하고 왕이 된 것은 사실이었다. 그러나 이를 묵인하면 이성계가 왕을 시해한 불충한 신하였음을 인정하는 것이 되었기에 잘못된 기록이라고 우겨야만 했다. 조선 조정은 명나라에 이러한 '오류'들을 고쳐달라고 여러 차례 탄원했으나 계속 받아들여지지 않다가 1584년에 이르러 마침내 수정되었다. 이때 홍순언이 2등 공신이 된 것으로 보아 역관의 임무를 충실히 수행했던 것 같다. 하지만 단지 통역을 잘했다는 이유만으로 일개 역관에게 당릉군과 종2품의 벼슬을 내린 것은 무척 과분한 포상이었다.

홍순언은 임진왜란 때도 원병을 요청하는 사신단의 통역으로 명나라에 다녀왔으며, 이여송, 왕군영 등 명나라 고관들과의 회동에서 통역을 맡았다. 이여송이 개인적인 감정까지 털어놓았던 것으로 보아 그로부터 상당한 신뢰를 얻었던 것 같다. 1603년에는 명나라의 원병 파병에 공을 세운 5명의 역관 가운데 한 명으로 선정되었다.

그런데 이러한 공을 세운 홍순언이 우림위장에 임명된 것이 잘못된 인사라며 1591년 사간원에서 파직을 건의한 이유는 무엇이었을까? 사간원은 홍순언이 서얼이며 출신이 한미하다는 이유를 들었다. 미천한 신분의 사람은 벼슬도 제대로 할 수 없었던 것일까? 안타깝게도 답은 "그랬다."이다.

원래 조선 초기에는 도망친 노비와 그 후손조차도 과거에 급제하면 벼슬을 할 수 있었다. 그러나 점차 사회가 안정되어 '문반文班과 무반武班을 합친 관리'라는 뜻이던 '양반兩班'이 특권을 지닌 지배층을 일컫는 말이 되면서 사정은 크게 달라졌다. 서얼이나 노비의 자식들은 설령 과거에 합격하더라도 사간원과 사헌부에서 서경을 거부하면 관리가 될 수 없었다.

예컨대 이형기李馨期는 문과에 합격했음에도 홍패紅牌*를 빼앗기고 관리가 될 수 없었는데, 아전의 신분을 속인 탓이었다. 그는 몇 년이 지난 뒤에야 세종의 선처로 간신히 벼슬길에 오를 수 있었다. 또한 최서崔湑는 과거에 장원 급제하고도 노비와 악공樂工의 핏줄이라는 사실이 드러나 서경을 거부당했다. 성종은 고심 끝에 최서의 재주를 인정해 특별히 벼슬을 할 수 있도록 허용했다.

최초의 관문을 어찌어찌 통과하더라도 승진 심사가 있을 때마다 서경은 계속해서 문제가 되었다. 관리의 임명권은 이조吏曹가 갖고 있었지만 최종 동의권은 사간원과 사헌부가 쥐고 있었다. 이들 두 관청은 후보자의 가문과 경력 등을 조사해 결격 사유를 심사하고 동의 여부를 결정했다.

이 과정에서 문벌이 없는 후보자들은 흔히 서경을 거부당했다. 구

* 문과 합격증. 붉은 종이에 합격자의 성적, 등급, 이름을 적었다.

종직丘從直은 『춘추春秋』에 몹시 밝았지만 가문이 미천하다는 이유로 한직을 떠돌다 미복微服* 차림으로 시찰하던 성종의 눈에 들어 홍문관 수찬修撰에 임명되었다. 사간원과 사헌부는 당연히 서경을 거부하고 나섰다. 이에 성종은 대간臺諫**들에게 구종직과 『춘추』의 암기 능력을 겨루도록 했는데, 구종직이 막힘없이 암송하고 해석하는 데 반해 대간들은 아무런 대답도 하지 못했다. 결국 사간원과 사헌부는 서경에 응하지 않을 도리가 없었다. 이 사례는 조선 중기 이후 대간들이 서경을 무기로 출신이 미천한 관리 후보자들의 임용과 승진을 가로막았음을 보여준다. 이들은 심지어 규정에도 없는 4품 이상 후보자들의 임용에까지 이의를 제기했다.

사간원과 사헌부의 색안경은 홍순언에게도 적용되었다. 홍순언이 임명된 우림위장은 정3품의 친위대 사령관이었으므로 서경의 대상이 아니었다. 그럼에도 사간원은 1591년 2월 10일 출신의 한미함을 들먹이며 홍순언의 파직을 요구했고, 4월 12일에는 서얼이라는 이유로 재차 파직을 주장했다.

물론 홍순언이 실제로 중인이었고 또한 서얼이었기 때문에, 사간원의 요구는 월권이었을지언정 관행을 따른 것이었다고도 볼 수 있다. 냉정히 따지면 오히려 홍순언을 두둔한 선조의 태도가 매우 예외적인 것이었다. 선조는 홍순언이 공신이라는 이유를 들었지만, 그것만이 전부는 아니었다.

---

* 왕이 민정을 살피기 위해 입었던 평복.
** 사헌부와 사간원의 관리들을 합쳐 부르는 말이다. 주로 관리의 감찰과 간언을 담당했다.

종계변무와 임진왜란의 공적

『통문관지通文館志』, 『연려실기술燃藜室記述』, 『성호사설星湖僿說』, 『국당배어菊堂排語』, 『청구야담靑邱野談』 등에는 홍순언에 관한 두 가지 이야기가 전해진다. 먼저 종계변무와 관련된 일화를 살펴보자.

홍순언은 여러 차례에 걸쳐 역관으로 명나라에 파견되었다. 그는 북경으로 가는 길의 교통의 요지인 통주의 한 청루靑樓*에 매우 아름다운 여인이 있다는 사실을 듣게 되었다. 호기심을 이기지 못한 그는 청루를 찾아가 주인 할머니에게 그 여인을 들여보내달라고 요구했다.

곧 한 여인이 흰 상복을 입은 채로 나타났다. 홍순언이 그 까닭을 묻자 그 여인은 이렇게 대답했다. "소녀의 부모는 본래 절강성 사람으로, 아버지는 북경에서 벼슬을 하셨습니다. 그런데 불행히도 얼마 전 부모님이 모두 염병**에 걸려 돌아가셨습니다. 부모님의 관은 여관집에 있지만 제 한 몸뿐인지라 고향으로 옮겨 장사 지낼 돈이 없습니다. 그래서 어쩔 수 없이 돈을 마련하기 위해 몸을 팔게 되었습니다." 여인은 말을 마치자마자 눈물을 쏟으며 목메어 울었다.

동정심이 많던 홍순언은 수중에 있던 3백 금金을 털어 여인에게 주었다. 그런 뒤 곧바로 청루를 나서려 하자, 여인이 부디 성명을 가르쳐달라고 졸랐지만 홍순언은 자신의 성姓만 일러주고 떠났다. 청루의 여인은 훗날 명나라의 예부시랑禮部侍郎 석성石星의 후처가 되었

* 유곽의 일종.
** 장티푸스.

다. 석성은 아내의 자초지종을 듣고 은혜를 갚기 위해 조선에서 사신이 올 때마다 혹시 홍씨 성을 가진 역관이 있는지를 물었다.

그러나 홍순언은 고국에 돌아온 뒤 여인에게 준 돈을 갚지 못해 옥에 갇혀 있었다. 당시 역관들은 사신단에 속해 명나라로 갈 때마다 여러 관청에서 빌린 은銀으로 물건을 사다가 조선에 돌아와 되파는 방식으로 막대한 차익을 남겼다. 이때 관청에서 빌린 은을 불우비은 不虞備銀*이라고 불렀는데, 홍순언은 바로 그 돈을 여인에게 주어버렸으니 공금 횡령의 죄를 지은 셈이었다.

이때 조선 조정은 종계변무의 해결을 위해 명나라에 계속해서 사신단을 보냈으나 아무런 성과를 거두지 못하고 있었다. 조선 조정에게 종계변무는 종묘사직과 관련된 매우 중요한 문제였다. 격노한 선조는 만약 한 번만 더 협상에 실패하면 수석 역관의 목을 베어버리겠다는 교지를 내렸다. 목숨을 잃을 것을 두려워한 역관들은 옥에 갇혀 있는 홍순언을 떠올렸다. 그들은 홍순언을 찾아가서 "어차피 죽은 목숨인데, 우리가 빚을 대신 갚아줄 테니 북경에 다녀오는 것이 어떠하겠는가?"라고 제안했다. 홍순언도 밑져야 본전이었던지라 흔쾌히 동의하고 사신단의 통역을 맡아 북경으로 향했다.

1584년 명나라에 도착한 홍순언은 자신을 기다리고 있던 석성과 석성의 부인을 만나게 된다. 석성은 "당신이 통주에서 은혜를 베푼 일을 기억하십니까? 내 아내의 말을 들으니 당신은 참으로 천하에 의로운 선비이십니다."라며 감사의 뜻을 전했다. 석성의 부인도 무릎을 꿇고 보은의 절을 했다.

석성은 홍순언을 후하게 대접하고 연회를 베풀었다. 석성이 연회

---

* 관청에서 긴급한 일이 생길 때 쓰기 위해 예비로 비축해둔 은.

에서 조선 사신이 명나라에 들어온 이유를 묻자, 홍순언은 종계변무와 관련된 사태의 전말을 털어놓았다. 석성은 "당신은 하나도 염려할 필요가 없습니다."라고 말하며 홍순언을 위로했다. 그리고 사신단이 북경에 도착한 지 한 달 남짓 지난 뒤에 청한 바가 모두 허락되었다. 석성이 배후에서 영향력을 행사했음은 물론이다.

석성의 부인은 '보은報恩'이라는 글자를 수놓은 비단 1백 필을 10개의 자개 상자에 담아 홍순언에게 선물했다. 홍순언은 한사코 거절했지만, 석성의 부인은 사람을 시켜 상자를 압록강까지 가져다주었다.

홍순언은 왕실의 가계와 행적에 대한 왜곡을 바로잡은 공으로 당릉군에 봉해졌다. 그 후 사람들은 홍순언이 살던 마을을 보은단동報恩段洞*이라고 불렀다고 한다.

이상은 『국당배어』와 『연려실기술』에 실린 내용을 요약한 것이다. 조선 시대의 외교사를 정리한 『통문관지』에도 비슷한 이야기가 실려 있다. 이를 앞에서 살펴본 조선왕조실록과 겹쳐보면, 홍순언이 왜 당릉군에 봉해졌으며 선조는 왜 사간원의 집요한 반대에도 불구하고 우림위장 임명을 고수했는지 이해할 수 있다. 그는 단순히 통역을 잘했던 것이 아니라 불가능한 일을 가능하게 만들었던 것이다.

다음은 임진왜란과 관련해 전하는 일화다.

* 보은단은 보은이라는 글자가 수놓인 비단이라는 뜻이다. 보은단동은 보은단골로도 불렀고 뒤에는 고운담골, 곤담골로 바뀌었다. 현재 서울 을지로 1가의 롯데호텔 부근으로, '고운담골'이라는 표지석이 세워져 있다.

홍순언은 1586년과 1587년 사이에 사신단의 일원으로 북경에 갔다. 그때 한 청루의 문에 "은 천 냥이 없으면 함부로 들어오지 마시오."라는 방이 붙어 있었다. 내로라하는 중국의 탕아들도 감히 들어갈 생각을 하지 못하는 곳이라고 했다. 그러자 더욱 호기심이 생긴 홍순언은 청루에 들어가 자세한 사정을 물어보았다.

청루에는 한 여인이 있었는데, 그녀의 아버지는 시랑의 벼슬에 있다가 공금 수만 냥을 횡령한 죄로 옥에 갇혔다고 했다. 훔친 공금을 갚느라 외가의 재산까지 모두 몰수당했지만 여전히 3천 냥이 모자란 터라 아버지의 목숨을 구하기 위해 몸을 팔려 한다는 것이었다. 홍순언은 여인을 불쌍히 여겨 다른 역관들과 함께 돈을 모아 주었다. 그 덕분에 여인은 몸을 팔지 않고도 공금을 갚아서 아버지의 목숨을 구할 수 있었다. 훗날 그 여인은 석성의 후처가 되었으며, 홍순언의 은 덕을 잊지 않고 해마다 '보은'이라는 글자를 수놓은 비단을 조선으로 보내주었다.

1592년 임진왜란이 터지자 선조는 의주로 피난을 떠나며 명나라에 원병을 요청하는 사신단을 파견했다. 홍순언도 역관으로 사신단에 합류했다. 당시 석성은 오늘날의 국방부 장관에 해당하는 병부상서의 지위에 있었다. 석성은 홍순언이 아내에게 베풀었던 선행을 익히 들어 알고 있었기에, 황제 만력제萬曆帝에게 조선에 군대를 보낼 것을 적극적으로 주청했다. 이에 만력제는 이여송을 사령관으로 삼아 조선에 원군을 파병했다.

이상은 『청구야담』에 실려 있는 내용이다. 물론 『청구야담』은 허구적인 소설이기 때문에 이 일화는 사실로 받아들이기 어렵다. 이야기의 구조도 앞에서 살펴본 종계변무의 일화와 거의 유사하다.* 『성호사설』과『통문관지』에도 홍순언의 선행 덕분에 병부상서 석성이 조선 파병을 위해 발 벗고 나섰다는 언급은 있지만 위의 일화는 등장하지 않는다. 따라서 이전의 보은 때문에 석성이 종계변무의 수습만이 아니라 임진왜란 때도 힘을 써주었다는 해석이 더 이치에 맞는 것처럼 보인다.

그런데 종계변무 및 임진왜란과 관련된 이 일화들을 조선왕조실록과 비교해보면, 실록이 홍순언의 활약상을 다분히 축소하고 있음을 알 수 있다. 실록이 지배층인 양반의 시각을 담은 국가의 공식 역사서이기 때문이었을 것이다. 하지만『국당배어』,『연려실기술』,『성호사설』을 지은 일부 양반들과『통문관지』를 지은 역관들은 홍순언의 선행과 그것이 조선의 외교에 끼친 영향을 상세히 서술했다.*

물론 명나라가 조선과 관련된 역사 기록을 수정하거나 임진왜란때 군대를 파견해 조선을 도운 것은 홍순언과 석성의 노력 덕분이기도 했겠지만, 분명히 자국의 이익을 철저히 고려해 내린 결정이었을 것이다. 특히 임진왜란에 파병한 것은 왜군을 조선에서 몰아내기 위해서가 아니라 왜군이 압록강을 건너 명나라로 쳐들어오는 것을 막기 위해서였다. 어차피 왜군과 싸울 바에야 중국 본토가 아닌 한반도에서 싸우는 것이 더 낫다고 생각했던 것이다. 군비의 부담도 조선측에 전가할 수 있었다.

실제로 병부상서 석성은 1593년 1월의 벽제관 전투에서 명나라군이 왜군에 패한 뒤 전쟁에 미온적인 태도로 돌아섰고, 오히려 이후에

---

* (앞쪽) 한 국문학자는 홍순언의 일화가 '보은'을 주제로 한『삽교만록』,『이장백전』,『홍언양의연천금설』등 다양한 소설의 주요 모티브가 되었음을 지적한 바 있다.

* 『통문관지』는 역관 김지남 金指南과 그의 아들 김경문 金慶門이 저술했다.

는 왜군을 몰아내려는 조선군의 작전을 가로막기까지 했다. 이순신 李舜臣은 명나라의 수군 제독 진린陳璘이 왜군에 대한 공격을 방해하고 있다고 보고할 정도였다.

임진왜란과 6·25 전쟁은 많은 공통점을 지니고 있었다. 특히 왜군과 유엔군의 북진 공격로와 명나라군과 중국군의 참전 과정이 비슷했다. 6·25 전쟁 때도 중국의 모택동은 미국과의 전쟁을 한반도로 국한시키고 중국 본토에 불똥이 튀는 것을 막기 위해 파병해 김일성을 도왔다. 그리고 북한을 도운 중국이나 남한을 도운 미국 모두 한반도의 통일에는 아무런 관심이 없었다.

당시 또는 훗날의 조선인들도 명나라의 파병이 자국의 이익을 위한 것이라는 사실을 몰랐을 리는 없다. 그렇지만 홍순언이라는 역관이 명나라를 설득하는 데 중요한 기여를 했고, 그것이 홍순언이 베푼 선행의 결과라고 생각했던 것이다. 만약 홍순언이 중인 신분의 역관이 아니라 문벌 좋은 양반이었다면 그의 미담은 분명히 조선왕조실록에도 실렸을 것이다.

그런데 홍순언의 선행에 석성과 그의 부인이 지극한 정성으로 보은한 이유는 무엇이었을까? 그 답은 중국인 특유의 '기질'에 있다.

중국인의 보은과 보복 관념

중국인들은 예로부터 선행을 강조했다.

공자孔子는 일찍이 "착한 일을 하는 사람은 하늘이 복으로 갚아주고, 나쁜 일을 하는 사람은 재앙으로 갚아준다."(子曰, 爲善者, 天報之以福, 爲不善者, 天報之以禍.)고 말했다.

삼국 시대에 촉한을 세운 유비는 죽기 전 아들 유선劉禪에게 다음과 같은 유언을 남겼다. "작은 선일지라도 행하지 않으면 안 되고, 작은 악일지라도 행해서는 안 된다."(漢昭烈將終, 勅後主曰, 勿以善小而不爲, 勿以惡小而爲之.)

송나라의 유명한 문장가이자 정치가인 사마광은 "돈을 모아 자손에게 남겨주더라도 자손이 반드시 다 지킬 수 없고, 책을 모아 자손에게 남겨주더라도 자손이 반드시 다 읽을 수 없다. 남모르게 덕德을 쌓는 것만이 자손을 위해 할 수 있는 가장 좋은 방법이다."(司馬溫公曰 積金以遺子孫, 未必子孫能盡守, 積書以遺子孫, 未必子孫能盡讀, 不如積陰德於冥冥之中, 以爲子孫之計也.)라고 말했다.

특히 공자와 사마광의 말은 선행과 악행이 반드시 그만큼의 보답을 받게 된다는 것을 강조하고 있다. 공자는 선행을 하면 하늘이 보답해준다고 말했지만, 선행에는 사람도 보답했다.

춘추 시대 진晉나라의 대부大夫 위주魏犫는 아들 위과魏顆에게 자신이 죽으면 후처를 순장殉葬하지 말고 개가시키라고 신신당부했다. 그러나 병석에 누워 사경에 헤매며 정신이 혼미해지자 후처를 순장시키라고 말을 번복했다. 하지만 위과는 아버지가 평소에 부탁했던 대로 계모를 순장하지 않고 개가시켰다. 훗날 위과는 전쟁터에서 진秦나라의 두회杜回와 싸우다 불리한 상황에 처했는데, 이때 계모의 아버지의 망혼亡魂이 두회가 탄 말의 다리를 풀로 감아 넘어뜨렸다. 그 덕분에 위과는 목숨을 건졌을 뿐만 아니라 적장을 사로잡는 공을 세울 수 있었다.

유명한 결초보은結草報恩의 고사다. 중국인 특유의 과장이 섞이기는 했지만, 실제로 많은 중국인들은 다른 사람이 자신에게 베푼 선행에 대해 반드시 보답하려 한다. 공자, 유비, 사마광도 자기 민족의 그러한 기질을 잘 알고 있었기에 아들이나 제자에게 위와 같은 교훈을 남긴 것이다.

한편 복수는 법적으로는 금지되어 있었지만 유가 사상이나 윤리적으로는 널리 용인되었다. 전국 시대에는 주군이나 가족, 친구를 위해 복수하는 일이 매우 흔했다. 그러다가 진秦나라 이후부터 국가가 폭력을 독점하고 사형私刑, 즉 사적인 폭력을 금지하기 시작했으며, 후한 말에 이르러서는 복수를 금지하는 법령까지 반포되었다.

하지만 그렇다고 중국인들이 복수를 하지 않게 된 것은 아니었다. 재판에서도 부모나 친척의 원수를 죽인 경우에는 정상을 참작해 처벌을 하지 않는 것이 관례였다. 그러나 상대방이 다시 원수를 갚으려 하면 두 가문 또는 집단 사이에 상호 복수전이 벌어지게 되므로, 한 가문이나 집단을 다른 지역으로 옮기는 조치를 취했다.

중국인의 복수 가운데 가장 대표적인 사례는 『삼국지연의』에서 유비의 의형제로 등장하는 관우關羽의 일화다. 진수陳壽가 쓴 정사正史 『삼국지』*에 따르면, 관우는 원래 하동군 해현 사람인데 죄를 지어 탁군으로 피신했다. 구체적인 이유는 알 수 없지만 아마도 자신의 가족이나 동료를 위해 살인 등의 중죄를 저지르고 나라의 명령에 의해 이주했을 가능성이 크다. 혹은 보복을 피해 도망쳤을 수도 있다.

소설 『삼국지연의』를 읽어본 사람들은 관우가 유비를 위해 충성을 다했음을 잘 알 것이다. 지역적인 기반 없이 떠돌던 유비가 익주를 점령해 한숨 돌리게 되자 관우는 유비를 돕기 위해 군대를 이끌고 직접 북벌에 나섰다. 관우가 군사적 요충지인 양양을 포위하자 조조는 우금于禁과 방덕龐德을 보내 양양을 지키고 있던 조인曹仁을 돕도록 했다. 하지만 관우는 원병마저 모두 섬멸한 뒤 우금과 방덕을 모두

* 소설 『삼국지연의』와는 다른 책이다.

사로잡았다. 이때 우금은 목숨을 구걸했지만 방덕은 무장답게 죽여 줄 것을 요구해 관우는 어쩔 수 없이 방덕의 목을 베었다.

수십 년이 흐른 뒤 위나라는 촉한을 멸망시켰는데, 이때 방덕의 아들 방회龐會가 장교로서 전투에 참여했다. 그런데 그는 촉한의 수도인 성도에 들어가자마자 관우의 후손들을 일일이 찾아내 모두 죽여버린다. 말 그대로 '족멸族滅'이었다. 『삼국지』의 배송지주裴松之注*를 읽다가 이 구절을 발견했을 때의 전율이란…….

심지어는 복수를 법제화한 경우도 있었다. 부모의 원수를 용서하고 화해하는 행위를 사화私和라고 하는데, 이는 윤리적으로도 불효로 지탄받을 뿐 아니라 법적인 처벌까지 받게 되었다. 특히 재물을 받고 원수와 화해했다면 가중 처벌을 받았다. 부모를 위한 복수라면 어떤 의미에서 권장되기까지 했던 것이다.

이러한 복수 관념은 같은 유교 문화권인 우리에게도 생소한 것이다. 하지만 무협지나 중국 영화를 즐겨 보는 사람이라면 소설이나 영화의 주요 모티브가 복수라는 사실을 쉽게 알아챘을 것이다.

이처럼 중국인들은 남에게 받은 만큼 돌려준다는 보은과 복수의 관념이 철저하다. 남의 도움을 받으면 목숨을 바쳐서라도 은혜를 갚는 의리가 있고, 가족, 친구, 집단의 원수 역시 목숨을 버려서라도 반드시 갚아야 했다. 석성과 석성의 아내가 홍순언을 도운 것도 중국인들 특유의 이러한 기질 때문이었다. 홍순언이 보은을 기대하고 선행을 베푼 것은 아니었겠지만, 결과적으로 그의 선행 덕분에 조선은 망국의 위기에서 벗어날 수 있었다.

---

* 남조 유송의 배송지가 진수의 『삼국지』에 수록되지 않은 문헌들을 보충해 단 주석이다.

따라서 중국인들에게는 은혜를 베풀지언정 절대로 원한을 품게 해서는 안 된다. 그러나 1992년 수교한 뒤 중국에 건너간 한국인 가운데 상당수는 졸부 근성을 드러내며 중국인들의 가슴에 비수를 꽂았다. 수천 년 동안 자신들보다 못살았던 한국인들이 불과 몇십 년 동안 더 잘 살게 되었다고 으스대며 돈 자랑을 하는 모습에 무척 아니꼽기도 했을 것이다. 게다가 중국에서 돈 자랑하던 사람들은 실제로 부자도 아니었다. 당시 우리나라의 1천만 원이 중국에서는 1억에서 10억 원의 구매력을 가졌기에 부자가 되었다고 착각했을 뿐이다.

　한국인들에게 수모를 당한 중국인들은 이를 갈 뿐만 아니라 칼도 갈고 있다. 중국이 다시 대국으로 부상하는 날, 중국인들은 한국인에게 당한 모욕을 몇 배 이자까지 보태 갚아주려 할지 모른다. 짧은 중국 체류 기간 중에 느낀 바이자, 간간이 언론과 지인을 통해 얻어 들은 전문傳聞이기도 하다.

　최근 중국의 '국민 스포츠'가 된 대한민국 때리기와 중국의 인터넷에 떠도는 근거 없는 유언비어들을 보면, 이미 중국인들이 '복수'를 시작한 것이 아닌가 하는 느낌을 받는다. 그저 소심한 자의 두려움일까?

중국 상인들을 울린 임상옥

조선 시대의 역관들은 통역만이 아니라 무역에도 종사했다. 심지어 관청들은 무역에 필요한 자금을 갹출해 사신단에 포함된 역관들에게 빌려주기도 했다. 역관들은 조선 초기에는 인삼 10근*을, 후기에는 최대 80근까지 북경으로 가져가서 판매하고 비단과 서적 등을 구입해서 국내로 돌아와 되팔았다. 또한 조선 후기에는 인삼 대신 은銀을 가져갈 수 있도록 규정이 변경되었다. 인삼은 병을 치료하는 약재이기에 국내에서 소비할 물량까지 외국에 팔아버리면 곤란했기 때문이다. 따라서 인삼 한 근을 은 25냥으로 환산해서 인삼 80근 대신 은 2천 냥을 가져 갈 수 있도록 했다.**

일반 상인들도 갖은 수단을 동원해서 사신단에 합류하려 했다. 원칙적으로 상인은 사신단에 낄 수 없었기 때문에, 이들은 종종 뇌물로 무역별장貿易別將이라는 관직을 사거나 사신단의 하인으로 위장해 북경으로 따라갔다. 심지어는 여마餘馬를 데려간다는 명목으로 사신단에 끼기도 했다. 여마는 끌고 가는 말이 도중에 죽거나 다칠 경우를 대비해 여분으로 데려가는 말을 뜻했다. 그래서 한때는 여마의 수가 1천 마리에 이르기도 했다.

어쨌든 역관과 상인들은 인삼을 팔아 마련하거나 애초에 가지고 갔던 은으로 필요한 물품들을 구입해서 돌아왔는데, 다만 인삼은 가

---

* 조선 시대의 1근은 약 600그램에 해당하므로, 10근은 약 6킬로그램이었다.
** 은을 가지고 간 것은 당시 중국에서는 은을 화폐로 사용했기 때문이다. 그런데 중국인들은 다른 나라들처럼 은화를 주조하는 대신 일일이 은의 무게를 달아서 사용했다. 이러한 화폐를 칭량화폐稱量貨幣라고 한다. 당연히 중국을 방문하는 사신단은 은의 무게를 달기 위한 저울을 모두 휴대해야만 했다.

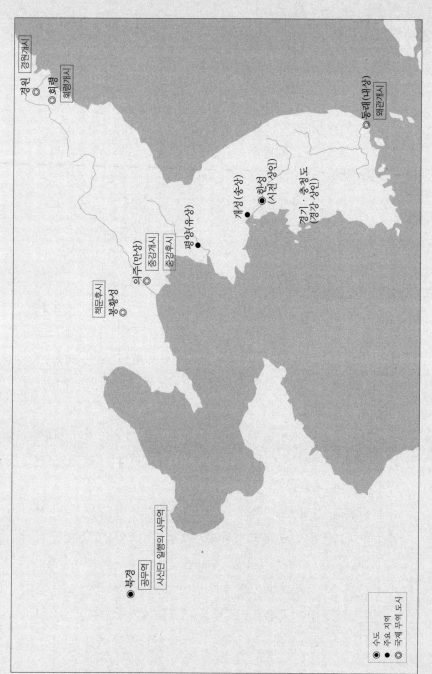

지도 33 조선 후기의 공·사 무역

경원 [경원개시]
회령 [회령개시]
동래(내상) [왜관개시]
한성 (시전 상인)
개성 (송상)
경기·충청도 (경강 상인)
평양(유상)
의주(만상) [중강개시] [중강후시]
책문후시
봉황성
북경 [공무역]
사신 일행의 사무역

● 수도
● 주요 지역
◎ 국제 무역 도시

격이 계속 변동하는 제품이라 제값을 못 받고 팔아야 하는 경우가 많았다. 게다가 서로 담합한 중국 상인들은 이런저런 핑계를 대며 구입을 미루다가, 사신단이 귀국할 날이 가까워지면 조선 역관과 상인들의 조급해진 마음을 이용해 헐값에 인삼을 사들였다. 그래서 조선 역관들과 상인들은 고생을 하고도 결국 손해를 보곤 했다.

그러나 몇 년 전 문화방송에서 방영한 사극《상도》의 주인공 임상옥林尙沃은 오히려 이러한 악조건을 기회로 삼아 상황을 역전시켰다. 만상灣商, 즉 의주 상인이던 그는 다른 역관과 상인들처럼 손해 보는 장사를 할 수는 없다는 생각에, 자신이 가져간 인삼을 쌓아놓고 불을 질러버렸다. 평소 조선 역관과 상인들의 동태를 주시하고 있던 중국 상인들은 깜짝 놀라 급히 달려와서 인삼에 붙은 불을 껐다.

그러자 임상옥은 중국 상인들의 못된 심보를 꾸짖으며 더 비싼 값을 치를 것을 요구했다. 『의주읍지義州邑誌』에 따르면 그는 불에 타고 남은 인삼을 평소보다 10배나 높은 가격에 판매했다고 한다. 이후 임상옥은 중국 상인들과 앞으로는 적정한 가격에 거래하기로 합의했고, 인삼 무역으로 조선 최고의 거부가 되었다. 임상옥에 관한 기록이 충분하지 않기 때문에 《상도》에는 상당 부분 허구가 가미되었지만, 이 사극은 조선 후기의 상인과 국제 무역의 다양한 측면들을 잘 보여준 훌륭한 드라마였다.

불행히도 오늘날에는 임상옥처럼 뛰어난 상술과 협상력을 지닌 상인이 몹시 드문가 보다. 외국 업체와 가격 협상이나 입찰을 진행할 때 우리끼리 경쟁이 너무 심해서 외국인들만 좋아한다고 하니……. 해외에서 잘 단결하지 못하는 것은 우리 민족 고유의 전통일까? 또한 중국과의 무역 분쟁이나 한미 FTA 협상 과정을 지켜보면 통상 관료나 외교관들조차 무조건 져주는 것을 미덕으로 삼는 듯해 속이 쓰리다.

03 조선인 출신 무장 이성량, 이여송 부자

명나라 때 중국에서 활약한 한국인을 찾기는 쉽지 않다. 그나마 눈에 띄는 인물이 이성량, 이여송 부자 정도다. 이들의 조상은 원래 조선 사람이었지만 명나라로 망명한 뒤 그곳에서 대대로 무장이 되었다. 특히 이성량은 명나라의 대표적인 명장 가운데 한 사람으로 요동의 방어에 큰 공을 세웠고, 아들 이여송은 임진왜란 때 조선에 파견된 명나라군의 사령관이었다.

요동의 명장, 이성량

이성량(1526~1615년)의 고조부 이영李英은 조선에서 죄를 짓고 명나라로 망명한 뒤 철령위鐵嶺衛 지휘첨사指揮僉事라는 무관직을 수여받고 대대로 세습했다. 그의 가문이 무관직을 세습할 수 있었던 것은 위소제도衛所制度 덕분이었다. 명나라 태조 주원장은 변경과 내지의 곳곳에 위衛와 소所를 설치하고 군대를 주둔시켰다. 5,600명 규모의 위는 5개의 천호소千戶所로 이루어졌고, 1,120명 규모의 천호소는 다시 10개의 백호소百戶所로 이루어져 있었다. '천호'와 '백호'는 몽골의 십진법 편제를 본뜬 것이었다. 위와 소에 소속된 군인들은 일반 백성들과 달리 별도의 군적軍籍에 올랐고, 그 지위를 법적으로 세습했다.

명나라 초기에는 고구려 장수왕의 후예라는 고설고高雪固가 요동도지휘사사遼東都指揮使司의 휘하에서 위의 지휘사指揮使를 맡아 세습했고, 또 다른 고씨 지파도 회원장군懷遠將軍을 세습했다. 두 가문 모두 청나라 때 무관직을 박탈당했다는 기록이 있으니, 적어도 그때까지는 무관으로 활동했음을 알 수 있다. 고구려인과 발해인의 후손들 혹은 이영처럼 조선에서 도망쳐온 사람들 가운데 일부는 명나라 변방의 군인으로 살았던 것이다. 이는 앞서 최부가 만났던 계면의 사례에서도 확인할 수 있다.

이성량은 체격이 건장하고 용감해 군인의 재능을 타고났을 뿐 아니라 법률에 의해서도 무관직을 세습하도록 되어 있었다. 그러나 집안 형편이 몹시 어려워진 탓에 무관직을 물려받지 못하고 14살에 제생諸生, 즉 생원生員이 되었다. 조선의 생원은 생원과生員科의 합격생을 지칭했지만, 명나라와 청나라의 생원은 향시鄕試*에 응시할 자격이 있는 관립 학교의 학생으로 9품관에 준하는 대우를 받았을 뿐이다. 하지만 이성량을 큰 재목으로 여긴 순안어사巡按御史**가 돈을 대준 덕에 조상의 지위를 세습할 수 있었다.

이 무렵 명나라는 밖으로는 '북로남왜北虜南倭'라 하여 북방의 몽골과 남방의 왜구에게 시달리고 있었고, 안으로는 환관과 탐관오리들이 국정을 어지럽히고 있었다. 다행히 철권재상이라는 별명을 가진 장거정張居正이 정치를 맡아 나라 안팎의 어려움을 해결함으로써

---

* 각 성省에서 치르는 과거의 1차 시험.
** 명나라 때 지방을 감찰하기 위해 파견한 어사.

명나라에는 다시 중흥의 시기가 도래했다. 이성량과 같은 인재도 장거정이라는 훌륭한 정치가의 지원이 있었기에 빛을 낼 수 있었던 것이다.

이성량은 1567년 몽골이 북경 부근의 영평부를 침입해왔을 때 공을 세워 부총병副總兵으로 승진했고, 이후에도 몽골과의 전투에서 거듭 공을 세웠다. 이성량의 실력을 높이 산 장거정은 그에게 몽골과 여진으로부터 요동을 지키는 임무를 맡겼다. 그리고 곧 이성량은 역사에 길이 남을 전공을 세운다.

당시 여진인들은 거주 지역에 따라 크게 건주여진建州女眞, 해서여진海西女眞, 야인여진野人女眞으로 나뉘어 있었다. 명나라는 이 중에서 건주여진에게 영향력을 행사하고 있었는데, 1574년 건주여진의 추장 왕고王杲가 반기를 들어 무순을 공격하고 명나라 무관을 살해하는 일이 벌어졌다.

이성량은 곧 6만의 군사를 이끌고 왕고를 토벌하러 나선다. 처음에는 포위 공격으로 승부를 내려 했지만, 왕고의 성채는 험한 산 위에 있는 데다 해자까지 두르고 있어서 실패하고 말았다. 그러나 그는 결국 화공火攻을 이용해 성채를 불사르고 왕고를 사로잡아 죽였으며 다른 여러 부족들까지 복속시켰다.* 도망친 왕고의 아들 이타이가 명나라에 적대적인 여진 부족들을 규합해 계속해서 골칫거리가 되었지만 이성량은 1583년에 그마저 죽여 후환을 없앴다. 다만 이때 명나라에 협조적이던 누르하치의 할아버지와 아버지를 죽이는 실수를 저지르는데, 명나라는 훗날 이 일로 인해 큰 곤욕을 치르게 된다.

* 중국 역사에서는 이 사건을 '건주위 토벌'이라고 부르며, 장거정의 외치外治 가운데 하나로 중요하게 다룬다.

이성량은 승진을 거듭해 정2품 도지휘사都指揮使에 올랐고 영원백寧遠伯에 봉해졌다. 그리고 이후 22년 간 요동을 지키며 '대첩大捷'이라고 부를 만한 전공만 해도 열 차례나 더 세워서, 명나라의 변경 무장 중에 으뜸이라는 평가를 받았다. 그러나 이성량은 자신의 공을 믿고 점차 교만해졌다.

이성량은 이제까지 여진인들에게 사용해왔던 이이제이의 분할 통치 전략을 버리고, 그 대신 강력한 여진 부족을 육성해 다른 부족들을 다스리도록 하는 간접 통치 전략을 채택했다. 이는 여진인들을 정치적으로 통합시키는 위험이 있었지만 이성량은 워낙 여진인들을 확고하게 틀어잡고 있었기 때문에 상당한 자신감을 갖고 있었다. 그는 누르하치의 힘을 키워 간접 통치의 대리자로 삼으려 했다. 비록 할아버지와 아버지가 명나라군에 의해 죽기는 했지만 누르하치의 가문은 대대로 뚜렷한 친명 성향을 보여왔기 때문이었다. 이성량은 누르하치가 좌도독左都督 용호장군龍虎將軍이라는 관직과 은 8백 냥을 받도록 주선하고 그가 여진을 통일할 수 있게끔 지원했다.

누르하치가 여진의 우두머리가 되자 이성량에게도 막대한 이익이 돌아왔다. 당시 만주에서 많이 생산되던 인삼, 모피, 진주 등은 모두 귀중품으로 비싼 값에 거래되고 있었다. 여진이 하나로 통일되자 상인들은 생명의 위협을 느끼지 않고도 산지에 들어가 이러한 물품들을 구입할 수 있었다. 교역으로 커다란 이익을 얻은 상인들은 이성량과 누르하치에게 막대한 상납금을 바쳤다. 이 덕분에 이성량은 어마어마한 재산을 축적했고, 점차 누르하치를 통제하는 본연의 임무에 소홀하게 되었다. 반면에 누르하치는 상인들로부터 거둔 돈을 여진의 군비 증강에 사용했다.

이성량과 누르하치는 경제적 이익을 위해 서로를 이용하는 '가깝

지도 멀지도 않은' 사이였다. 하지만 이성량은 자신이 명나라의 장군이라는 사실만은 잊지 말았어야 했다. 그가 채택한 전략은 여진인들을 통제할 능력을 지닌 장군에게는 아무런 문제가 없는 것이었지만, 무능력한 장군이 책임을 맡을 경우 매우 심각한 위험에 직면하게 될 수 있었다. 조그만 소란들을 진정시키기 위해 강력한 견제 세력을 키운 것까지는 좋았지만 만일 그 세력이 명나라의 통제를 벗어날 만큼 힘을 키운다면 상황은 완전히 달라진다. 실제로도 이후 명나라는 누르하치가 통일한 여진에 의해 점차 수세에 몰렸고, 막대한 군비 지출 때문에 가혹한 세금으로 백성들을 쥐어짜야 했다. 결국 전국에서 농민 반란이 일어났고, 농민 반란의 지도자 이자성李自成에 의해 멸망하고 만다.

이성량은 조정의 고관들을 매수해 든든한 지지 기반을 만들어두었기에 직무에 태만하고도 아무런 제재를 받지 않았다. 간혹 감찰 임무를 맡은 관리들이 그의 비리를 탄핵하더라도 조정의 고관들이 방패막이 역할을 해주었다. 그러나 뒤를 봐주던 고관들이 자리에서 물러남에 따라 그의 지위도 흔들리기 시작했다. 이성량은 1591년 만주*의 10만 기병의 침입을 막지 못했다는 이유로 해임되었다.

이후 10년 동안 요동에서는 18명의 책임자가 교체되었지만 그 누구도 누르하치의 세력을 막아내지 못했다. 결국 1601년 대학사大學士 심일관沈一貫의 주청으로 이성량은 다시 한 번 요동 방어의 책임을 맡았고 누르하치와의 별다른 충돌 없이 8년을 지냈다. 이러한 공으로 그는 태부太傅에 임명되었다. 명나라에는 정1품 태사太師, 태부

* 이 무렵 여진은 만주로 이름을 바꾸었다. 만주의 어원에 대해서는 여러 학설이 있지만 문수보살(불교에서 지혜를 상징하는 보살)의 산스크리트어 표기인 Manjusri의 음사라는 것이 일반적인 견해다.

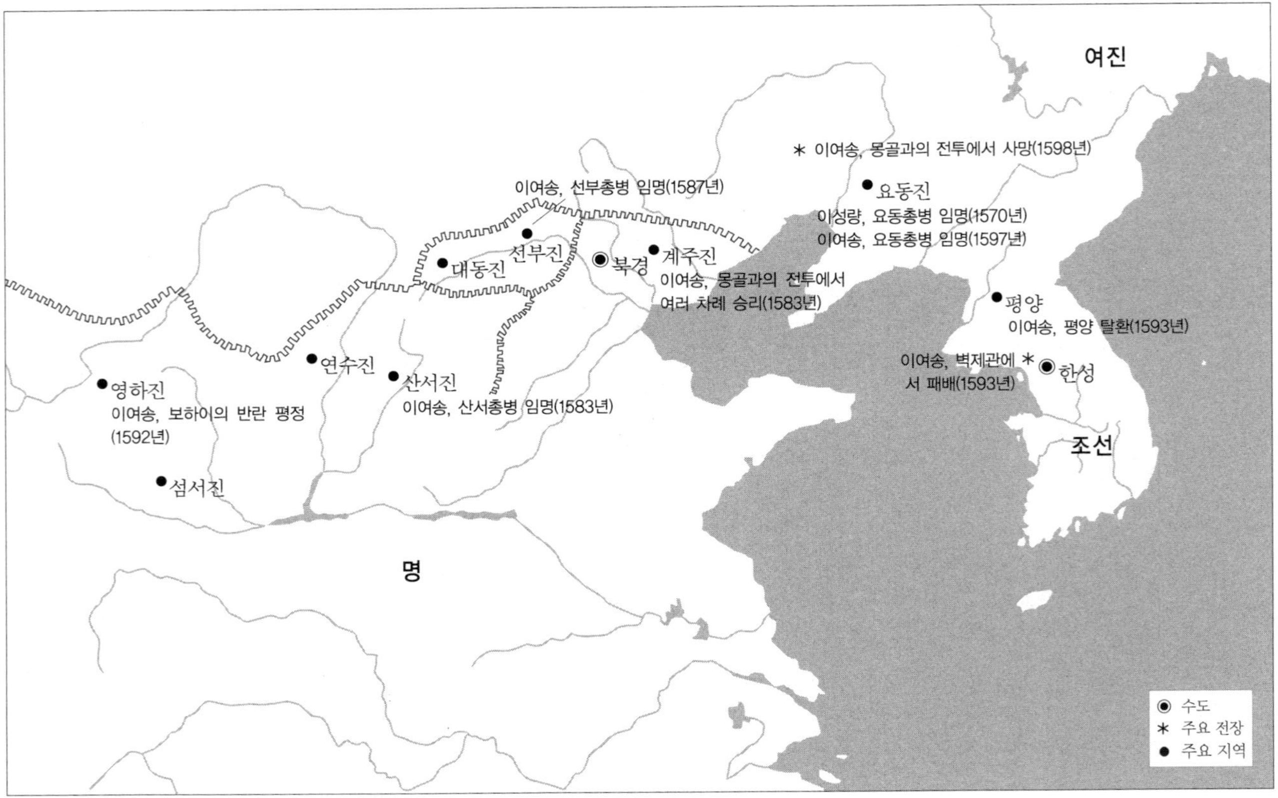

지도 34 이성량 · 이여송 부자의 활동

여진

조선

한성

* 이여송, 벽제관에서 패배(1593년)

평양
● 이여송, 평양 탈환(1593년)

* 이여송, 몽골과의 전투에서 사망(1598년)

요동진
● 이성량, 요동총병 임명(1570년)
● 이여송, 요동총병 임명(1597년)

개주진
● 이여송, 몽골과의 전투에서
여러 차례 승리(1583년)

선부진
● 이여송, 선부총병 임명(1587년)

북경

내동진

산서진
● 이여송, 산서총병 임명(1583년)

연수진

명

영하진
● 이여송, 보하이의 반란 평정
(1592년)

섬서진

범례
◉ 수도
* 주요 전장
● 주요 지역

太傅, 태보太保, 종1품 소사少師, 소부少傅, 소보少保의 최고위 관직이 있었지만, 특출한 공을 세운 사람이 없으면 공석으로 놓아두는 경우가 많았다. 따라서 태부에 임명되었다는 것은 명나라 조정이 그의 공적을 얼마나 높이 샀는지를 보여주는 것이다.

이여송과 임진왜란

이여송은 이성량의 맏아들로, 용감하고 전투 기량이 뛰어나서 어릴 적부터 아버지를 따라다니며 실전 경험을 쌓았다. 1583년 산서총병山西總兵에, 1587년 선부총병宣府總兵에 임명되는 등 관운도 순탄했다.

이여송은 보하이의 반란을 평정하면서 두각을 나타내기 시작했다. 1592년 2월 몽골 출신의 명나라 장군 보하이가 오르도스의 몽골 세력과 결탁해 영하에서 반란을 일으켰다. 이때 이여송은 섬서제독陝西提督에 임명되어 동생 이여매李如梅, 이여장李如樟과 함께 원정에 나섰다. 그는 요동의 정예 부대 및 선부, 대동, 산서의 군대를 이끌고 영하에 도달한 뒤, 현지의 정세와 지형을 면밀히 조사해 수공水攻을 펴기로 결심했다. 이여송은 일단 수공으로 성의 북문을 무너뜨린 다음, 북문을 공격하는 척하면서 실제로는 남문을 공격했다. 그는 몸소 구름사다리雲梯*를 타고 오르며 공성전을 이끌었고, 마침내 성을 함락해 난을 평정했다. 이러한 공으로 도독으로 승진했다.

이여송이 영하에서 승전보를 올리고 있던 즈음, 조선에는 전쟁의 먹구름이 밀려오고 있었다. 일본이 조선을 침략한 것이었다. 1592년

* 성벽을 넘기 위해 사용하던 공성용 무기.

부터 7년 동안 계속된 이 전쟁으로 조선은 엄청난 인적, 물적 손실을 입었고, 정치, 경제, 사회 등 많은 분야에서 커다란 변화를 겪었다. 중국과 일본도 왕조 혹은 정권의 교체를 겪었다. 쇠약해진 명나라는 이자성의 농민군에 멸망했고, 이후 여진이 세운 청나라가 중국을 지배했다. 일본에서는 도요토미 히데요시豊臣秀吉 가문 대신 도쿠가와 이에야스德川家康가 각지의 영주들을 굴복시키고 도쿠가와 바쿠후德川幕府를 세웠다.

명나라 조정은 처음에 왜군의 조선 침략에 반신반의했고, 오히려 조선이 왜와 함께 명나라를 침략하려 한다고 믿었다. 하지만 조선 사신들의 거듭된 설득에 힘입어, 그리고 전쟁이 명나라의 영토로 확대되는 것을 막기 위해 조선에 군대를 파견하기로 결정했다. 명나라 만력제는 1592년 7월 조승훈祖承訓의 원병이 왜군에 패하자, 12월 병부우시랑兵部右侍郎 송응창을 경략으로 임명해 총사령관으로 삼고 이여송을 계, 요, 보정, 산동의 제독으로 임명해 부사령관으로 삼은 뒤 4만 3천 명의 병력을 이끌고 압록강을 건너도록 했다.

이여송은 1593년 평양 탈환 작전 당시 직접 대포와 불화살로 무장한 부대를 이끌고 앞장서서 군대를 지휘했다. 고니시 유키나가小西行長가 이끄는 왜군은 명나라 대포의 위력에 꼼짝 못하고 한양으로 달아났다. 이여송은 평양을 탈환한 여세를 몰아 개성을 수복하고 한양까지 계속 진격했다.

그러나 그는 이때 중대한 실수를 저지른다. 한양 수복 작전에 대포와 불화살로 무장한 복건 등 남방군 대신 자신의 직속 부대인 요동군을 투입한 것이다. 요동군이 공을 세울 수 있도록 배려한 것이었다. 그러나 요동군은 벽제관에서 왜군의 반격으로 대패하고 만다. 이 패배로 인해 이여송은 전투보다는 평화적인 교섭으로 전쟁을 끝내려

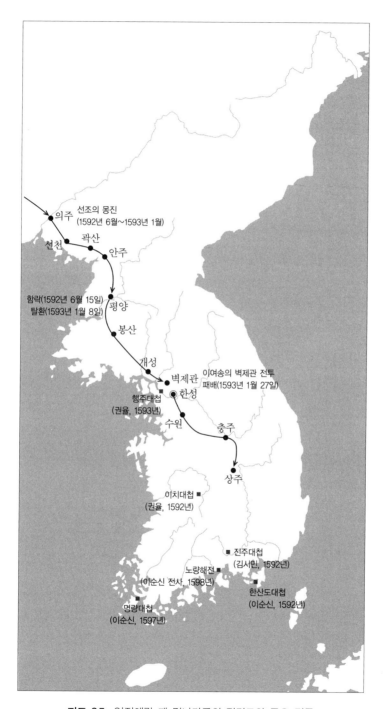

선조의 몽진
(1592년 6월~1593년 1월)

의주

선천
곽산
안주

함락(1592년 6월 15일)
탈환(1593년 1월 8일)

평양

봉산

개성

벽제관
이여송의 벽제관 전투
패배(1593년 1월 27일)

행주대첩
(권율, 1593년)

한성

수원
충주

상주

이치대첩
(권율, 1592년)

진주대첩
(김시민, 1592년)

노량해전
(이순신 전사, 1598년)

한산도대첩
(이순신, 1592년)

명량대첩
(이순신, 1597년)

지도 35 임진왜란 때 명나라군의 진격로와 주요 전투

는 쪽으로 생각을 바꾼다. 이여송 개인의 결정만은 아니었다. 원래 명나라가 파병한 목적은 왜군을 한반도에서 몰아내려는 것이 아니라, 단지 왜군이 명나라 영토로 들어오지 못하게 하려는 것이었기 때문이다. 이여송은 조선 조정의 한양 수복 요청을 묵살하고 평양에 머물면서 기생들과 주색잡기에만 몰두했다.

명나라의 조기 강화 방침은 당시 군부의 총책임자였던 병부상서 석성과 파병군 총사령관 송응창 라인이 주도했고, 심유경이 명나라 측 교섭 대표를 맡았다. 왜군도 행주 대첩에서 권율權慄에게 크게 패한 뒤 전의를 상실해 교섭에 호응하게 되었다.

왜군은 1593년 4월 한양에서 물러나 경상도로 후퇴하고, 이여송의 명나라군이 한양에 입성한다. 이어 8월에는 왜군이 포로로 잡고 있던 조선의 왕자들, 즉 임해군臨海君과 순화군順和君을 돌려보냈다. 강화 교섭은 순조롭게 진행되는 듯했다. 그러나 이러한 분위기는 심유경과 고니시 유키나가의 속임수가 들통 나면서 급반전되었다.

본래 도요토미 히데요시는 강화의 조건으로 조선의 4도를 할양받고, 조선 조정이 강화에 감사하는 뜻으로 왜에 사신을 파견하고, 명나라 공주를 왜왕의 후비로 삼으며, 중단되었던 감합무역勘合貿易*을 재개할 것 등을 요구했다. 그러나 심유경은 만력제에게 도요토미 히데요시를 일본왕으로 봉하면 왜군이 물러날 것이라는 거짓 보고를 올렸다. 도요토미 히데요시는 자신을 일본왕으로 봉하는 사신이 도착한 뒤에야 속았다는 사실을 깨닫고 다시 한 번 조선을 침략했다.

---

* 명나라가 일본과 여진에 허용했던 통제 무역의 형태다. 먼저 상대 나라에 일련 번호가 적힌 감합부勘合符(입국을 확인하는 문서)를 할당해주고, 이 감합부를 소지한 사신이나 상인들만이 명나라에서 교역할 수 있도록 했다. 조선도 일본, 여진과 교역할 때 같은 방식을 취했다.

이를 정유재란丁酉再亂(1597~1598년)이라고 한다. 다행히 조선은 이미 만반의 준비를 하고 있었기 때문에 임진왜란 때처럼 일방적으로 당하지만은 않았다.

이때 명나라 조정에서는 조선 파병을 처음 제안했던 병부상서 석성이 입장을 바꾸어 조선에서 군대를 철수시키고 유정劉綎이 지휘하는 소규모 병력만을 남기도록 여론을 이끌었다. 결국 이여송도 자신의 부대를 이끌고 명나라로 돌아갔다.

이후 이여송은 1597년 요동총병遼東總兵에 기용되었다. 그의 아버지가 요동에서 많은 전공을 세웠으니 그도 잘해내리라는 막연한 기대 때문이었다. 그러나 이여송은 이듬해 타타르부가 침범해왔을 때 경기輕騎*를 이끌고 맞섰지만 적군의 매복에 걸려 전사하고 만다. 만력제는 그에게 종1품 소보와 영원백의 작위를 추증했다. 그의 맏아들 이세충李世忠에게도 금의위지휘사錦衣衛指揮使의 벼슬을 내리고 영원백의 작위를 세습하도록 했다.

이여송의 동생들도 모두 명나라의 장수였는데, 이여백李如柏과 이여매가 그와 함께 조선에 파견된 바 있다. 이여백은 공을 세워 우도독右都督으로 승진한 반면, 이여매는 패전으로 탄핵되었다.

『명사』는 이여송에 대해 긍정적인 평가를 내리고 있다. 그는 임진왜란의 공으로 태자태보가 되었고 죽어서는 소보로 추증되었다. 명나라의 입장에서는 매우 중요한 인물이었던 것을 알 수 있다. 실제로 그는 만력삼대정萬曆三大征으로 불리는 보하이의 난, 임진왜란, 양응용楊應龍의 난 가운데 두 번의 전쟁에 참전해 큰 공을 세웠다. 그러나 『명사』의 기록은 왜곡된 측면이 없지 않다. 임진왜란은 한국, 중국,

* 가벼운 무장을 한 기병.

일본 세 나라의 국제전이었으므로 나라마다 기록에 차이가 있다. 일반적으로 중국과 일본의 기록보다는 우리나라의 기록이 더 신빙성이 높다고 평가된다.

우리나라의 역사서에 묘사된 이여송의 모습은 그다지 긍정적이지만은 않다. 조선의 왕과 대신들에게 무척 거만하게 굴었으며, 평양과 개성을 탈환하는 공을 세웠지만 벽제관에서 패한 뒤에는 몸 사리기에만 급급했다. 처음에 조선인들은 왜군을 몰아내기 위해 찾아온 이여송을 두 손을 들어 환영했지만, 평양에서 기생들과 술이나 마시는 모습에 적지 않게 실망했다. 물론 『명사』는 술 마시며 기생들과 놀아난 것을 그저 "휴식을 취했다."고 표현한다.

게다가 그의 부하들은 백성들의 재물을 약탈하는 민폐만 끼쳤을 뿐 실제 전투에서는 크게 활약하지 못했다. 심지어 심유경은 왜군들에게 통행 증서를 발급해준 뒤 조선군에 이 증서를 소지한 왜군을 공격하지 말도록 지시했다. 그래서 이를 악용한 왜군들이 조선의 민가에 들어가서 행패를 부리는 일이 있더라도 조선군은 이들을 때려잡을 수 없었다. 그런데도 왜란 이후 수백 년 동안 조선의 양반들은 꿋꿋이 명나라의 재조지은再造之恩을 들먹였다. 오래전부터 우리 민족은 까마귀 고기를 삶아 먹었는지 기억력이 나쁜 것 같다.

이성량, 이여송 부자의 매국 행위

『광해군일기』의 광해군 원년(1608년) 7월 29일 기사에는 당시 명나라의 광녕총병廣寧總兵이었던 이성량의 조선 정벌 기도에 대한 기록이 실려 있다. 이성량은 명나라 조정이 광해군光海君을 조선의 왕으로 인정하지 않고 있다는 사실을 알게 되자, 도어사都御史 조집趙

瀲과 함께 "조선이 형제간에 서로 다투고 있으니 군대를 보내 조선을 정벌하고 군현으로 삼아야 합니다."라고 황제에게 주청했다.

조선은 아직 임진왜란의 상처가 채 아물지 않은 상황이었기 때문에 만약 이성량의 주장대로 명나라가 군대를 보냈다면 조선을 접수하기는 식은 죽 먹기였을 것이다. 조선이 이러한 위기를 모면할 수 있었던 것은 이성량을 견제하던 명나라의 다른 대신들 덕분이었다. 병부의 업무를 감찰하는 병과도급사중兵科都給事中 송일한宋一韓과 병과급사중兵科給事中 사학천史學遷은 다음과 같이 반대 의견을 개진했다.

"조선이 비록 그러한 흠을 가지고 있는 것은 사실입니다. 그러나 천개소문泉蓋蘇文*처럼 임금을 시해한 죄가 없고 천조天朝를 섬기며 신하의 예절에 어긋나지 않았습니다. 따라서 이성량의 주장은 그릇된 것입니다. 청컨대 그의 병권을 빼앗아 경사京師**로 돌아오게 하시고, 아울러 조집도 파면하고 변방에서 일을 일으키려 한 죄를 징계하소서."

만력제는 송일한과 사학천의 말에 따라 이성량의 주장을 묵살했다. 이성량이 어떤 꿍꿍이에서 그러한 주장을 했는지는 정확히 알 수는 없지만, 당시 조선의 병조판서兵曹判書 이정구李廷龜는 그가 조선의 비옥한 땅과 인삼, 은을 노렸기 때문이라고 분석했다.

조선을 멸망시키고 군현을 설치해 직할 통치를 하자는 주장은 이성량 이전에도 간간이 제기되어 왔다. 1594년 계요총독薊遼總督 손

---

* 고구려의 연개소문. 당나라를 창업한 고조高祖 이연李淵의 이름과 글자가 같기 때문에 '연'을 '천'으로 바꾸어 표기했다. 이를 피휘避諱 혹은 기휘忌諱라고 한다.
** 명나라의 수도 북경을 가리킨다.

광孫鑛이 조선은 임진왜란의 폐허에서 제힘으로 재기할 수 없을 것이므로 명나라가 내정에 간여해야 한다고 주장했던 것이 처음이었다. 손광은 원나라 때처럼 조선에 정동행성征東行省을 설치하고, 순무巡撫*를 파견하며, 명나라가 조세 징수권을 가져야 한다고 역설했다. 이후에도 여러 대신들이 조선의 직할 통치를 빈번히 거론했으며 정유재란이 일어난 뒤에는 더욱 심해졌다. 심지어 후금後金에게 요동을 빼앗긴 뒤 조선으로 후퇴해 평안도 해안의 섬 가도에 주둔하고 있던 명나라 장군 모문룡毛文龍조차 조선을 기습해 탈취하자고 주장했다.

서글프게도 조선을 직할 통치하자는 주장 속에는, 조선의 지배층이 너무나 무능하기 때문에 조선은 망할 수밖에 없고 그렇게 되면 명나라의 안정이 위태로워질 것이라는 인식이 깔려 있었다. 또한 조선에 파병된 명나라 장군들도 조선 조정이 자신들에게 제대로 협조하기는커녕 오히려 훼방만 놓고 있기 때문에, 원활한 군사 작전을 위해 조선을 확실히 장악해야 한다고 말하곤 했다.

이성량의 주장은 약 3백 년 전 원나라 요양행성의 관리였던 홍중희의 주장과도 섬뜩할 만큼 닮아 있다. 매국노 홍복원의 손자이자 홍다구의 아들인 홍중희는 원나라 조정에 고려 왕조를 없애고 그 땅에 행성을 설치하자고 건의한 바 있었다.

이성량과 홍중희는 모두 중국에 망명해 요동 지역에서 활동하던 세습 무장 가문 출신이었다. 같은 핏줄의 동포가 국경을 맞댄 변방 지역의 관리로 있었으니 우리나라에 조금이라도 도움이 되었을 것이라고 생각할 수도 있겠지만, 그것은 순진한 착각에 불과하다. 그들은

---

* 명나라 때 각 지방의 안정을 위해 파견했던 관리.

오히려 중국인이나 몽골인보다 더 지독하게 자신의 조국에 비수를 꽂았다. 아마도 스스로를 중국인이며 중국의 관리라고 생각했던 것 같다.

물론 이성량의 경우에는 조선 조정이 어느 정도 사태의 빌미를 제공한 것도 사실이다. 조선 선조는 본래 후궁이 낳은 임해군과 광해군 등의 서자만을 두고 있었는데, 1602년에 새로 맞은 인목왕후仁穆王后가 영창대군永昌大君을 낳자 사정이 바뀌었다. 영창대군은 선조의 열네 왕자 가운데 막내였지만, 유일한 적자嫡子로 왕위 계승 후보 1위였다. 그러나 이미 광해군이 세자였기 때문에 문제가 복잡해졌다. 게다가 광해군은 임진왜란 때 세자로서 궂은일들을 도맡아 처리하며 전쟁을 승리로 이끄는 데 큰 공을 세웠기에 왕이 될 자격이 충분했다.

하지만 선조는 서자인 광해군보다 적자인 막내 영창대군을 더 사랑했고 영창대군에게 왕위를 물려주고 싶어 했다. 그래서 비밀리에 영의정 유영경柳永慶 등과 짜고 광해군을 폐하고 영창대군을 새로운 세자로 삼으려 했다. 하지만 선조가 갑자기 죽는 바람에 이러한 논의는 없던 일로 되고 말았다. 광해군에게는 다행스러운 일이었다. 광해군은 왕으로 즉위한 뒤 형 임해군을 죽이고 영창대군은 내쫓았다. 비윤리적인 행동으로 보이지만 광해군으로서는 왕위 계승 분쟁이 확대되는 것을 막기 위한 불가피한 조치였다.

명나라가 이러한 기회를 그냥 넘어갈 리 없었다. 조선의 약점을 물고 늘어질수록 명나라의 국익은 더 커지며, 조선에 파견되는 사신들에게 떨어질 떡고물도 눈덩이처럼 불어났기 때문이다. 군사 독재 시절, 미국의 비난 여론을 달래기 위해 우리 정부가 통상과 무기 구매 등의 분야에서 음으로 양으로 양보한 경우가 셀 수 없이 많았던 것과 같은 이치다.

이성량의 아들 이여송도 임진왜란 당시 조선에 파병되었을 때 조선에서 위대한 인물이 나오지 못하도록 풍수지리상 중요한 혈맥들에 쇠말뚝을 박는 만행을 저질렀다는 이야기가 전한다. 풍수지리를 믿지는 않지만, 그 후 실제로 우리나라에서 훌륭한 인물이 많이 나오지 않았던 것은 왠지 찜찜하다. 하지만 정말로 그 이유가 쇠말뚝 때문이었을까?

우리나라도 다른 나라를 돕거나 침략하기 위해 나라 바깥으로 군대를 파병했던 사례가 있다. 역사서를 뒤져 이러한 해외 파병의 사례들을 찾아보도록 하자.

① 부여 위구태의 후한 원조(121~122년)

고구려는 121년 봄에 후한의 공격을 받았다. 이때 고구려 태조왕은 훗날의 차대왕인 동생 수성遂成을 보내 두 차례에 걸쳐 적군을 격파했고, 침략에 대한 보복으로 같은 해 4월 선비족 8천 명과 함께 후한의 요대현을 공격해서 요동태수를 죽이는 등 커다란 타격을 입혔다. 태조왕은 이어 12월에도 마한과 예맥의 군사 1만여 기를 거느리고 후한의 현도성까지 진격했다. 그런데 이 소식을 들은 부여왕은 후한을 돕기 위해 아들 위구태衛仇台에게 2만 명의 병력을 맡겨 원병으로 보냈고, 결국 후한과 부여의 연합군이 고구려군을 물리쳤다. 그러나 태조왕은 이듬해 다시 한 번 마한과 예맥의 군대를 이끌고 요동을 공격했고, 이번에도 부여는 후한에 원병을 파견했지만 승리는 고구려군의 것이었다.

그런데 부여가 후한을 돕기 위해 군대를 보낸 것은 외교적, 군사적인 전략의 산물이었다. 부여는 21년 대소왕이 고구려의 대무신왕과 싸우다 전사한 뒤부터 나라의 힘이 크게 기울었고, 날로 성장하는 고구려를 견제하기 위해 중국과 손을 잡는 방법을 택했던 것이다. 부여는 이후 중국과의 교역을 통해 선진 문물을 받아들이고, 더불어 주변국의 침략을 막는 안전판도 가질 수 있었다. 훗날 중국인들은 부여가 선비족 모용부의 침략으로 재기 불능의 상태에 빠지자 나라를 재건할 수 있도록 도와주었다. 중국인들은 빛과 은혜는 잊지 않는다.

② 고구려 동천왕의 공손연 토벌군 파병(238년)

중국의 삼국 시대에 요동 지방은 위나라의 영역이었지만 실제로는 공손씨公孫氏가 지배하고 있었다. 공손씨는 공손탁公孫度에서부터 3대 50여 년 동안 요동과 요서를 지배하며 사실상의 독립 왕국을 건설했다. 공손탁의 손자 공손연公孫淵이 마침내 국호를 연燕으로 정하고 공식적으로 독립을 선포하자 위나라의 장군 사마의는 238년 공손연을 토벌하기 위해 요동으로 진군했다. 『삼국사기』에 따르면 고구려 동천왕은 이때 1천 명의 군대를 파견해 사마의의 공손연 토벌을 도왔다고 한다. 『삼국지』「동이전」에서는 파병한 군사가 수천 명이었다고 한다.

고구려가 원병을 보낸 이유는 물질적인 보상을 바랐기 때문이었던 것 같다. 그러나 이러한 기대가 무너지자 동천왕은 위나라에 적대적으로 돌아섰다. 그리고 4년 뒤인 242년 동천왕은 요동군의 서안평을 공격했다.

③ 고구려 장수왕의 북연 구원(436년)

고구려의 장수왕 시기에 북위는 서쪽의 하夏나라와 북량을 멸망시켜 사실상 북중국을 통일했다. 물론 요서 지방에 북연이 남아 있었지만 힘없는 소국이었다. 북위는 북연마저 정복하기 위해 여러 차례 군대를 파견했다. 북위의 공격을 받은 북연이 436년 고구려에 도움을 요청하니, 장수왕은 장군 갈로葛盧와 맹광孟光에게 수만 명의 군사를 이끌고 가서 북연을 구원하도록 했다. 이때 고구려의 군사들은 북연의 수도 화룡성에 들어가 북연의 군복을 입고 무기고에서 가장 좋은 무기들을 꺼내 무장한 뒤 북위군을 크게 격파했다. 그러나 이후 갈로와 맹광은 북위와 직접 맞서는 것을 포기하고 북연의 군주와 백성을 고구려로 이주시켰다. 북위의 태무제는 북연의 군주 풍홍馮弘을 돌려보내라고 요구했으나 장수왕은 이를 거부했다. 이에 태무제가 고구려를 치려고 했지만 신하들이 반대하자 그만두었다.

그런데 장수왕의 파병은 북연을 돕기 위해서라기보다는 고구려의 국익을 위한 것이었다. 고구려군은 북위군과 전투를 벌이기도 전에 북연의 화룡성을 약탈해 경제적 이익을 취했으며, 북위와 적극적으로 맞서기보다 북연의 백성들을 고구려로 데려와 인구를 늘리는 전략을 택했다. 그래서 북위의 태무제는 북연의 영토를 차지했음에도 매우 실망이 컸다. 유목민 출신이었던 북위의 지배층에게는 북중국을 통일한다는 명분보다 북연의 재물과 백성을 취하려는 목적이 더 중요했던 것인데, 이를 고구려가 가로챘기 때문이다. 『위서』에서는 이에 태무제가 고구려를 침략하려 했지만 이전에 정복했던 하夏나라의 영토가 아직 치안이 불안하다는 신하들의 간언 때문에 포기했다고 한다. 그러나 실제로는 고구려와 전쟁해서 승리할 자신이 없었다는 편이 더 옳을 것이다.

④ 신라 성덕왕의 발해 협공(733년)

698년에 건국한 발해는 2대 무왕 때 본격적인 영토 확장을 시작했다. 발해의 존재를 인정하고 싶지 않았던 당나라는 오늘날의 흑룡강 유역에 거주하던 흑수말갈을 포섭해 발해를 견제하고자 했다. 이에 발해는 당나라에 항의하는 뜻에서 733년 장군 장문휴張文休를 보내 산동반도의 등주를 점령하고 지방관 위준을 살해했다. 이 소식을 전해 들은 당나라 현종은 깜짝 놀라 당나라에 머물고 있던 신라 왕족

김사란을 신라에 보냈다. 발해의 남쪽 국경을 공격해달라는 요청을 하기 위해서였다. 성덕왕은 당나라의 요청에 응해 군대를 파견했지만, 폭설이 쏟아져 눈이 한 길 이상 쌓이고 산길이 험한 탓에 병력이 절반이나 희생되자 군대를 철수시켰다.

일본의 승려 원인이 쓴 『입당구법순례행기』에는 이때 산동반도 등주의 적산법화원에서 신라인들이 전쟁의 승리를 기뻐하며 축제를 열었다는 기록이 있다. 이처럼 신라인들은 신라가 발해를 이겼다고 생각했지만, 실제로는 신라의 패배와 다름없었다.

⑤ 신라 헌덕왕의 이사도 토벌군 파병(819년)

신라는 87년 뒤에 다시 당나라의 구원 요청을 받는다. 당나라는 안사의 난 이후 절도사들이 각 지역을 할거하는 바람에 사실상 분열된 것이나 마찬가지였다. 이때 고구려 유민 이정기는 산동반도 일대를 장악하고 이후 4대에 걸쳐 56여 년 동안 독립 왕국을 유지했다. 당나라 헌종은 당시 이정기의 손자 이사도가 지배하고 있던 산동반도를 공격하기 위해 다른 여러 절도사들의 군대를 동원하는 한편, 양주절도사 조공趙恭을 신라에 파견해 원병을 청했다. 신라 헌덕왕은 순천군장군順天軍將軍 김웅원金雄元에게 3만의 군사를 주어 당나라의 이사도 토벌을 도왔다.

이때 신라군이 어떻게 바다 건너 산동반도까지 도달할 수 있었을지 의문이 든다. 신라의 북쪽에는 발해가 있었기 때문이다. 『삼국사기』에는 신라군이 평양과 요동을 거쳐 육로로 산동반도로 향했는지 혹은 해로로 산동반도를 공격했는지에 대해 자세한 기록이 남아 있지 않다. 한편 당시 서주에 주둔하고 있던 무령군도 이사도 토벌 작전에 참여했으니, 무령군의 장교로 복무하고 있던 장보고와 정년 또한 참전했을 가능성이 크다.

⑥ 고려 공민왕의 장사성 토벌군 파병(1354~1355년)

고려 공민왕은 원나라의 장사성 토벌에 군대를 파견했다. 당시 원나라는 쿠빌라이 사후에 계승 분쟁이 빈발하고 라마교와 사치로 인해 재정이 고갈되는 등 심각한 위기에 처해 있었다. 원나라 조정은 1351년 황하의 범람을 막기 위한 수리 사업을 벌였는데, 백련교 무리가 이 사업에 강제로 동원된 백성들을 선동해 반란을 일으켰고 이는 들불처럼 전국으로 확산되었다. 이러한 분위기 속에서 소금 판매업자였던 장사성도 또 다른 반란을 일으켜 고우성을 근거지로 삼고 국호는 대주大周로 칭했다.

원나라 조정은 장사성 세력이 강남과 대도를 잇는 운하를 차단하자 물자의 유통이 끊겨 경제적으로 크게 고통을 받았다. 이에 재상 톡토는 반란군을 토벌하고 운하를 다시 개통하기 위해 직접 군사를 이끌고 나섰으며, 고려에도 원군을 요청했다. 공민왕은 1354년 유탁柳濯, 염제신廉悌臣, 최영 등 40여 명의 장군과 2천 명의 군사를 보내 원나라를 도왔다.

고려군은 대도에 거주하고 있던 고려인 2만 3천 명과 함께 가장 앞장서서 고우성을 공격했다. 특히 최영은 모든 장군들 가운데 발군의 실력을 발휘해 27차례나 승리하며 성을 거의 함락하는 데 이르렀다. 그러나 원나라의 총사령관 톡토가 정적들의 모함을 받아 운남으로 귀양을 가게 되자 지휘관을 잃은 원나라군은 순식간에 오합지졸이 되어버렸고, 장사성이 이 틈을 타서 반격해오자 패배하고 만다.

이후 고려군은 육합성을 점령하는 등 공을 세웠지만 이듬해인 1355년 5월에 본국으로 귀환한다. 그런데 고려의 조정은 이 파병 덕분에 원나라의 국력이 이미 얼마나 쇠약해졌는지를 확실히 알게 되었다. 그리하여 공민왕은 그 이듬해부터 원나라의 간섭으로부터 벗어나기 위한 반원 정책을 본격적이고 과감하게 추진할 수 있었다.

⑦ 조선 광해군의 사르후(심하) 전투 파병(1619년)

명나라는 임진왜란 때 조선에 군대를 파병한 이후 내우외환이 겹쳐 쇠락하기 시작했다. 한편 1616년 여진을 통일하고 후금을 세운 누르하치는 군대를 일으켜 대대적인 요동 공략에 나섰다. 이에 명나라 조정은 양호楊鎬를 총사령관으로 삼아 누르하치에 맞설 계획을 세우고 조선에도 파병을 요청했다. 조선의 광해군은 강홍립姜弘立을 도원수로, 김경서金景瑞를 부원수로 삼아 1만 3천 명의 군대를 파병한다. 광해군 본인은 파병에 소극적이었지만, 임진왜란 때 우리나라를 구해준 은혜를 갚아야 한다는 신하들의 주장이 너무나 강했다.

양호는 전체 병력을 셋으로 나누어 후금군을 급습하려는 작전을 세웠다. 그러나 부하 장군 두송杜松이 이를 어기고 무모한 공격을 펼치는 바람에 크게 패하고 만다. 조선군은 명나라 장군 유정劉綎의 군대와 함께 흥경을 공격하기로 되어 있었지만 오히려 후금군의 기습을 받아 유정이 전사하는 등 대패한다. 이에 강홍립은 전세가 불리함을 깨닫고 누르하치에 항복해버린다. 바로 이 전투가 사르후 전투 혹은 심하 전투다.

강홍립은 명나라로 떠나기 전에 광해군으로부터 상황을 잘 살펴 대처하고 만약 명나라군이 패하면 누르하치에게 항복해도 좋다는 지시를 받은 바 있었다. 명분론에 앞선 양반들과 달리 명나라와 후금의 사이에서 중립 외교를 펼치려 했기에 무리해서 싸우지 말라고 주문한 것이었다. 실제로 강홍립의 항복을 통해 조선의 중립 외교 정책을 파악한 누르하치는 적어도 광해군의 재위 기간 동안에는 조선을 침략하지 않았다.

그러나 인조반정仁祖反正이 일어나 광해군이 서인西人 세력에 쫓겨나자 사정은 크게 달라졌다. 국호를 청나라로 고친 누르하치의 아들 태종은 조선이 자신들을 노골적으로 적대시하고 명나라와만 가깝게 지내자 두 차례에 걸쳐 조선을 침략한다. 잘 알다시피 그 결과는 인조가 삼전도에서 무릎을 꿇고 항복하는 치욕이었다. 자신의 역량을 냉정히 파악했던 광해군과 말만 앞섰던 인조의 대조적인 모습이었다.

청나라에 포로로 있던 강홍립은 정묘호란丁卯胡亂이 끝난 뒤 석방되어 귀국했다. 그러나 자신에게 항복을 명령했던 광해군은 이미 폐위되어 제주도로 귀양 가 있던 터라 끈 떨어진 신세일 뿐이었다. 가족들은 역신으로 몰려 모두 살해당한 뒤였고, 그 자신도 곧 벼슬을 빼앗기고 죽임을 당했다. 반면 절대로 후금에게 굴복하지 않겠다며 싸우다 전사했던 김응하金應河는 죽어서도 애국자로 추앙받았다. 조선 조정은 그를 병조판서로 추증하고 다시 영의정에 추증했으며, 각지에 그를 기리는 사당을 세웠다.

⑧ 제1, 2차 나선 정벌(1654년, 1658년)

나선羅禪이 러시아를 가리키므로, 나선 정벌은 곧 조선이 러시아를 정벌했다는 뜻이다. 그러나 로마노프 왕조의 성립 이후 육지에서 러시아나 소련에 승리한 나라는 그리 많지 않다. 나선 정벌 역시 청나라의 요청으로 러시아군과 싸우기 위해 소규모 부대를 파병했던 사건을 다소 부풀린 표현이다.

오랫동안 몽골의 지배를 받아온 러시아인들은 15세기에 이르러 독립한 뒤 계속해서 동쪽으로 뻗어나갔다. 모피를 찾아 끝없이 동쪽으로 나아가던 러시아인들은 우수리강과 송화강에까지 이르렀고, 이 지역을 러시아의 영토로 삼으려 했다. 한편 청나라는 침입해오는 러시아인들을 몰아내려 했으나 역부족이었기에, 결국 1654년 조선에 사신을 보내 조총병 1백 명을 파병해줄 것을 요청했다. 이에 조선은 영의정 정태화鄭太和의 주장에 따라 함경도 병마우후兵馬虞候 변급邊岌을 대장으로 삼아 정예 조총병 150명을 파견한다. 변급이 이끄는 조총 부대는 영고탑에서 청나라군과 합류해 배를 타고 흑룡강까지 내려갔고, 여통에서 러시아군을 만나서 용맹을 발휘해 모두 격파해버린다. 이것이 제1차 나선 정벌이다.

그러나 러시아가 계속해서 흑룡강 유역을 침입해오자 청나라는 1658년 또다시 조선에 조총 부대의 파병을 요청했다. 조선 조정은 함경도 혜산진첨사惠山鎭僉使 신류申瀏를 대장으로 삼아 260여 명의 정예 부대를 파병한다. 조선군은 송화강과 흑룡강이 합류하는 지점에서 러시아군과 전투를 벌여 불화살로 열 척의 배를 불태우고 적군 170명을 사살했다. 조선군은 8명이 죽고 25명이 부상하는 데 그쳤으니 조선군의 일방적인 승리였다. 이들은 청나라의 요청으로 송화강 일대에서 좀 더 체류하다 같은 해 가을에 조정의 명령으로 귀국했다.

소규모 전투이긴 했지만 러시아를 상대로 이겼다는 사실에 기뻐해야 할까? 어찌됐든 두 차례에 걸친 나선 정벌은 효종의 북벌 정책의 성과를 입증하고 조선군이 생각보다 강하다는 사실을 청나라에 과시했다는 점에서 역사적인 의의를 지녔다.

이상에서 살펴본 아홉 차례의 해외 파병에서 우리나라는 굳이 따지자면 7승 2패의 전적을 거두었다. 원나라의 강요로 참여한 일본 원정은 중국 대륙과는 관련이 없으므로 언급하지 않았다. 이 가운데 앞의 세 차례는 자발적인 파병이었으며 국익을 고려한 전략적인 산물이었다. 그러나 나머지 여섯 차례는 중국의 압력에 떠밀려 파병했던 것인데 우리나라의 국익에 어느 정도나 도움이 되었을지는 진지하게 따져보아야 할 일이다.

04 서구 문물에 취한 세자

중국 땅을 직접 밟아본 조선의 왕으로는 세조와 효종이 있다. 그러나 이들은 왕이나 세자의 지위에 있을 때 중국에 간 것이 아니었다. 세조는 수양대군이던 시절 형 문종이 죽고 조카 단종이 즉위하자 자청해서 고명사은사誥命謝恩使*로 북경에 다녀왔다. 그리고 효종은 봉림대군鳳林大君이던 시절 형 소현세자昭顯世子와 함께 청나라에 인질로 끌려가서 약 8년을 머물다 돌아왔다. 비록 왕이 되지는 못했지만, 소현세자는 중국에 장기 체류한 조선의 유일한 세자였다. 소현세자는 중국에서 무엇을 보고 듣고 경험했을까?

병자호란의 치욕과 인질

소현세자(1612~1645년)는 1612년에 훗날 인조가 되는 능양군綾陽君의 아들로 태어났다. 광해군이 아직 왕위에 있을 때였다. 광해군은 임진왜란 때 세자로서 아버지 선조를 대신해 전란의 뒤치다꺼리를 도맡았지만, 선조는 늘그막에 낳은 막내아들 영창대군에게 왕위

---

* 명나라가 단종의 즉위를 허락해준 것에 대해 조선에서 답례로 보낸 사신.

를 물려주려고 했다. 광해군은 우여곡절 끝에 즉위한 뒤 백성들에게 선정을 베풀고 명나라와 후금 사이에서 중립 외교를 펼치며 조선의 평화를 위해 노력했다. 물론 그는 형 임해군과 동생 영창대군을 죽이고 인목왕후를 폐하는 패륜을 저질렀다. 하지만 일찍이 태종도 아버지 태조 이성계를 쫓아내고 형과 동생들을 죽인 뒤에 왕이 되었으며, 세조 역시 조카 단종과 여러 공신들을 죽이고 즉위하지 않았던가?

어찌됐든 1623년 서인들이 광해군의 패륜을 명분으로 쿠데타를 일으키자 인조가 광해군을 쫓아내고 왕위에 올랐다. 이 사건이 인조반정이다. 인조는 왕으로 즉위한 뒤 당연하게도 광해군의 정책을 180도 뒤집었다. 특히 명나라와 후금 사이에서의 중립 외교 노선을 폐기하고 친명親明 정책으로 돌아섰다. 이는 엄청난 불행의 서곡이었다. 결과만을 두고 서인 정권의 친명 정책이 옳지 못했다고 비난할 수는 없을 것이다. 그러나 후금을 적대시하려면 그에 걸맞은 힘을 갖추고 있어야 했다. 허울만 좋은 친명 정책은 나라를 위태롭게 할 뿐이었다.

마침내 1627년 1월 아민阿敏이 이끄는 3만의 후금군이 압록강을 건너 조선을 침략해왔다. 정묘호란이었다. 후금군은 평안도를 석권하고 황해도 황주까지 밀고 내려왔다. 조선군이 패전을 거듭하자 인조와 조정 대신들은 강화도로, 소현세자는 전주로 피난했다. 다행스럽게도 이때 후금이 조선에 화의를 청해왔다. 3월에 강화 조약이 맺어졌고, 조선이 왕족 원창군原昌君을 인질로 보내니 그제야 후금군은 철수했다.

하지만 인조와 서인 정권은 절체절명의 위기를 간신히 모면한 뒤에도 정신을 차리지 못했다. 임진왜란 때 망해가던 조선을 구해준 명나라에 대한 의리 때문이었을까? 후금의 군사력이 그처럼 막강하다는 것을 알았으면 굴복하든지 아니면 맞서 싸우기 위해 힘을 키워야 했다. 그러나 조선은 둘 중에 어떠한 선택도 하지 않았다. 그 결과는? 바로 병자호란의 치욕이었다.

1636년 국호를 후금에서 청나라로 고친 태종은 만주인 7만 명과 몽골인 3만 명, 한족 2만 명으로 이루어진 12만 대군을 이끌고 조선을 침공했다. 조선 조정은 청나라군이 압록강을 건넌 지 11일이 지난 12월 12일에야 도원수都元帥 김자점金自點과 의주부윤義州府尹 임경업林慶業의 장계를 받고 그 사실을 알았다. 당장 기대할 수 있는 것은 임경업의 부대뿐이었지만, 청나라군은 현명하게도 임경업이 굳게 지키고 있던 백마산성을 공격하지 않고 다른 길을 통해 남하했다. 조선 조정이 장계를 받은 바로 다음날 청나라군은 평양에 도착했고, 그 다음날인 13일째에는 개성을 통과했다. 전광석화처럼 빠른 청나라군의 진격에 조선은 속수무책이었다.

인조는 또 다시 강화도로 피난할 궁리부터 했다. 일단 종묘사직과 세자빈, 봉림대군 등을 먼저 강화도로 보낸 뒤 자신도 곧바로 따라가려 했지만, 이미 강화도로 가는 길이 봉쇄되었다는 소식을 듣고 남한산성으로 들어갔다. 전쟁이 터진 지 15일째 되는 날 청나라군은 남한산성을 포위했고, 이듬해 1월 1일에는 산성 아래 탄천 부근에 무려 20만 명의 청나라군이 집결했다. 산성 안에는 1만 3천 명의 조선군이 있을 뿐이었다. 비축한 식량은 양곡 14,300석과 장 2백 항아리로, 50일 정도밖에 버틸 수 없었다. 추운 날씨에 굶주림과 질병으로 쓰러지는 병사들까지 속출하니 수적으로나 사기로 보아 청나라군을 물리칠 가능성은 0에 가까웠다.

결국 인조는 1월 30일 세자 등 5백 명을 거느리고 성문 밖으로 나왔고, 삼전도에 설치된 수항단에서 청나라에 대한 항복의 예를 치렀다. 청나라는 항복의 대가로 아홉 가지 요구 조건을 제시했다. 앞으로는 명나라 대신 청나라를 섬기고, 요구하는 물자와 병력을 성실하게 바치며, 세자와 둘째 왕자 그리고 대신의 자제들을 인질로 보내라는 것이었다.

당시 소현세자의 나이는 26세였다. 남한산성 안에서는 세자를 인질로 끌고 간다는 항복 조건만은 결코 받아들일 수 없다는 여론이 들끓었지만, 소현세자는 스스로 인질이 될 것을 약속했다. 『인조실록』에 따르면 소현세자는 "이미 상황이 급박하다. 나는 동생이 둘이나 있고 아들도 하나 있기 때문에 충분히 종사宗社를 받들 수 있다. 비록 원수에게 죽는다고 해도 무엇이 원망스럽겠는가?"라고 의연히 말했다고 한다.

나라를 위해 목숨을 바치려 했던 소현세자의 행동은 우리나라 역사에서 이른바 노블레스 오블리주noblesse oblige를 실천에 옮긴 아주 드문 사례였다. 그러나 이로 인해 소현세자는 비겁한 지배층의 오해와 질시에 시달리게 된다.

소현세자의 심양 생활

소현세자는 1637년 2월 8일 세자빈 강씨姜氏와 동생 봉림대군 등 180명의 일행과 함께 당시 청나라의 수도였던 심양으로 끌려갔다.* 그리고 1640년 3월과 1643년 1월 두 차례 잠시 귀국했던 것을 제외하면 1645년 2월 17일까지 약 8년 동안 심양 및 북경에 머물렀다.

소현세자 일행은 1637년 4월 10일 심양에 도착한 뒤 조선의 사신

---

* 이때까지 청나라는 중국 전역을 차지하지 못한 상태였다.

들이 평소 이용하던 동관東館에 머물다가, 얼마 후 일행을 위해 새로 마련된 거처로 옮겼다. 이곳을 심양관소瀋陽館所, 또는 줄여서 심관瀋館이라고 불렀다.

심관에는 소현세자와 봉림대군의 가족 외에 세자시강원世子侍講院과 세자익위사世子翊衛司의 관리들, 사역원司譯院의 역관, 의관, 선전관宣傳官* 등 2백여 명이 함께 거주했고, 함께 끌려온 대신의 자제들은 질자관質子館이라는 곳에 따로 거주했다. 소현세자는 심관에 호방戶房, 예방禮房, 병방兵房, 공방工房 등의 기구를 설치해 각종 사무를 처리하도록 했다.

처음에는 청나라가 세자 일행의 체류 비용을 모두 부담했으나 점차 지원금의 규모를 줄여갔고, 1642년부터는 팔고산의 토지를 준 뒤 알아서 비용을 마련하도록 했다. 다행이 평안도와 함경도에서 물자를 보내오고 조선의 호조戶曹에서도 필요한 물품들을 공급해주었기 때문에 적어도 세자 개인의 생활은 큰 어려움이 없었다. 그러나 일행 모두가 살아가는 데는 턱없이 부족했기에, 이들은 지속적으로 경제적 곤궁에 시달렸다.

게다가 청나라 조정을 비롯해 황족과 신하들까지도 소현세자에게 공식적 혹은 비공식적으로 금품을 요구해왔다. 예를 들어 청나라 조정은 1643년 1월 조선인인지 한족인지 신원이 불분명한 포로가 있는데 돈이나 물자를 바치면 풀어주겠다고 제안했다. 이를 속환贖還이라고 한다. 세자는 조선인인지 아닌지도 확실치 않은 사람을 속환시키기 위해 돈을 빌려다 바쳐야 했다. 세자 일행을 관리하는 마부대馬夫大와 용골대龍骨大도 각종 명목으로 뇌물을 요구해왔다.

* 왕의 호위 및 왕명의 출납을 맡은 관리.

사정이 이러하니 소현세자는 경제에 관심을 가질 수밖에 없었다. 세자는 결국 조선에서 담배를 몰래 들여와 팔아서 뇌물과 속환 비용을 댔다. 하지만 이를 두고 실록은 "쌓아둔 곡식과 사들인 진기한 물건들로 세자가 머무르는 관소는 마치 시장과 같았다."며 비아냥거렸다.

청나라는 조선 조정에 보내는 요구 사항들을 소현세자를 통해 전달했기에, 세자는 인질이면서 동시에 외교관의 역할도 수행해야 했다. 청나라와 조선의 사이에서 일종의 외교 중재를 맡은 것이었다. 그러나 청나라의 일방적인 요구를 전하는 일이 대부분이었고, 반대로 조선의 사정을 청나라에 전하는 일은 거의 없었다. 그래서 그의 외교 중재는 청나라와 조선 양쪽으로부터 모두 불만을 샀다.

청나라의 불만은 조선 세자의 정치적 위상에 대한 오해에서 비롯되었다. 원래 중국의 정치 제도에서는 태자가 정치에 간여할 수 없었다. 태자가 정치에 간여하면 신하들이 어느 쪽에 줄을 서야 할지 눈치를 보게 되고, 결국 황제파와 태자파로 갈라져 대립할 가능성이 있기 때문이었다. 중국의 제도를 받아들인 우리나라에서도 특별한 상황이 아닌 한 세자는 정치에 개입하지 않았다.

특별한 상황이란 이를테면 왕이 병석에 있을 때였다. 세종은 말년에 오래도록 병을 앓았기 때문에, 세자가 왕을 대신해 정무를 처리했다. 영조의 아들 사도세자도 영조가 병으로 누워 있는 동안 잠시 정무를 맡은 바 있다. 전란이 일어났을 때도 마찬가지다. 임진왜란과 정묘호란 당시 광해군과 소현세자는 민심을 안정시키는 역할과 행정 실무 등을 맡아보았다. 그러나 이를 제외한 대부분의 경우에 세자는 모름지기 후계자 수업을 받으며 조용히 지내야 했다.

하지만 순수한 유목민은 아니었으나 유목민과 유사한 습속을 지니고 있던 만주인 사회에서는, 군주만이 아니라 군주 씨족에 속한 모든 사람들이 정치에 간여했다. 그래서 심지어 누르하치가 아직 살아있을 때도 그의 아들들은 나라의 주요한 정책 결정에 직접적으로 개입할 수 있었던 것이다. 만주인들은 조선의 소현세자도 당연히 일정한 권력을 가지고 있을 것이라 생각했고, 따라서 자신들의 요구 사항들을 조선 조정에 관철시켜주기를 바랐다.

예컨대 청나라의 황족 아제격阿濟格은 소현세자에게 마치 그 자신에게는 아무런 결정권이 없는 것처럼 둘러대는 소극적인 자세를 버리라고 충고했다. 그러나 세자의 정치 개입을 금기시하는 조선의 정치 제도 속에서는 도저히 따를 수 없는 충고였다. 소현세자는 단지 청나라의 요구 사항을 조선의 승정원*에 전할 뿐이었고, 승정원은 이를 인조에게 보고한 뒤 다시 인조가 내린 지시를 세자에게 전해주었다.**

또한 소현세자는 사실상 영사領事의 업무도 맡았다. 현대의 영사들이 그러하듯 그는 자국민을 보호하고 무역과 통상에 관한 일들을 처리했다. 세자는 우선 병자호란 때 포로가 된 조선인들의 석방과 귀국에 힘썼다. 포로의 석방을 위해서는 대략 한 사람에 150~250냥씩을 지불해야 했고, 신분이 높은 사람은 1천 냥 이상을 요구하는 경우도 있었다. 조정의 대신이나 부자들은 혈육과 인척을 살리기 위해 무리를 해서라도 돈을 지불했지만 가난한 사람들은 세자를 찾아와서

---

* 왕명의 출납을 맡아 보는 관청.
** 물론 소현세자가 조선을 위해 적극적인 역할을 한 사례도 없진 않았다. 그는 종종 '스파이'로서 청나라와 관련된 정보를 몰래 수집해 인조에게 보고했다. 청나라군의 움직임, 황실의 후계 문제, 청나라와 몽골, 일본의 관계, 심양과 의주의 무역 등 정치, 군사, 외교와 관련된 중요한 정보가 많았다.

구해달라고 호소했다. 그는 이러저러한 방법으로 모아둔 돈으로 포로들의 몸값을 지불해서 조선으로 귀국시켜주었다.

그래서인지 청나라의 상인들마저 조선 상인이 돈을 빌려가 갚지 않는 일이 생기면 소현세자에게 와서 따졌다. 그래서 세자는 문제를 일으킨 조선 상인을 감독하거나 청나라 상인들의 부당한 요구를 무마하는 역할을 해야 했다. 소현세자를 괴롭히는 데는 조선인들도 빠지지 않았다. 청나라에 포로로 잡혀온 뒤 만주어를 익혀 역관으로 일하고 있던 정명수鄭命壽와 김돌시金乭屎는 알량한 권력을 믿고 소현세자와 조선의 대신들에게 뇌물을 요구하고 각종 이권에 개입하는 등 못된 짓만을 골라서 했다. 참다못한 세자시강원의 관리 정뢰경鄭雷卿이 청나라 조정에 정명수의 비리를 고발했지만 오히려 무고죄로 사형에 처해졌다.

병자호란만 아니었다면 구중궁궐에서 호화롭게 살다가 순탄히 왕이 되었을 소현세자는 청나라에 끌려와 무척 험난하지만 소중한 인생 공부를 한 셈이었다. 또한 훗날 조선의 왕위를 이을 사람으로서 정치, 외교, 경제 분야에 대한 현실 감각을 기르는 데에도 더없이 훌륭한 기회가 되었을 것이다.

한편 청나라 조정은 미래를 위해 소현세자를 길들이고 포섭하려는 노력도 게을리 하지 않았다. 1638년 10월 15일 청나라 황제의 사냥에 따라나선 소현세자와 봉림대군은 직접 무거운 활과 화살을 둘러메고 황제를 따라다녀야 했다. 이는 세자를 수행하던 관리들은 물론이고 조선의 조정 전체에 매우 치욕스런 일이었다. 아마도 청나라 황제는 소현세자와 봉림대군의 기를 꺾어 자발적인 복종을 끌어내기 위해 이러한 '만행'을 저질렀을 것이다.

소현세자와 봉림대군은 심양에 온 직후에 몽골 문자를 배우라는 요구를 받은 적도 있었다. 일차적으로는 청나라 황제 및 신하들과 의사소통을 원활하게 하기 위한 조치였지만, 세자의 입장에서는 자신을 만주인으로 동화시키기 위한 작업의 일환으로 받아들일 수도 있었다. 세자는 언어가 서로 통하지 않기에 배울 수 없다며 거절했다.

청나라 황제는 소현세자와 봉림대군을 조정의 조회와 잔치, 황실의 제사, 명나라 장군의 투항 환영회 등에도 참석시켰다. 이 또한 소현세자와 봉림대군을 포섭하기 위한 조치였다고 볼 수 있다. 몇몇 야사에 따르면 소현세자는 청나라의 의도대로 잘 길들여졌지만, 봉림대군은 그렇지 않았다고 한다. 그래서 소현세자는 귀국한 뒤 제거되고 봉림대군이 인조의 뒤를 이어 왕위에 오르게 되었다는 것이다. 하지만 현재로서는 소현세자가 정말로 청나라의 의도에 따라 길들여졌는지 알 길이 없다. 그 자신만이 알 일이다.

어찌됐든 조선의 다음 왕이 될 예정이던 소현세자는 청나라에서 국제 정세를 냉철하고 객관적으로 판단할 기회를 얻었고, 청나라의 강성함을 몸소 목격했다. 특히 명나라가 농민 반란군 이자성 세력에 멸망하고 뒤이어 1644년 청나라군 및 투항한 명나라 장군 오삼계吳三桂의 군대가 산해관을 통과해 중국 본토를 장악하자, 세자는 조선이 결코 청나라를 이길 수 없으리라는 결론에 도달했을 것이다. 소현세자는 예친왕睿親王 도르곤의 군대를 따라 옛 명나라의 수도이자 청나라의 새로운 수도가 된 북경으로 들어갔다.

북경에서 만난 아담 샬

소현세자는 북경에서 약 70일을 더 머문 뒤 조선으로 돌아왔다. 그런데 이상하게도 북경에서 체류하던 시기의 기록은 『인조실록』은

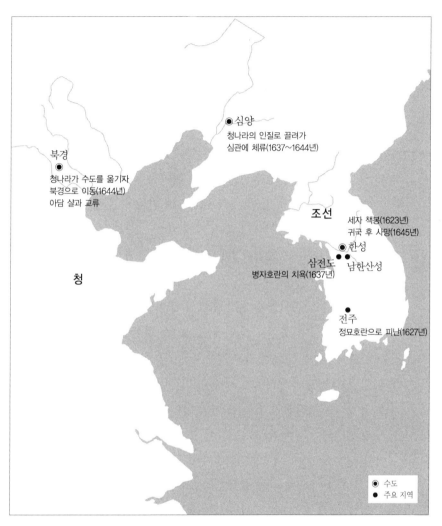

심양
청나라의 인질로 끌려가
심관에 체류(1637~1644년)

북경
청나라가 수도를 옮기자
북경으로 이동(1644년)
아담 샬과 교류

청

조선

세자 책봉(1623년)
귀국 후 사망(1645년)

한성

삼전도
병자호란의 치욕(1637년)

남한산성

전주
정묘호란으로 피난(1627년)

◉ 수도
● 주요 지역

지도 36 소현세자의 활동

물론이고 소현세자와 봉림대군 등이 기록한 『심양일기瀋陽日記』나 세자시강원에서 올린 장계를 모은 『심양장계瀋陽狀啓』에도 수록되어 있지 않다. 당시 중국에서 활동하던 서양 선교사들의 보고서에만 관련 기록이 남아 있을 뿐이다.

선교사들의 보고서에 따르면, 소현세자는 북경에서 독일인 선교사 아담 샬Adam Schall(1591~1669년)*을 만나 서양의 학문과 가톨릭의 교리를 배웠다고 한다. 당시 아담 샬은 청나라의 실력자 예친왕 도르곤에게 줄을 대어 청나라가 서양의 달력을 채용할 것을 주청했다. 이는 받아들여지지 않았지만 이후 그는 천문대 흠천감欽天監의 관리로 임명되었고 천주당天主堂이라는 성당을 짓도록 허락받았다. 아담 샬과 소현세자는 문연각**에서 처음 만났으며 곧 서로 호감과 흥미를 느끼게 되었다.

당시 서양인 선교사들은 먼저 황제와 관리들에게 유럽의 발달한 과학 기술을 가르쳐 호감을 산 뒤에 포교하는 방식을 취하고 있었다. 가톨릭교회는 과거 게르만 족과 같은 야만인들에게 포교했던 경험을 통해 일단 그들의 우두머리만 개종시키면 나머지 사람들도 모두 따라올 것이라고 생각했던 것이다. 아담 샬이 소현세자에게 접근한 것도 포교 전략의 일환이었을 가능성이 크다.

아담 샬은 소현세자를 수행하던 관리에게 천체 운행의 계산법을 가르쳐주고, 세자에게는 한문으로 번역된 천문 서적과 관측기구, 가톨릭 종교 서적 및 예수 그리스도의 초상화를 주었다. 선물을 받은 소현세자는 아담 샬에게 편지를 썼다.

* 중국 이름은 탕약망湯若望이다.
** 자금성 내부에 있던 전각. 건륭제 이후에는 사고전서四庫全書를 보관했다.

귀하가 보내주신 천주상天主像과 지구의, 기타 양학서洋學書들은 뜻밖의 일이며 기쁘기 한이 없습니다. 깊은 경의를 표합니다. 내가 우선 두세 권의 책을 통독해보니 정신 수양과 덕성 함양에 대한 심오한 진리가 담겨 있음을 알 수 있었습니다. 이러한 내용은 우리나라에서는 전혀 알지 못했던 지식의 빛과 같습니다. 천주상을 벽에 걸어두니 보는 사람의 마음에 평화가 깃들고 속세의 먼지를 털어내는 듯한 느낌이 은연중에 몸에 스며들었습니다. 천구의天球儀와 서적들도 세상에 이런 것들이 있었는지 지금껏 알지 못했습니다. 그래서 이것이 꿈인가 하며 기뻐했습니다. 우리나라에도 비슷한 것이 없는 것은 아니지만 수백 년 전부터 천행天行과 맞지 않았으니 위조품에 지나지 않았습니다. 그런데 이처럼 진귀한 것을 얻으니 그 기쁨을 견줄 데가 없습니다. 본국에 돌아가면 궁정에서 사용하도록 하고 서적들은 인쇄해서 학자들에게 나눠줄 생각입니다. 그리하면 학문의 불모지가 학문의 전당으로 변하고, 모든 백성들이 유럽인의 과학이 가져다준 도움에 감사할 것입니다. 귀하와 나는 서로 이방인이며, 둘 다 큰 바다 멀리 절연絶緣의 땅으로부터 이곳에 와서 한 집안 식구처럼 사귀게 되었으니, 천리天理의 기괴함에 놀랄 수밖에 없습니다. 모름지기 사람이란 아무리 멀리 떨어진 곳에 살더라도 지식을 사랑함으로써 서로 융합된다는 것을 깨달았습니다. 이러한 양학서들과 천주상을 고국으로 가져가고 싶은 마음이 간절합니다. 하지만 우리나라에는 아직 천주교라는 가르침을 아는 사람이 없기에, 천주교를 이단 사교邪教로 매도하며 천주의 존엄을 모독하지 않을까 염려스럽습니다. 그래서 이 천주상을 귀하에게 돌려드려야 하겠습니다. 귀하를 존경하는 마음을 담아 우리나라에서 가장 진기한 물건을 답례로 보내드린다 해도, 귀하가 베푼 은혜의 만분의 일에 미치지 못할까 두렵습니다.*

이 편지는 아담 샬이 라틴어로 번역했고 훗날 다시 프랑스어로 중역重譯되었다.

청나라 조정의 명령으로 소현세자가 조선에 돌아가게 되자 아담 샬은 조선 포교를 위해 가톨릭 서적과 천주상을 가져가줄 것을 부탁했지만, 세자가 정중하게 거절한 것이다. 아담 샬은 그 대안으로 세례를 받은 환관 다섯 명과 궁녀들을 데리고 갈 것을 부탁했는데, 이들이 조선에 들어가서 가톨릭을 전파하리라는 기대 때문이었다. 소현세자는 그의 부탁을 승낙했을 뿐만 아니라 서양인 선교사를 조선에 파견해줄 것을 요청했다고 한다.

그러나 과연 소현세자가 진심으로 조선에 가톨릭을 받아들일 생각이 있었을까? 아담 샬의 기록은 선교사로서의 주관이 강하게 반영된 보고서라는 점을 상기할 필요가 있다. 서양인 선교사들의 집중적인 공략 대상이었던 청나라 강희제조차 결코 가톨릭을 받아들이지 않았다. 강희제나 소현세자 모두 서양의 발전된 학문과 과학 기술에 상당한 관심이 있었던 것은 사실이다. 자국의 발전에 도움이 되리라고 생각했기 때문이다. 그러나 가톨릭의 수용은 별개의 문제였다.

전통적으로 중국의 황제는 하늘의 아들 즉 천자天子로 불렸다. 하늘의 혈통을 이어받은 사람이라는 뜻이 아니라, 하늘의 명(천명天命)을 받아 하늘을 대신해 지상을 다스리고 우주의 질서를 주관하는 사람이라는 뜻이다. 따라서 황제는 신神의 대리자로서 백성들을 대신해 많은 제사를 주관했으며, 오직 그만이 우주의 질서를 기록한 달력을 만들 수 있었다. 서양의 달력이 아무리 정확하더라도 중국 황제가 만들지 않는 한 받아들일 수 없었던 것이다. 조선이 비록 중국에 조

* (앞쪽) 이은성의 「대리석제 신법지평일귀와 소현세자」에서 인용.

공하는 나라였지만, 조선왕은 적어도 나라 안에서는 중국의 황제와 유사한 지위를 갖고 있었다. 따라서 가톨릭의 수용은 조선의 왕에게도 권위의 상실을 각오해야 하는 문제였다.

전례典禮 혹은 제사의 문제도 가톨릭 수용의 걸림돌이었다. 오늘날 가톨릭교회는 조상에 대한 제사를 인정하지만, 당시에는 중국의 전통적인 제천 행사 및 공자와 조상에 대한 제사 등 일체의 제사를 모두 우상 숭배로 규정하고 있었다. 따라서 각종 제사가 사람들의 삶속에서 매우 중요한 부분을 차지하던 중국과 우리나라에서 가톨릭은 쉽게 전파되기가 어려웠다. 더구나 이른바 예송禮訟 논쟁*으로 정권이 바뀌고 수많은 사람들이 귀양을 가거나 처형되었던 조선 후기의 사회적 분위기에서라면 두말할 나위가 없었다.

소현세자가 개인적으로 가톨릭을 믿었는지는 알 수 없지만, 귀국한 뒤에 직접 가톨릭을 포교하거나 다른 사람이 포교하는 것을 돕는 것은 당시의 상황에서 완전히 불가능하거나 사실상 혁명에 가까운 일이었다. 성리학자들이 미신 또는 사교로 치부하는 가톨릭을 수용하는 것은 나라의 근본을 흔드는 중대한 일이었기 때문이다. 유럽의 과학 기술을 다룬 서적이나 물품을 들여오는 것조차 매우 위험한 정치적인 모험이었다. 따라서 아마도 소현세자는 포교보다는 과학과 기술의 도입에만 관심을 가졌을 가능성이 크다.

---

* 조선 현종 때 궁중 의례의 적용 문제, 특히 복상服喪의 기간을 둘러싸고 서인과 남인 사이에 벌어졌던 논쟁.

소현세자의 귀국과 급작스러운 죽음

소현세자는 1644년 11월 26일 북경을 떠나 꿈에도 그리던 고국으로 향했다. 이미 중국 본토의 대부분을 장악한 청나라에게 조선은 더이상 위협적인 존재가 아니었기 때문이다. 세자는 이듬해 2월 18일에 한양에 도착했다. 그러나 인조와 서인 정권의 반응은 싸늘했다. 이들은 소현세자가 청나라에 우호적인 태도를 가지고 있으며 서양의 과학 기술을 적극적으로 받아들이려 한다는 사실을 매우 심각하게 받아들였다.

실제로 청나라는 조선이 계속해서 자신들을 적대시하고 친명 정책을 유지한다면 인조를 폐위시켜버리겠다고 협박한 바 있었다. 그런데 소현세자가 청나라에 호의적인 모습을 보이고 그 지배층과도 가까이 지냈으니 조정의 오해를 샀던 것이다. 특히 영의정 최명길崔鳴吉이 명나라와 몰래 연락을 취했다는 혐의로 청나라에 끌려가 취조를 받았을 때, 소현세자가 적극적으로 나서 변호하지 않았던 것도 조정 대신들 사이에 좋지 않은 여론을 낳은 계기가 되었다.

인조는 오래전부터 소현세자가 청나라를 등에 업고 자신을 폐위시킬지 모른다는 의심을 품고 있었다. 세자가 신분에 걸맞지 않게 장사를 했던 것도 이를 위해 정치 자금을 마련하려는 것이라고 생각했다. 더구나 인조는 세자가 귀국할 무렵 병에 걸려 심리적으로도 불안한 상태였다. 청나라가 세자를 귀국시키는 데에는 정치적 의도가 깔려 있다는 생각까지 들었다. "혹시 청나라가 양위하라고 협박하지는 않을까?" "내가 소현세자 대신 청나라로 끌려가는 것은 아닐까?" 원나라 간섭기에 '충忠' 자가 들어간 고려의 왕들이 종종 그러한 일을 겪었으므로 아주 터무니없는 걱정은 아니었다.

인조는 귀국한 소현세자의 달라진 모습을 보았다. 인질로 끌려가 고생을 한 것이 아니라 오히려 호강했으며, 수백 대의 수레에 청나라와 서양의 다양한 물건들을 싣고 돌아온 것이었다. 천한 상것들이나 하는 상업에 간여하며 잇속 차리기에 골몰했다는 풍문도 들었다. 유가 사상이 지배하는 조선 사회에서 가장 큰 불효 가운데 하나는 자식이 아버지를 닮지 않는 것이었다. 이를 불초不肖라고 한다. 아버지처럼 의심이 많고 비겁한 모습은 닮을 필요가 없었겠지만, 인조와 서인 정권은 세자가 나라의 국시國是인 친명 반청 사상과 성리학 지상주의만은 지켜주기를 바랐다. 하지만 소현세자는 청나라에서 보고 듣고 경험한 바를 바탕으로 더욱 넓은 시야에서 국제 정세를 바라볼 수 있었고, 막강한 힘을 지닌 청나라에 무조건 적대하는 것은 결코 바람직하지 않다고 생각하고 있었다.

또한 소현세자는 서양의 과학과 기술을 조선에 도입하려 했다. 그러나 단순한 과학과 기술에도 그 사회의 사상과 문화가 녹아있는 법이다. 세자가 아담 샬에게서 얻어온 여지구輿地球는 일종의 지구의였는데, 그것은 지구가 둥글다는 사실을 알려주었다. 당시 유럽에서 지구가 둥글다는 것은 이미 상식에 속했으며 아마도 소현세자나 조선의 일부 지식인들도 서양 선교사들로부터 입수한 세계 지도를 통해 이를 알고 있었을 것이다. 그러나 중국의 천문관을 받아들인 조선에서는 여전히 공식적으로 '천원지방天圓地方', 즉 하늘은 둥글고 땅은 네모나다고 믿고 있었다. 조선의 동전들이 둥근 원 가운데 네모난 구멍을 뚫은 모양인 것도 하늘과 땅의 형상을 상징한 것이었다. 따라서 여지구의 수용은 조선 지배층의 우주관과 세계관에 대한 도전을 의미했다.

이와 같은 이유들로 인해 소현세자는 귀국하자마자 인조와 서인

정권의 공적이 되었다. 그리고 귀국한 지 고작 60여 일 만에 갑자기 죽었다. 기록에 따르면 세자는 1645년 4월 23일부터 한열寒熱*이 있었으며, 의관 이형익李馨益의 침을 맞다가 죽었다. 일종의 의료 사고로도 볼 수 있다. 그런데 세자가 죽은 뒤 독살을 의심케 하는 정황이 벌어졌다. 인조는 아들의 죽음을 전혀 애통해 하지 않았을 뿐만 아니라, 정해진 장례 절차를 어기고 일반 사대부와 같이 3일장을 치르도록 했다. 무덤도 다른 왕족보다 못한 장소에 만들어졌다. 그리고 무엇보다 왕실의 관례를 무시하고 소현세자의 아들이 아닌 동생 봉림대군을 새로운 세자로 삼았다.

『인조실록』에는 소현세자의 시신을 살펴본 사람의 말이 기록되어 있다. "전신이 까맣게 변했고 눈, 코, 입, 귀의 일곱 구멍에서 선혈이 흘러나왔다." 누가 봐도 독살을 의심할 만했다. 게다가 왕이나 세자가 죽으면 담당 의관을 처벌하는 것이 관례였음에도, 의관 이형익은 어떠한 처벌도 받지 않았다. 사간원과 사헌부에서는 이형익의 처벌을 주장했지만 인조는 묵살했다. 그래서 어떤 사람들은 인조 혹은 인조의 후궁이던 조숙의趙淑儀를 독살의 배후로 지목하기도 한다. 범인이 누구였든 세자가 독살되었을 가능성은 매우 크다.**

소현세자만 죽은 것이 아니었다. 세자의 곁에서 조선인 포로의 석방 자금을 마련하고 청나라 지배층의 무리한 탐욕을 채우기 위해 이재理財에 힘썼던 세자빈 강씨도 1646년 3월에 사약을 받았다. 인조를 독살하려 했다는 혐의였다. 하지만 당시 강씨는 두 차례의 저주

* 한의학에서는 한열왕래寒熱往來라고도 하며, 병을 앓을 때 한기와 열이 번갈아 나타나는 증상을 말한다.
** 최근에는 소현세자가 귀국 전부터 병에 걸렸기 때문에 독살되었을 가능성이 없다는 반론이 제기되기도 한다.

사건을 일으켰다는 이유로 후원의 별당에 유폐되어 궁녀들의 감시를 받고 있었다. 신하들은 강씨의 사사에 결사적으로 반대했지만, 인조 역시 결사적으로 자신의 뜻을 관철시켰다. 강씨의 오빠들도 곤장에 맞아 죽었고, 소현세자의 세 아들은 제주도로 유배되었다. 두 아들은 죽고 막내아들만이 살아남는다.

훗날, 봉림대군 즉 효종이 왕이 된 뒤 황해감사黃海監司 김홍욱金弘郁은 강씨에게 죄가 없음을 밝히고 아직 살아있던 소현세자의 막내아들을 석방할 것을 주청한다. 그러나 효종에게 이 일은 자신의 정통성과 직결된 문제였기에 결코 받아들일 수 없었다. 효종은 오히려 김홍욱을 곤장으로 때려 죽게 한다.

오늘날 많은 학자들은 만일 소현세자가 왕이 되었다면 조선의 미래가 크게 달라졌으리라고 생각한다. 국제 정세에 밝고 서양의 문물을 받아들이는 데 적극적이었기 때문이다. 하지만 안타깝게도 그의 죽음으로 인해 조선의 역사는 그러한 미래를 상실하고 말았다.

청나라의 역관이 된 조선인들

앞에서 소현세자를 수행하던 정뢰경이 청나라 역관 정명수와 김돌시의 횡포를 참지 못하고 청나라 조정에 고소했다가 무고죄로 사형당한 일을 살펴보았다. 정명수와 김돌시는 조선인이었으나 사르후 전투에서 포로로 끌려간 뒤 만주어와 중국어를 배워 역관이 되었다. 하지만 대부분의 조선 출신 청나라 역관들은 병자호란 때 포로로 끌려간 사람들이었다. 이들을 대통아역大通衙譯이라고 부른다.

『통문관지』에 따르면 청나라에서는 만주어를 할 줄 아는 조선인 포로들을 뽑아서 대통관大通官과 차통관次通官으로 삼았다. 6명의 대통관과 8명의 차통관은 예부禮部의 소속으로, 주로 조선 사신들이 청나라에 들어올 때 통역을 맡았다. 이들은 직위를 세습했으며 훗날에는 회령과 봉황성에서 열린 개시開市라는 국제 무역 시장의 사무도 관장했다. 만주어, 중국어, 우리말에 모두 능통한 대통아역이 통역을 맡게 되자 조선의 역관은 할 일이 거의 없어졌기 때문에, 조선에서는 역관들을 뽑을 때 외국어 능력을 그다지 중시하지 않게 되었다. 그래서 역관들은 통역보다 무역에 더욱 힘을 쏟게 되었다고 한다.

정명수와 김돌시는 정묘호란 때부터 청나라의 통역으로 활동했는데, 조선 조정에 관직과 뇌물, 기녀를 요구하고 청나라에 파견된 조선 사신들을 구타하는 등 행패를 심하게 부려서 심관의 근심거리가 되었다. 마찬가지로 조선인 출신 역관이었던 김애수金愛守가 두 사람이 빼돌린 물자를 적발한 적이 있는데, 그에 따르면 정명수와 김돌시는 조선 조정으로부터 은 2천6백 냥과 잡물 7바리를 뇌물로 받아 챙기고 청나라 황제에게 바치는 감과 배 1천 개씩을 빼돌렸다고 한다. 또 다른 역관 이룡李龍과 이성시李聖詩도 심관에 찾아가 이들을 고발하라고 부추겼다. 이에 정의감이 남달랐던 정뢰경이 이들의 비리를 고발했지만, 정명수와 내통한 재신宰臣 박로朴魯와 다른 관리들은 그저 소극적인 태도로 일관할 뿐이었다. 그 사이에 정명수와 김돌시는 고발장의 내용을 뒷받침하는 문서들을 모두 태워 없애버렸고, 결국 정뢰경만 무고죄를 뒤집어쓰게 된 것이다.

조선 조정도 막강한 권력을 지닌 대통아역들에게 굽실거리지 않을 수 없었다. 『인조실록』 인조 24년(1636년) 1월 10일의 기록에 따르면, 조정은 청나라 칙사 3명에게 각각 은 1천 냥과 명주 2백 필, 세마포 60필, 면포 3백 필을 주었다. 그리고 역관 정명수에게는 관례에 따라 은 7백 냥을 주고, 은밀히 3천 냥을 더 주었다. 세자(훗날의 효종)도 따로 8백 냥을 주었다. 정명수는 모두 4천5백 냥의 은을 받은 셈이었다. 다른 대통아역들도 마찬가지였다. 대통관 한거원韓巨源은 2백 냥과 1백 냥을, 차통관 이논선李論善은 1백 냥과 50냥을, 아역衙譯 최부귀崔富貴와 김덕생金德生은 은 50냥과 30냥을 각각 조정과 세자로부터 받았다. 세자까지 뇌물을 주어야 할 정도로 이들의 권세가 대단했음을 알 수 있다.

대통아역들은 조선과 청나라 사이에서 일종의 '이중간첩' 노릇도 했다. 예컨대 1655년 조선의 반송사伴送使 허적許積은 아역 김삼달金三達에게서 당시 청나라와 남명南明 정권*의 전쟁 상황 및 몽골에 관한 정보를 입수해 효종에게 보고했다. 이는 조선인 출신 역관이 청나라의 정보를 몰래 전해준 사례다. 반면 1677년 동지정사冬至正使로 청나라에 다녀온 오정위吳挺緯는 조선 조정이 왕자를 사신으로 보내

---

* 1644년 농민 반란 지도자 이자성이 북경을 함락하고 숭정제가 자살한 뒤 남방에 세워진 명나라 부흥 운동 정권을 총칭한다.

려다 재상을 대신 보냈다는 사실을 청나라 조정이 이미 알고 있음을 파악해 보고했다. 숙종은 조선의 내부 정보가 누설된 것을 알고 크게 놀랐다고 한다. 이는 대통아역들이 의주 사람들을 통해 정보를 캐내어 청나라 조정에 넘긴 사례였다.

지금까지 약 2천 년의 시간 동안 중국의 역사 속에서 활약했던 우리 선조들의 삶을 살펴보았다. 우리 선조들은 주로 한족이 아닌 이민족이 중국 대륙을 지배하고 있을 때 가장 활발히 중국으로 진출해 활동했다. 이민족 왕조들은 한족이 세운 나라들보다 외국인과 외국 문화에 더 개방적이었기 때문이다. 구체적으로는 오호십육국, 북조, 당나라, 요나라, 금나라, 원나라 시대에 해당한다. 이 가운데 당나라는 일반적으로 한족이 세운 나라로 분류되지만, 창업 군주 이연에게는 북방 유목민인 흉노와 선비의 피가 흘렀고, 지배층의 주류 역시 오호십육국과 북조 시대에 중국으로 흘러들어온 다양한 이민족들이었다. 그래서 당나라는 문화적으로 유목민의 습속이 강하게 남아 있었다. 한편 한족이 지배하던 송나라와 명나라 때는 우리 선조들의 활동이 매우 미미했다. 이는 당시의 한족 지배층이 국수주의와 배외주의에 몰두해 쇄국 정책을 취한 탓이었다.

위에서 '진출'이라는 표현을 쓰기는 했지만, 사실 우리 선조들은 자발적인 이주보다는 전쟁에 패하거나 나라가 망해 강제로 끌려간 경우가 더 많았다. 예컨대 '우리 민족 최초의 황제' 고운은 고구려를 침략한 선비 모용씨에 의해 끌려갔고, 부여인과 고구려인, 백제인들은 나라가 망한 뒤 대거 중국으로 흘러들어갔다. 발해인들 역시 나라를 잃은 뒤 거란인들에 의해 통제가 용이한 지역으로 강제 이주되었다. 원나라의 고려인들은 이른바 여몽전쟁 때 포로로 끌려간 사람들이 대부분이었다. 이들은 망국의 한, 또는 약소국민의 서러움을 뼈저리게 느끼며 살아갔을 것이다.

물론 자발적으로 중국에 건너간 사람들도 있었다. 남북국 시대의 최치원 같은 유학생들과 혜초 등의 유학승들, 그리고 신분 차별의 벽을 넘고자 했던 설계두, 장보고, 정년 등의 무인들은 모두 스스로의 결심에 따라 당나라로 건너갔다. 그러나 이러한 이주는 개인 또는 소규모 단위로 이루어진 경우가 많았기 때문에 중국의 역사서에서 그 흔적을 쉽게 찾을 수 없다. 다만 앞으로 더 많은 사례가 발굴된다면 '피동적이고 강제적인 이주'라는 현재의 평가가 수정될 수도 있을 것이다.

중국에 건너간 우리 선조들 가운데는 군인이나 행정 관료로 성공해 중국의 정사에 열전이 수록된 사람들도 있었다. 당나라의 장군으로 크게 활약한 고선지, 흑치상지, 왕사례, 이정기 부자 등이 대표적인 사례다. 당나라에서는 무예에 능한 이민족 출신들을 군인으로 발탁했기 때문에 능력만 충분하다면 무공을 세워 장군으로 승진하는 것도 불가능한 일이 아니었다. 한편 문관인 행정 관료로 활동한 사람들의 수는 상대적으로 적었는데, 중국에서는 전통적으로 실무적인 능력보다 정치적 배경이나 문학적 능력이 출세에 더 중요한 요소였기 때문이다. 그래서 신라 최고의 문장가 최치원조차도 당나라에서 하급 관리에 머무를 수밖에 없었던 것이다. 북위의 외척 가문이었던 고조 일가는 그야말로 정치적 배경 덕분에 출세한 보기 드문 사례였다.

하지만 여진이 세운 금나라의 초기에는 많은 발해인들이 핵심 행정 관료로서 두각을 나타냈다. 발해인들은 만주 벌판에서 수렵과 목축, 농경을 행하며 스스로 나라를 운용해본 경험이 없던 여진인들에게 수준 높은 정치 제도와 선진 문물을 전수해주었다. 이들은 여진인들의 풍습을 이해하면서 중국의 문화도 일정 정도 체화하고 있었기에, 여진인들이 '야만'에서 '문명'의 단계로 넘어가는 데 중요한 도움을 줄 수 있었던 것이다.

당나라 시대에는 수많은 신라의 유학생과 유학승들이 중국으로 건너갔다. 이는 '기회의 땅'에서의 인생 역전을 꿈꾸며 앞다퉈 중국으로 몰려가는 오늘날의 상황과 비슷한 구석이 많다. 과연 이들은 당나라에서 '한류韓流'의 바람을 일으켰을까? 일부 유학생들은 외국인을 대상으로 치러진 빈공과 시험에 합격했지만 중국이나 신라에서 관리로 출세하지는 못했다. 중국에서는 아무래도 중국어와 한문에 능숙하지 못한 이방인일 뿐이었고, 신라에서는 출세에 한계가 있는 6두품 출신이었기 때문이다. 직접적인 경험과 전해들은 풍문으로 미루어보건대 현재 중국에 건너가 있는 수많은 유학생들도 신라 시대의 유학생들과 별반 다르지 않을 것 같다.

몽골 침략 이전의 고려 시대에는 중국으로 나가 활동한 사람들의 수가 상대적으로 줄어들었다. 끊임없이 외침에 시달리던 송나라의 소극적인 대외 정책 탓이었을 것이다. 의통, 제관, 의천 등 일부 유학승이 중국에서 활동했고, 함보 혹은 금준이라 불리는 승려가 만주로 건너가 훗날 금나라를 세운 완안부의 시조가 되었다고 한다. 몽골 침략 이후의 원나라 간섭기에는 고려의 왕과 왕자로부터 공녀와 환관에 이르기까지 다양한 신분의 사람들이 몽골로 향해야 했다. 포로, 인질로 끌려가거나 혹은 자발적으로 건너간 사람들은 주로 원나라의 수도인 대도와 심양 일대에 모여 살았다. 이들 중에는 몽골에 충성하며 조국 고려를 괴롭히는 데 골몰한 사람들도 있었고, 조국을 구하기 위해 음양으로 노력한 사람들도 있었다. 또한 이제현처럼 주군을 잘 만난 덕에 대륙 곳곳을 여행하며 호사를 누린 사람도 있었고, 기황후처럼 인생 역전의 짜릿함을 맛본 사람도 있었다.

조선은 쇄국으로 일관하다 결국 자생적인 근대화에 실패하고 말았다고 생각하는 사람들이 많다. 물론 다른 시대와 비교하면 외국과의 교류가 상대적으로 적었던 것은 사실이다. 하지만 그렇다고 해서 조선인들이 주변 나라 사람들보다 더 쇄국적 또는 배타적이었다는 뜻은 아니다. 당시 동아시아의 한 · 중 · 일 삼국은 모두 쇄국 정책을 취했다. 일본은 태풍과 고려인들의 태업으로 간신히 몽골의 침략을 모면한 뒤 재침략의 공포에 시달린 데다 전국 시대의 내전과 분열까지 겹쳐 나라 바깥에 관심을 가질 여유가 없었다. 조선과 명나라는 각각 몽골의 간섭과 직접 지배를 받았던 터라 몽골 제국의 정책과는 정반대의 방향으로 나아갔다. 몽골 제국의 문호 개방과 자유로운 교역에 대한 반발로 농업 위주의 경제와 폐쇄적인 쇄국 정책을 택한 것이다. 따라서 조선의 쇄국은 당시 동아시아의 외교와 교역이라는 큰 틀에서 보면 지극히 정상적이었다.

쇄국이라고 해서 완전히 문을 걸어 잠근 것도 아니었다. 명나라에 공식적인 사신을 파견할 때마다 지배층의 사치품 조달을 위해 공무역과 사무역을 행했고, 약탈로 협박하며 생필품 거래를 요구하는 여진과 대마도인들에게도 제한적인 교역을 허용했다. 그러나 조선 시대에는 임진왜란과 병자호란을 제외하면 비교적 장기간의 평화가 유지되었고, 대규모의 인원이 해외로 나가는 일도 많지 않았다. 따라서 이 시기에 중국에서 활동한 우리 선조들은 외교 사절 및 그들을 따라간 통역관과 상인들, 항해 도중에 표류해서 중국 해안에 상륙한 사람들, 죄를 짓고 중국으로 도망친 사람들, 국경 무역에 종사하거나 간도에서 농업을 행했던 사람들이 대부분이었다. 그래서 이성량, 이여송 부자를 제외하면 이 책에서 소개한 조선 시대 사람들은 한반도에서 태어나 살다가 잠시 동안 중국에 체류한 경우가 많았다.

어떤 학자들은 우리나라와 중국의 국력과 대외 팽창이 항상 반비례 관계였다고 지적한다. 만주와 한반도 북부를 지배하던 고구려와 발해는 중국이 분열 상태거나 쇠퇴하던 시기에 강성함을 뽐냈다. 반면 중국이 활발히 대외 팽창에 나섰던 한나라 무제 시기와 당나라 초기에 고조선과 고구려, 백제는 패망의 길로 접어들었다. 중국에 건너간 우리 선조들의 활동도 마찬가지였다. 중국의 분열 시기나 청나라를 제외한 이민족 왕조에서는 관직과 군대 등의 분야로 쉽게 진출할 수 있었지만, 한족 왕조의 세력이 강력하던 시기에는 이주와 활동에 상당한 제약을 받았다. 이는 오늘날의 동아시아 국제 질서와 관련해서도 유념해야 할 점이다.

마지막으로 19세기 말 이후 근현대 시대의 이민사를 간략히 훑어보자.

근현대 시대 우리 민족의 해외 이주는 일본에 징용으로 끌려간 일을 제외하면 상대적으로 자발적이었으며 이민자의 수도 크게 늘어났다. 19세기 말부터 간도와 만주, 연해주를 비롯해 일본, 하와이, 미국 본토, 중남미까지 해외 이주가 부쩍 활발해졌고, 해방 이후에는 유학과 취업 등을 위해 엄청난 수의 사람들이 세계 곳곳으로 진출해서 이제는 한국인이 살지 않는 곳을 찾기 힘들 지경이 되었다.

먼저 간도와 만주, 연해주로 이주한 사람들을 살펴보자. 함경도 사람들은 이미 조선 시대 말부터 두만강 건너편의 주인 없는 황무지로 들어가 농사를 짓고 있었는데, 이들은 이 땅을 사이섬, 즉 간도라고 불렀다. 간도와 그 북쪽의 만주와 연해주 지역은 곧 일제의 식민 지배에 저항하는 독립군들과 먹고 살기 위해 새로운 살 곳을 찾아 나선 많은 사람들로 북적였다. 그러나 이들의 앞길은 결코 순탄치 않았다. 이들은 중국과 소련 당국으로부터 일본의 간첩으로 오인되어 탄압을 받기도 하고, 1930년대에 들어서는 소련의 스탈린에 의해 중앙아시아의 우즈베키스탄으로 강제 이주를 당하는 참담한 고난을 겪기도 했다. 이들이 오늘날 고려인으로 불리는 사람들이다.

간도에 남아 있던 사람들은 1949년 중국 본토를 장악한 중국 공산당의 우호적인 소수 민족 정책 덕분에 연변조선족자치주를 설치하고 자치를 인정받았다. 이들은 조선족으로 불리는데, 중국의 개혁 개방 정책 및 한중 수교 이후 한국 기업들이 중국의 동부 해안 지대에 공장을 설립하자 일자리를 구하기 위해 개항 도시들로 또 다시 이주하고 있다고 한다.

일본으로 이주한 사람들은 대개 2차 세계 대전 당시 일제에 의해 군인이나 노동자로 끌려갔다가 일본의 패망 뒤에 귀국하지 못하고 눌러앉은 사람들이다. 이들은 1945년 이후 한반도가 남과 북으로 갈라지자 '대한민국'을 지지하는 민단과 '조선민주주의인민공화국'을 지지하는 총련으로 분열했다. 한편 과거에는 일본의 영토였으나 2차 세계 대전 이후 소련의 영토로 바뀐 사할린에 남아 있는 사람들도 있다. 이들 역시 일제에 의해 강제로 끌려간 사람들이므로 일본 측에서 책임을 져야 하지만 일본 정부는 자국민이 아니라는 이유로 외면하고 있다. 경제 개발의 종잣돈을 마련하기 위해 일체의 대일 청구권을 포기해버린 우리 정부 역시 이들 문제에 대해서는 모르쇠로 일관하고 있다.

재미 교포들은 구한말에 이주한 사람들과 대한민국 성립 이후에 이주한 사람들로 나뉜다. 전자는 1903년 사탕수수 농장의 노동자로 하와이에 첫발을 내디뎠고 훗날 미국 본토로 건너갔다. 후자는 1965년 새 이민법이 발효된 뒤 박정희 정권의 독재와 장기 집권에 신물이 난 사람들과 '아메리칸 드림'을 꿈꾸며 떠난 사람들이 많았다. 여기에 초청 이민이 더해지면서 미국 이민자의 수는 급격히 증가했다. 한 통계에 따르면 오늘날 2백만 명 이상의 우리 민족이 미국에 살고 있다고 한다.

1990년대 중반부터는 이른바 '세계화'와 IMF 구제 금융 사태로 밀어닥친 국제화의 분위기를 타고 영어를 사용하는 나라로 어린 자녀들을 보내는 조기 유학이 유행했다. 또 중국인 한 명에게 양말 한 켤레씩만 팔아도 10억 켤레를 팔 수 있으리라는 헛된 꿈을 품고 수많은 기업인과 '보따리장수'들이 중국으로 건너갔다. 그 밖에도 오늘날 오대양 육대주의 구석구석으로 유학, 사업, 선교, 이민 등을 위해 수많은 한국인들이 나아가고 있다. 특별한 전기가 없는 한 이들의 규모는 앞으로 계속해서 늘어날 것이다.

지난 2천 년간 중국 대륙에 진출해 활동해온 우리 선조들의 이야기를 일방적으로 미화하거나 긍정적으로만 평가할 수는 없다. 하지만 그들의 삶을 폄훼하는 것 또한 정당한 평가는 아닐 것이다. 어떤 이유로든 고국을 떠나 다른 나라에서 살아가는 사람들은 현지인들의 만만찮은 텃세와 질시에 시달릴 수밖에 없다. 역경을 극복하고 오히려 현지의 경제를 장악한 유대인과 화교의 사례도 있지만 매우 예외적인 존재일 따름이다. 외국인에 대한 기록과 평가에 인색한 중국인들의 역사 서술 방식을 다시금 상기한다면, 중국의 역사서에 이름을 남긴 사람들은 고선지 장군이 힌두쿠시 산맥을 넘은 것과 비슷한 역경을 극복했다고 볼 수 있다. 영광만이 아니라 좌절과 슬픔, 고통으로 얼룩진 이들의 생애에 심심한 경의를 표한다.

　무엇보다 나라의 힘이 약하거나 나라가 망한 탓에 어쩔 수 없이 정든 고국을 떠나야 하는 불운한 사람들이 더 이상 생겨나지 않았으면 하는 바람이 간절하다. 그리고 오늘날 한반도의 남단에서 살아가고 있는 '운 좋은' 사람들은 이국만리에서 타향살이를 해온 동포들에 대해 조금 더 따뜻한 시선을 가졌으면 한다. 한국 팀과 중국 팀이 운동 경기를 할 때 '조선족'에게 어느 편을 응원할 것이냐고 놀리거나, 재일 교포에게 대한민국의 국적을 강요하는 철없는 심술은 그만 사라져야 할 것이다. 조선족과 고려인, 재일 교포 등 불행한 근현대사의 희생양들을 보듬어주고 이들의 아픔을 어루만지며 함께 살아갈 방법을 모색할 때다. 대한민국과 우리 민족의 미래를 위해서라도 말이다.

참고 문헌

1부 삼국 시대 그리고 위진남북조 시대

01 고구려와 백제는 과연 중국을 지배했을까?

『南齊書』

『三國史記』「高句麗本紀」, 「百濟本紀」

『宋書』

『資治通鑑』

『通典』

고국항, 오상훈 · 이개석 · 조병한 옮김, 『중국사학사』 상, 풀빛, 1998년

김한규, 『한중 관계사』 I, 아르케, 1999년

문정창, 『백제사』, 인간사, 1988년

_____, 『한국 고대사』, 인간사, 1988년

『미디어오늘』 1995년 7월 12일 10면. 강준만, 『권력 변환: 한국 언론 117년사』(인물과사
    상사, 2000년)에서 재인용.

呂思勉, 『隋唐五代史』, 上海: 上海古籍出版社, 2006년

유원재, 「백제의 요서영유(설)」, 국사편찬위원회 편, 『한국사』 6(삼국의 정치와 사회
    II 백제), 국사편찬위원회, 1995년

李凭, 『北魏平城時代』, 北京: 社會科學文獻出版社, 2000년

이성규, 「中國의 分裂體制模式과 東아시아 諸國」, 『한국 고대사 논총』 8, 1996년

이성시, 『만들어진 고대: 근대 국민 국가의 동아시아 이야기』, 삼인, 2001년

임승국, 『한단고기』, 정신세계사, 1986년

최진열, 「中國 周邊國이 수용한 '王'의 이미지: 北朝의 異姓王 濫封과 百濟 · 新羅의 複
    數王 출현 현상의 비교사적 이해」, 『중국 고중세사 연구』 17, 2007년

02 북위를 움직인 고구려인 황후와 외척들

『三國史記』「高句麗本紀」

『魏書』

『晉書』

『資治通鑑』

葛劍雄, 『中國移民史』第二卷・先秦至魏晉南北朝時期, 福建人民出版社, 1997년

吉林省文物考古研究所・延邊朝鮮族自治州文物管理委員會辦公室, 「吉林和龍市龍海勃海王
    室墓葬發掘簡報」, 『考古』2009-6(總第518期), 2009년

노태돈, 「5세기 금석문에 보이는 고구려인의 천하관」, 서울대 국사학과, 『한국사론』
    19, 1988년

「文昭皇后高照容墓志」, 『新出魏晉南北朝墓志疏證』(羅新・葉煒, 中華書局, 2005년)

「魏瑤光寺尼慈義(高英)墓誌銘」, 『漢魏南北朝墓誌彙編』(趙超, 天津古籍出版社, 1992년)

李文才, 「高肇伐蜀與所謂"高肇專權"」, 『北朝研究』第1輯, 北京燕山出版社, 1999년

張金龍, 『北魏政治史研究』, 蘭州: 甘肅教育出版社, 1996년

천관우, 『인물로 본 한국고대사』, 정음문화사, 1982년

최진열, 「북위시대 여성의 정치 간여와 그 배경」(미발표)

_____, 「북위 후기 친위부대의 정치개입과 그 배경: 영군부의 구조・인적 구성・정
    치 개입 방식을 중심으로」, 『역사 문화 연구』30, 2008년

2부 남북국 시대 그리고 당나라 시대

01 당나라의 전성기에 활약한 명장들

『舊唐書』

『三國史記』

『世祖實錄』

『新唐書』

『唐六典』(李林甫 等撰, 陳仲夫 點校, 中華書局, 2005년)

姜清波, 『入唐三韓人研究』, 暨南大學博士學位論文, 2005년 4월

노태돈, 「고구려 유민사 연구: 요동, 당내지 및 돌궐 방면의 집단을 중심으로」, 『한우
    근 박사 정년 기념 사학 논총』, 지식산업사, 1981년

「大周故左武威衛大將軍檢校左羽林軍贈左玉鈐衛大將軍燕國公黑齒府君(黑齒常之)墓誌文幷

序」,『唐代墓誌彙編』, 上海: 上海古籍出版社, 1992년

무함마드 깐수(정수일), 「고선지의 서정」, 『용암 차문섭 교수 화갑 기념 사학논총』,
    1989년

신채호, 이만열 역주, 『주역 조선상고사』, 형설출판사, 1983년

吳松弟, 『中國移民史』第三卷·隋唐五代時期, 福建人民出版社, 1997년

章羣, 『唐代蕃將研究』臺北: 聯經出版公司, 1986년

陳長安, 「唐代洛陽的百濟人」, 趙振華 主編, 『洛陽出土墓志研究文集』, 朝華出版社, 2002년

02 무위의 화와 고구려 유민들

『舊唐書』

『隋書』

『新唐書』

姜清波, 「參與唐玄宗宮廷政變的高麗人事蹟考」, 『靑海社會科學』2004-6, 2004년

_____, 『入唐三韓人硏究』, 暨 南大學博士學位論文, 2005년 4월

鄧名世 撰, 王力平 點校, 『古今姓氏書辯證』, 南昌: 江西人民出版社, 2006년

미타무라 타이스케, 하혜자 옮김, 『만들어진 제3의 성 환관』, 나루, 1992년

呂一飛, 『胡族習俗與隋唐風韻: 魏晉北朝北方少數民族社會風俗及其對隋唐的影向』, 北京:
    書目文獻出版社, 1994년

劉春英·姜維東, 「唐王朝對內遷高句麗人的安置措施」, 『長春師範學院學報』20-4, 2001년

윤용구, 「중국 출토의 한국 고대 유민 자료 몇 가지」, 『한국 고대사 연구』32, 2003년

趙文潤, 「論唐文化的胡化傾向」, 『陝西師範大學學報』1994-4, 1994년

趙文潤·趙吉惠 主編, 『兩唐書辭典』, 濟南: 山東教育出版社, 2002년

趙翼, 『廿二史箚記』(王樹民 校證, 『廿二史箚記校證』, 中華書局, 1984년)

陳寅恪, 「宇文氏之府兵及關隴集團(附鄉兵)」, 萬繩楠 整理, 『陳寅恪魏晉南北朝史講演錄』,
    黃山書社, 1987년

최진열, 「당인들이 인정한 고구려인의 정체성: 당대 묘지명에 보이는 고구려의 별칭
    (조선·삼한·부여) 분석을 중심으로」, 『동북아 역사 논총』24, 2009년

03 안사의 난과 고구려 유민들의 분투

「故投降首領諾思計(盧庭賓)」, 『唐代墓誌彙編續集』(周紹良·趙超 主編, 上海: 上海古籍出
    版社, 2001년)

『舊唐書』

『新唐書』

김문경, 「당대 고구려 유민의 번진」, 『당대의 사회와 종교』, 숭전대학교출판부, 1984
년

방학봉, 『중국을 뒤흔든 우리 선조 이야기: 고구려 · 백제 · 신라편』, 일송북, 2004년

스기야마 마사아키, 『유목민이 본 세계사』, 학민사, 1999년

王永興, 「討伐朱泚 · 李懷光與收復西京之戰」, 『唐代後期軍事史略論稿』, 北京: 北京大學出
版社, 2006년

李鴻賓, 「李懷光再叛與中唐政局」, 『唐朝朔方軍研究』, 長春: 吉林人民出版社, 2000년

章羣, 『唐代蕃將研究』, 臺北: 聯經, 1986년

陳寅恪, 「論李懷光之叛」, 『金明館叢稿二編』, 北京: 三聯書店, 2001년

최진열, 「당인들이 인정한 고구려인의 정체성: 당대 묘지명에 보이는 고구려의 별칭
(조선 · 삼한 · 부여) 분석을 중심으로」, 『동북아 역사 논총』 24, 2009년

04 유학 열풍에 빠진 신라인들

『三國史記』 「崔致遠傳」

姜淸波, 『入唐三韓人研究』, 暨南大學博士學位論文, 2005년 4월

권덕영, 「비운의 신라 견당사들: 김인문을 중심으로」, 『신라의 대외관계사 연구』(신
라문화제 학술발표회 논문집 15), 1994년

김한규, 『한중관계사』 I, 아르케, 1999년

무함마드 깐수(정수일), 『신라 · 서역 교류사』, 단국대출판사, 1992년

방학봉, 『중국을 뒤흔든 우리 선조 이야기: 고구려 · 백제 · 신라편』, 일송북, 2004년

신형식, 「나말려초 도당 유학생 연구」, 한국사연구실 편, 『고대 한중 관계사의 연구』,
삼지원, 1987

嚴基珠, 「長安を訪れた新羅の人々: 金仁問 · 金可紀 · 崔致遠の場合」, 『アジア遊學』 60(長
安の都市空間と時人たち), 東京: 勉誠出版, 2004년

천관우, 『인물로 본 한국 고대사』, 정음문화사, 1982년

05 해상왕 장보고와 골품제의 반항아들

「大唐故金氏夫人墓銘」, 『唐代墓誌彙編續集』(周紹良 · 趙超 主編, 上海: 上海古籍出版社,
2001년)

『舊唐書』

『唐律疏議』

『唐六典』

『三國史記』 「張保皐傳」, 「薛罽頭傳」, 「仇珍川傳」

姜淸波, 『入唐三韓人硏究』, 曁南南大學博士學位論文, 2005년 4월

고병익, 「麗代 東아시아의 海上通交」, 진단학회, 『진단학보』 71, 1991년

김문경, 「재당 신라인의 집락과 그 구조: 입당 구법순례행기를 중심으로」, 한국사연
    구실 편, 『고대 한중 관계사의 연구』, 삼지원, 1987년

김문경 · 김성훈 · 김정호 편, 『장보고: 해양 경양사 연구』, 도서출판 이진, 1993년

김한규, 『한중관계사』 I, 아르케, 1999년

방학봉, 「중국을 뒤흔든 우리 선조 이야기: 고구려 · 백제 · 신라편」, 일송북, 2004년

吳松弟, 『中國移民史』 第三卷 · 隋唐五代時期, 福建人民出版社, 1997년

정수일, 『한국 속의 세계: 우리는 어떻게 세계와 소통했는가』 하, 창비, 2005년

최재석, 「9세기의 재당 신라 조계의 존재와 신라 조계의 일본 · 일본인 보호: 당나라
    에서 전개된 한국과 일본과의 관계」, 연세대학교 국학연구원, 『동방학지』 75,
    1992년

3부 고려 시대 그리고 송, 요, 금, 원나라 시대

01 거란 치하의 발해인

『金史』

『遼史』

김호동, 「몽고제국의 형성과 전개」, 『강좌 중국사』 III, 지식산업사, 1989년

리종훈, 김영국 옮김, 「료나라 발해유민의 사회적 지위 및 그 영향에 대하여」, 『발해
    사연구』, 연변대학출판사 · 서울대학교출판부, 1993년

서병국, 『발해 발해인』, 일염, 1990년

서병국, 『이민족의 중국통치사』, 대륙연구소출판부, 1991년

吳松弟, 『中國移民史』 第四卷 · 遼宋金元時期, 福建人民出版社, 1997년

劉俊喜, 「遼代朔州高氏的兩方墓志」, 『遼金史論集』 6, 社會科學文獻出版社, 2001년

02 여진의 브레인으로 활약한 발해인들

『金史』

서병국, 『발해 발해인』, 일염, 1990년

서병국, 『이민족의 중국통치사』, 대륙연구소출판부, 1991년

吳松弟, 『中國移民史』 第四卷 · 遼宋金元時期, 福建人民出版社, 1997년

王世蓮,「金代非女眞族后妃芻議」,『遼金史論集』6, 社會科學文獻出版社, 2001년

外山軍治,「金朝治下の渤海人」,『金朝史研究』, 京都: 同朋舍, 1979년

_____,「世宗卽位の事情と遼陽の渤海人」,『金朝史研究』, 京都: 同朋舍, 1979년

劉浦江,「渤海世家與女眞皇室的婚姻: 兼論金代渤海人的政治地位」, 瀋陽: 遼寧大學出版社, 1999년

천관우,『인물로 본 한국고대사』, 정음문화사, 1982년

03 몽골에 도취된 임금

『高麗史』

『元史』

고병익,「고려 충선왕의 원무종 옹립」, 역사학회,『역사학보』17, 1962년

김상기,『고려시대사(신편)』, 서울대학교출판부, 1985년

김성수,「몽골제국 시기 유라시아의 광역 교통망 잠치」, 김유철 외,『동아시아 역사 속의 여행』1, 산처럼, 2008년

박영규,『한권으로 읽는 고려왕조실록』, 들녘, 1996년

이수광,『중국을 뒤흔든 우리 선조 이야기: 고려·조선편』, 일송북, 2004년

지영재,『서정록을 찾아서』, 푸른역사, 2003년

티모시 브룩, 이정·강인황 옮김,『쾌락의 혼돈: 중국 명대의 상업과 문화』, 이산, 2005년

04 호가호위를 즐긴 사람들

『高麗史』「洪福源傳」(고전연구실 편찬, 신서원 편집부 편집,『북역 고려사』, 신서원, 1992년)

『新元史』

『元史』

김갑동,「고려시대의 都領」,『한국 중세사 연구』3, 1996년

김호동,「몽골제국 군주들의 양도 순행과 유목적 습속」,『중앙아시아 연구』7, 2002년

노계현,『여몽 관계사』, 갑인출판사, 1993년

박영규,『한 권으로 읽는 고려왕조실록』, 들녘, 1996년

傅樂煥,「遼代四時捺鉢考」,『歷史語言硏究所集刊』10-2, 1942년

史衛民,『中國軍事通史』第十四卷 元代軍事史, 軍事科學出版社, 1998년

杉山正明, 『クビライの挑戰: 海上帝國への道』, 東京: 朝日新聞社, 1995년

스기야마 마사아키, 임대희 · 김장구 · 양영우 옮김, 『몽골 세계제국』, 신서원, 1999년

이수광, 『중국을 뒤흔든 우리 선조 이야기: 고려 · 조선편』, 일송북, 2004년

최진열, 「쿠빌라이 시기 황태자제도와 그 성격」, 『서울대 동양사학과 논집』 27집, 2003년

Morris Rossabi, *Khubilai Khan: His life and Times*, University of California Press, 1988년

05 몽골 제국을 뒤흔든 여성

『新元史』

『元史』

김상기, 『고려시대사(신편)』, 서울대학교출판부, 1985년

르네 그루쎄, 김호동 · 유원수 · 정재훈 옮김, 『유라시아 유목제국사』, 사계절, 1998년

李晉華, 「明成祖生母問題彙證」, 『中央研究院歷史語言研究所集刊』 6, 1936년

스기야마 마사아키, 임대희 · 김장구 · 양영우 옮김, 『몽골 세계제국』, 신서원, 1999년

유홍렬, 「高麗의 元에 對한 貢女」, 진단학회, 『진단학보』 17 · 18 합집, 1962년

이수광, 『중국을 뒤흔든 우리 선조 이야기: 고려 · 조선편』, 일송북, 2004년

이용범, 「기황후의 책립과 원대의 자정원」, 역사학회, 『역사학보』 18, 1957년

천관우, 『인물로 본 한국고대사』, 정음문화사, 1982년

4부 조선 시대 그리고 명나라, 청나라 시대

01 조선 사대부의 중국 여행

『표해록』(최부, 김찬순 옮김, 『표해록, 조선 선비 중국을 표류하다』, 보리, 2006년)

葛振家, 「『漂海錄』學術價値再探」(발행 연도 미상, http://www.cnki.net에서 다운로드)

金賢德, 「崔溥漂海登陸點與行經路線及『漂海錄』」, 『浙江海洋學院學報(人文科學版)』 23-4, 2006년

김문경 · 김성훈 · 김정호 편, 『장보고: 해양 경영사 연구』, 이진, 1993년

김성진, 「여말선초 한인의 강남 기행」, 『동양 한문학 연구』 19, 2004년

김한규, 『한중관계사』 I, 아르케, 1999년

박동욱, 「최두찬의 『승사록』에 나타난 한중 지식인의 상호 인식」, 한양대 한국학연구소, 동아시아 문화네트워크 연구단 국제학술회의 '표류와 동아시아의 문화 교류' 발표문, 2009년

박원호, 「15세기 조선인이 본 명 '홍치중흥'의 조짐: 홍치 원년(1488)의 최부 『표해록』을 중심으로」, 고려대학교 중국학연구소, 『중국학 논총』 18, 2005년

史爲樂 主編, 『中國歷代地名大辭典』, 北京: 中國社會科學出版社, 2005년

서인범, 「조선 관인의 눈에 비친 중국의 강남: 최부 『표해록』을 중심으로」, 『동국사학』 37, 2002년

孫衛國, 「『朝天錄』與 『燕行錄』: 朝鮮使臣的中國使行紀錄」, 『中國典籍與文化』(발행 연도 미상, http://www.cnki.net에서 다운로드)

조영록, 「근세 동아 삼국의 전통 사회에 관한 비교사적: 최부의 『표해록』과 일역 『당토행정기』를 중심으로」, 동양사학회, 『동양사학 연구』 64, 1998년

조영헌, 「대운하」, 오금성 외, 『명청시대 사회경제사』, 이산, 2007년

티모시 브룩, 이정 · 강인황 옮김, 『쾌락의 혼돈: 중국 명대의 상업과 문화』, 이산, 2005년

홍성구, 「두 외국인의 눈에 비친 15 · 16세기의 중국: 최부 『표해록』과 책언 「입명기」의 비교」, 명청사학회, 『명청사 연구』 24, 2005년

02 나라를 살린 역관 홍순언

『菊堂排語』 · 『燃藜室記述』 · 『靑邱野談』(허경진 엮음, 『평민열전』, 평민사, 1989년)

『宣祖實錄』

이덕일, 『조선 최대갑부 역관』, 김영사, 2006년

정명기, 「홍순언 이야기의 갈래와 그 의미」, 연세대학교 국학연구원, 『동방학지』 45, 1984년

03 조선인 출신 무장 이성량, 이여송 부자

『明史』

『宣祖實錄』

이수광, 『중국을 뒤흔든 우리 선조 이야기: 고려 · 조선편』, 일송북, 2004년

曹樹基, 『中國移民史』 第五卷 · 明時期, 福州: 福建人民出版社, 1997년

한명기,「임진왜란 시기 명의 내정간섭과 직할통치론」, 전해종 박사 팔순기념논총간
    행위원회, 『동아시아 역사의 환류』, 지식산업사, 2000년

04 서구 문물에 취한 세자
『肅宗實錄』
『仁祖實錄』
『孝宗實錄』

강세구,「운계 장뢰경의 순국에 관한 일고찰」, 한국문명학회, 『문명연지』 8-1, 2007
    년
김문식,「소현세자의 외교 활동」, 남명학연구원, 『선비문화』 4, 2004년
김용덕,「소현세자 연구」, 한국사학회, 『사학연구』 18, 1964년
김용덕,「소현세자: 현실주의의 패배」, 『인물 한국사』 4, 박우사, 1965년
박영규, 『한 권으로 읽는 조선왕조실록』, 들녘, 1996년
이덕일, 『조선 최대 갑부 역관』, 김영사, 2006년
이은성,「大理石製 新法地平日晷와 昭顯世子」, 연세대학교 국학연구원, 『동방학지』
    46 · 47 · 48, 1985년
최소자,「淸廷에서의 昭顯世子(1637~1645)」, 『전해종 박사 화갑 기념 사학 논총』, 일
    조각, 1979년
홍일표,「옛 인물에게서 배운다: 소현세자」, 대한지방행정공제회, 『지방행정』 Vol
    49, No. 564, 2000년

384